KB271616

문학@국어교육

문학@국어교육

류 수 열

도서출판 역락

머리말

흔히 골뱅이라 부르는 @는 전자 우편 주소를 표기할 때 쓰이는 부호이다. 아이디와 도메인 네임 사이에 붙어서 그 아이디가 특정한 도메인 안에 터를 잡고 있는 특정한 개인의 것임을 가리켜 준다. 그러니까 이 책의 제목은 굳이 우리말로 풀면 ‘국어교육 안에서의 문학’ 혹은 ‘문학의 국어교육적 정체와 위상’ 정도가 될 것이다. 그러나 그리 깔끔하지도 않고 자연스럽지도 않은 작명이라는 생각에 ‘문학@국어교육’으로 정했다. 그렇더라도 제목이 담고 있는 뜻은 대략 전달될 수 있으리라 생각한다. 국어교육이라는 영토(도메인)에 거주하고 있는 문학의 다양한 모습 정도로 그 뜻을 새겨주기 바란다. @는 나라마다 이름도 제각각이다. 보통은 영어의 ‘at’에 준하여 쓰되, 원숭이 꼬리, 돼지 꼬리, 고양이 꼬리, 코끼리 코, 지렁이, 벌레 등등의 별칭으로 불린다고 한다. 이처럼 제각각인 이름을 가진다는 것이 문학을 보는 시각이나 국어교육을 보는 관점이 다양하다는 사실에도 부합한다고 보았다.

걱정도 있다. 제목이 포괄하고 있는 영토는 넓은데 책에 실린 글은 그 중의 일부에만 국한되어 있지 않은가 하는 것이다. 제목만 보고 구입한 책을 읽다가 마음이 불편해지는 경우가 있었기에, 이 책의 제목을 이렇게 작명한 순간부터 나 또한 독자들의 마음을 불편하게 만들겠다는 예감이 들었다. 그러나 결국 모든 책 제목은 ‘내가 생각하는’이라는 수식구를 괄호 속에 지니고 있다는 논리를 앞세워 그냥 넘어가기로 했다.

이 책에 실린 열두 편의 글을 하나로 꿰뚫는 논리는 단순하다. 문학은 국어교육의 중핵적인 자료이자 내용이라는 것이다. 문학 작품은 듣고 말하고 읽고 쓰는 언어활동의 주요한 자료로 활용되어야 한다. 문학 연구에서 산출된 갖가지 지식들도 언어활동의 원리를 응축시킨 결과물이기에 국어교육의 주요한 내용으로 자리 잡아야 한다. 문학이 그려낸 인간의 경험은 인간의 성장을 추구하는 교육에서 배제될 수 없는 가장 훌륭하게 정련된 내용이다. 사회성, 사고력, 상상력 발달이나, 건강한 시민의 육성이라는 교육 일반의 목표에 도달하는 지름길도 문학에 있다. 미디어교육에 대한 관심도 결국 문학의 생리나 자질을 근거로 삼아 생산적으로 그 전망을 모색할 수 있다. 이것이 이 책의 대략적인 요지이다. 물론 문학만으로도 국어교육의 목적이 충분히 달성될 수 있다고는 보지 않는다. 그러나 문학이 배제된 국어교육은 내용 없는 도구 교과로 치달아 가서 건조한 사막처럼 황폐화될 것이라는 짐작은 굳이 증명할 필요를 느끼지 못한다.

책을 만들고자 예전에 쓴 글을 다시 읽어 가면서 느낀 것은 부끄러움이었다. 처음부터 전체를 기획하고 시작한 저술이 아니기에 주제는 산만하다. 게다가 논의는 성글고 문체는 건조하다. 문학에 관한 글도 문학 작품처럼 재미를 주어야 한다고 믿지만, 이 책은 그런 재미로부터 거리가 멀다. 가장 먼저 쓴 글부터 최근에 쓴 글까지 함께 모여 있기에 부분적으로 미세한 관점의 차이도 발견될 것이다. 고쳐 쓰는 수고를 애써 피하고자 한 게으름의 소산이다. 반대로 제목이 다른 글에서 대동소이한 진술이 반복되는 경우도 있다. 자기 표절인 셈이다. 결과적으로 논리의 일관성과 학문적 성장이 길항하고 있는 장면을 고스란히 노출하고 만 것이다. 이런 부끄러움을 무릅쓰고 또 한 권의 책을 세상 속으로 내보낸다.

책을 준비하면서 가했던 수고는 난삽한 논문의 문체를 좀 더 대중적으로 고친 것이다. 전문적인 연구자들뿐만 아니라 국어 교사들, 그리고 국어 교사가 되기 위해 자신을 연마하고 있는 예비 교사들도 독자가 되기를 바라는 마음에서이다. 같은 이유에서 참고 문헌만 밝힌 주석을 본문 속으로 가져와 간단한 내주 형식으로 바꾸고, 주석에 장황하게 덧붙인 설명은 꼭 필요한 경우를 제외하고는 과감하게 삭제하기도 했다.

'문학@국어교육'이라는 제목은 전자 우편 형식의 요건을 온전히 갖추지 않았다. 마지막에 붙어야 하는 것이 무엇이어야 할까 고민이 남아 있기 때문이다. 국어교육이 연구자와 교사, 학생들 상호 간의 네트워크로 이루어진 땅이라면 닷넷(.net)이 어울릴 것이다. 부가가치를 창출해야 한다는 당위를 존중한다면 닷컴(.com)이 적절하다. 혹은 학문적 탐구와 모색의 대상이라는 점을 부각시키고자 한다면 닷에이시(.ac)를 붙여야 하겠다. 제각각 타당한 근거와 이유를 가진다. 그래서 온전한 형식적 요건을 갖추지 않은 채 비워둔 것이다. 요컨대 이 책은 국어교육 네트워크에 참여한 저자가 거기에서 부가가치를 창출하는 데 문학이 어떤 기여를 할 것인가를 학술적으로 탐구한 결과물 정도로 여겨 주었으면 한다.

인간이 성장하면서 성징을 겪듯이, 나에게는 언제쯤 학문적 성징이 나타날까 하고 기다리기도 했다. 그러나 나의 학문적 성장 과정에서는 신체 성장과는 달리 그 이전 시기와 확연히 다른 무엇인가가 나타나지는 않는다. 더디고 느리게 축적되어 가는 정보의 양과 비례하여 '조절'과 '동화'만이 간혹 일어날 뿐이다. 은사님들과 동학 선후배님들의 성실성과 순발력을 마냥 부러워하며 그 속도에 뒤처지지 않으려고 애쓸 따름이다. 그분들에게 전하는 감사의 말은 그분들에게 느끼는 미안한 마음 때문에 이번에는 생략하기로 했다. 이왕 이런 상황에 처했으니, 이제 긴 호흡을 가다듬으면서 처음부터 마지막 페이지까지 오밀조밀한 체계를 갖춘 저서를 준비해 보고 싶다. 그 책과 함께 제대로 된 감사의 마음을 담은 진정한 머리말도 나오게 될 것이라 믿는다.

2009년 3월
바람이 전하는 꽃향기를 느끼며
저자 씀

Ⅲ.
문학과 미디어, 그리고 국어교육 • 219

국어교육 내용론과 문학교육

문학 지식과 국어교육

문학 지식의 세 층위

1. 문학 지식의 쓸모를 위하여

21세기의 초입부터 교육계는 물론 사회 전반에 걸쳐 '지식'이라는 용어가 핵심적인 화두로 부상해 있다. 그런데 교육에서 지식의 가치가 강조되는 것은 오히려 새삼스럽다. 인류의 교육사에서 지식이 배제된 교육은 없었을 터이기 때문이다. 다만 역사적 시기에 따라 다른 것이 있다면, 그것은 지식의 위상이나 종류일 따름이다.

해방을 기점으로 삼더라도 이미 반세기를 훌쩍 넘은 국어교육사에서도 이 점은 마찬가지이다. 누차에 걸친 교육과정 개편에도 불구하고 국어과 교육과정에서나 교과서에서 지식이 배제된 적은 없었다. 국어과에서 포섭하고 있던 지식의 종류에 따른 편차는 있었지만, 지식을 중심에 두고 국어교육을 설계하고 실천해 온 것은 분명한 사실이다.

최근에 지식이 사회적인 차원의 관심사가 되고 있는 것은 지식 그 자체의 가치보다 지식이 창출할 수 있는 경제적 부가가치 때문이다. 이를 각각 지식의 내재적 가치와 외재적 가치로 구별할 수 있을 것이다. 지식의 내재적 가치는 지식 혹은 교과의 습득을 통하여 삶의 실재를 관조하면서 살아가는 '행복한' 삶을 누릴 수 있도록 하는 것을 뜻하며, 지식의 외재적 가치란 지식이 경제적 자본으로서 인간의 일상적인 생활과 사회의 지속적인 유지·발전에 필요한 수단이 되는 것을 뜻한다.

이 글에서는 일단 선택의 곡예를 피해가기로 한다. 내재적 가치만 강조되고 외재적 가치가 배제되면, 지식은 신비화되어 삶의 언저리에서 겉돌 수 있다. 그 반대의 경우, 지식은 도구화되고 그 결과 교육은 인간의 도구화로 귀결될 수 있다. 따라서 양자 사이의 균형이 필요하다는 다소 절충적인 입장을 논의의 전제로 삼고자 한다.

이 논의의 초점은 문학 지식이다. 문학 지식이 지니는 성격은 무엇이고, 그것은 또 어떠한 가치를 지니는가 하는 점이다. 이 물음은 문학 지식이 내재적 가치에 기반을 두고 교수－학습되어야 하는가, 아니면 외재적 가치를 지향해야 하는가 하는 문제와도 무관하지 않으나, 문학 영역에서 다루고 있는 지식이 국어교과학적으로 어떤 위상을 지니고 있는가 하는 문제에 초점을 맞추기로 하겠다.

이 물음에 답하기 위해 다음과 같은 절차를 밟아나가고자 한다. 먼저 문학 작품을 가르칠 때 다루는 지식에는 어떤 종류의 것들이 있는가 하는 점을 문학 교재를 통해 점검해 볼 것이다. 무엇을 가르치는가 하는 점은 별도의 논의를 거치지 않고도 우리의 경험으로 예상할 수 있는 바이지만, 그 지식의 항목들을 교육학적 준거에 따라, 그리고 문학 교과의 자체적인 논리[1])에 따라 분류할 필요가 있기 때문이다. 다음에는 이를 바

---

1) 정책적인 차원에서 '문학 교과'라는 말은 성립될 수 없다. 문학은 '국어 교과'의 하위 영역이자 심화 과목의 한 명칭일 따름이지 독립된 교과는 아니기 때문이다. 같은 이유로

탕으로 문학 지식의 종류별로 그것이 어떤 가치를 지니도록 설계되어야 할 것인가를 논의하고 한다. 이 과정에서 문학 지식이 문학의 향유에 필요한 지식일 뿐만 아니라 우리가 일상적인 의사소통에 참여하고 이를 경험하는 데에도 동원될 수 있는 유효성을 지니고 있음을 밝히게 될 것이다. 이는 곧 국어교육의 전체 구도 내에서 문학 지식이 지니는 위상을 밝히는 일에 다름 아니다.

2. 문학 지식의 교재론적 점검과 재구조화

교과서는 교육공동체의 지배적인 이념과 관점 반영, 내용 제공 및 구체화의 기능, 교수−학습 자료의 제공, 교수−학습 방법의 제시, 학습 동기 유발, 연습을 통한 기능의 정착, 평가 자료의 제공이라는 기능을 지니고 있다(노명완, 1988). 교육 목표를 달성하기 위해 수업 과정에서 동원하는 일체의 매체와 자료를 교재라 한다면, 교과서는 수업에서 차지하는 비중이 가장 큰 공식 교재이다. 교육 과정의 포괄적·추상적·심층적 원리를 세분화시키고 구체화시키며 표면화시킨 것이다. 따라서 교과서는 문학 지식이 다루어지는 현상과 현실을 가장 손쉽고도 가장 실질적으로 보여 줄 것으로 판단된다.

물론 교재는 교사에 의해 재구성되기 때문에, 실제 수업에서 다루어지는 문학 지식의 양상은 교실마다 달라진다. 교재를 매개로 수업이 이루

'문학과 교육과정'도 '문학 교사'도 있을 수 없다. 그럼에도 불구하고 이 말을 쓰는 것은 문학의 고유한 존재 방식과 의의를 존중하고자 하는 의도에 말미암는다. 그렇다고 이것이 곧 국어 교과와 별개로 존재하는 문학 교과를 상정하는 것은 아니다. 오히려 문학 지식에 대한 고민은 끊임없이 국어 교과와의 연관성 속에서 이루어져야 한다는 것이 필자의 기본적인 입장이다.

어지는 과정에서 교과서의 어떤 내용은 삭제될 수도 있고 변형될 수도 있으며, 교과서에 없는 내용이 추가될 수도 있다. 그렇다고 해도 교과서는 여전히 모든 수업에서 교사―학생 간 의사소통의 핵심적 매개물일 수밖에 없다. 심지어 교사에 의해 이루어지는 다양한 수업 내용 구성도 결국에는 교과서를 준거로 삼을 수밖에 없다. 문학교육에서 '지식'은 어떤 특성을 지니고 있으며, 그 성격은 무엇인지, 그리고 교육 내용으로서의 '지식'은 어떻게 범주화되는가를 검토하기 위해서 문학 교과서를 논의의 단서로 삼는 이유는 바로 이 점 때문이다.

본격적으로 문학 교과서의 지식 항목들을 검토하여 몇 가지로 유형화하기 위해, 우선 지식 일반에 대한 몇 가지 교육학적 설명을 참조하기로 한다. 일찍이 라일(G. Ryle)이 제기한 방식대로, 지식은 기본적으로 명제적 지식과 방법적 지식으로 구분될 수 있다. 명제적 지식이 사물에 대하여 무엇인가를 아는 것을 명제로 표현한 지식이라면, 무엇인가를 할 줄 아는 능력과 기능은 방법적 지식에 해당된다. 물론 방법적 지식의 상당 부분은 명제적 지식으로 기술될 수도 있는데, 이는 방법적 지식이 명제적 지식의 습득을 통해서 얻어질 수도 있음을 뜻한다.

또한 모든 지식은 명시적 부분과 암묵적 부분으로 구성된다. 명제적 지식의 어떤 부분은 언어로 표현할 수 없는 특수한 세부 항목을 지닐 수 있으며, 반대로 방법적 지식 중의 일부도 언어로 표현할 수 있다. 명제적 지식과 방법적 지식의 각각에서 언어로 표현될 수 있는 지식이 명시적 지식이라면, 그렇지 않은 지식은 암묵적 지식이 된다. 이 암묵적 지식은 경우에 따라 묵지적 지식, 인격적 지식, 개인적 지식, 유기체적 지식으로도 불린다. 오크쇼트(M. Oakeshott)는 방법적 지식을 규칙의 형태로 명문화될 수 있는 기법적 지식과, 규칙의 형태로 명문화될 수도 없고 이론적 성찰의 대상도 될 수 없으며 오직 사용되는 과정을 통해서만 습득될 수

있는 실천적 지식으로 구분하였다(허경철 외, 2001).[2]

그런데 문학 교재에서 어떤 지식을 다루고 있는가를 정확하게 살피기 위해서는, 교육 일반론 차원에서 이루어지고 있는 지식의 성격에 대한 논의를 참조하되, 문학 교과의 특수성을 고려한 유형화의 준거가 필요하다. 문학 지식을 지식 일반론의 범주에서 다루다보면 문학 교과의 특수성을 섬세히 배려하기 어려워질 수 있기 때문이다. 일반론이 개별적·구체적 범주에 적용될 때 결함이 생기는 현상이 여기에서도 예외는 아닌 것이다.

문학 지식의 특수성을 고려하는 방법으로 여기에서는 작가－작품－독자의 관계와 이를 둘러싼 사회·문화적 환경을 중핵적인 요소로 삼는 문학의 소통 구조를 참조하기로 한다. 이렇게 되면 텍스트 개념을 중심에 두고, 지식의 산출 영역을 기준으로 텍스트적 지식, 콘텍스트적 지식, 메타텍스트적 지식으로 유형을 설정할 수 있다.

- **텍스트적 지식** : 본문 자체에 대한 앎을 뜻한다. 작품의 일부나 전체를 원문대로 혹은 약간 변형된 수준으로 외고 있는 경우와, 어려운 단어의 뜻이나 고전물의 어석을 알고 있는 경우를 가리킨다.
- **콘텍스트적 지식** : 작품 창작, 연행, 전승 등 작품의 존재 방식이나 문학적 관습, 작가와 독자 등 작품의 향유에 참여한 주체, 창작 동기와 효용 등에 대한 지식을 비롯한 문학사적 사실에 관련된 지식을 뜻한다.
- **메타텍스트적 지식** : 작품의 내재적 요소를 설명할 때 동원되는 전문적인 용어의 개념 등에 대한 지식을 가리킨다.

---

2) 이 밖에도 지식을 명제지(propositional knowledge), 능력지(knowledge of ability by knowing-how), 익숙지(knowledge of ability by acquaintance)로 나누거나, 선언적 지식(declarative knowledge), 절차적 지식(procedural knowledge), 조건적 지식(conditional knowledge)으로 나누는 경우도 있다.

이제 이 점을 염두에 두고 문학 교과서에 실린 <제망매가(祭亡妹歌)> 관련 내용을 검토해 보기로 한다.3) 숱한 작품 중에서도 이를 검토하는 것은 순전히 임의적인 선택의 결과일 뿐이지만, 여타의 작품을 선택하더라도 결과는 대동소이할 것으로 보인다.

① **작품의 본문**

② **형식/구성** : '제망매가'는 3단 구성을 이루고 있다. 처음 네 구에서 누이의 죽음 자체를 노래했다면, 다음 네 구에서는 이에 대한 자신의 감상을 드러내고 있다. 같은 가지에서 난 남매이지만 마치 낙엽과 같은 덧없는 인생의 운명에 의해 생사의 이별을 하게 되었다는 것이다. '아야'로 시작되는 끝 두 구에서는 불교적 신앙을 바탕으로 재회의 기약을 함으로써 시상이 마무리된다. 이러한 3단 구성은 아마 10구체 향가의 전형적인 형식이었을 것으로 추측된다. / 형식적인 측면에서 보면, 1, 2구는 기(起), 3, 4구는 승(承), 5~8구는 전(轉), 9, 10구는 결(結)로서, 이러한 4개의 단락에는 각각 인간의 고뇌(고통)를 집약 시켰다가 해소하는 방식이 순차적으로 제시되어 있다고 할 수 있다.

③ **어석 및 해석** : 3구의 '나(吾)'와 9구의 '나(吾)'가 각각 누구인가에 따라 이 노래의 해석은 달라질 수 있다. 결국 이 작품에서는 "(네가) 미타찰에서 만나볼 '나'는 도를 닦으며 기다리겠노라." 정도로 해석하는 것이 가장 자연스럽다고 할 수 있다.

④ **비유적 의미** : "이른 바람"은 누이가 젊은 나이에 감당하기 불가능한 상황이나 질병이 다가왔다는 것을 의미하고, "떨어질 잎"은 누이가 결국 죽음에 이르게 되었다는 사실을 뜻한다. 또한 "한 가지"는 같은 부모에게서 태어났음을 의미한다.

⑤ **성격** : 이 작품은 문학적 가치가 풍부한 만가(輓歌)의 효시이자 불교

---

3) <제망매가>는 7차 교육과정에 따른 문학 교과서 중 7종에서는 본문에, 3종에서는 본문 외에 참고 작품으로 소개되고 있다. 정리한 내용은 여러 출판사의 교과서 내용 중에서 중복된 내용을 포함하여 몇 가지 항목으로 분류한 것이다. 본문 학습 이전의 도입, 본문 구절에 대한 세부적인 설명, 학습 활동, 참고 자료 등등의 항목을 모두 포함하였다. 내용의 출처는 일일이 밝히지 않는다.

계열 향가의 한 유형으로 보기도 한다. 또는 배경 설화의 내용으로 보아 망매(亡妹)를 위하여 영재(營齋)할 때에 올린 일종의 제문(祭文)으로 보기도 한다. 하지만 인간의 보편적인 감성 세계를 순수 서정시의 차원에서 노래한 작품이라 봄이 타당하다.

⑥ **창작 동기 혹은 기능적 효과** : 월명사가 죽은 누이를 추모하며 지은 노래로, 월명사가 이 노래를 지어 부르며 제사를 지냈더니 갑자가 회오리바람이 일어나 지전(紙錢)을 서쪽으로 날려 없어지게 했다는 설화와 함께 전해진다.

⑦ **작가/시인의 생애** : 경덕왕 18년 경자 4월 초하룻날에 두 개의 해가 떠서 10여 일간 없어지지 않자, 월명사가 왕의 부름을 받고 도솔가를 지어 불렀더니, 곧 두 해의 괴변이 사라졌다.

⑧ **갈래의 형식적 특성** : 10구체 향가의 경우, 대체로 9행의 첫 부분에 감탄사가 나타난다. 이 작품에서 '아아'는 이전까지 전개된 시상을 정리하고 작품의 전체적인 마무리를 시도하는 표지이다. 이는 시조나 가사 등의 전통 시가 양식에서도 계승되어 나타나는 현상이기도 하다.

⑨ **상호텍스트성** : 인간적인 슬픔을 종교적 정신세계로 승화·초극시키려는 이러한 시도는 후에 만해 한용운의 <임의 침묵>에서도 발견할 수 있다. / 박목월의 시 '하관(下棺)'과 '제망매가'는 모두 혈육을 잃은 슬픔을 노래하고 있다.

이들 항목들은 작품 읽기 전에 제시되어 있기도 하고, 읽는 도중에 참고하도록 배려되기도 하며, 읽은 후의 학습 활동에서 스스로 답하도록 요청된 항목이기도 하다. 특히 학습 활동에서 답하도록 요청된 항목은 학습자의 자발적인 탐구 결과로 제시될 수 있는 모범적인 혹은 이상적인 지식 항목이기도 하다.[4]

---

4) 한 가지 기억해 두어야 할 것은 이들 항목이 언어로 표현될 수 있는 지식, 즉 명시적 지식에 국한되어 있다는 점이다. 언어로 표현될 수 없는 암묵적 지식은 교과서에서도 기술될 수 없기 때문이다. 실제의 교수—학습 상황에서는 명시적 지식의 대부분을 차지하는 명제적 지식 외에 묵시적 지식의 상당 부분을 차지하는 방법적 지식이나 절차적 지식도

①은 작품 그 자체이고, ②~⑨의 항목은 모두 작품에 관련된 직·간접적 정보들이다. ②는 작품의 형식 혹은 구성에 대한 설명이고, ③과 ④는 시어 혹은 시구의 해석이다. ⑤는 작품이 지닌 문학적 성격을 밝힌 것이고, ⑥은 작품의 창작 동기와 그 효과에 대한 언급이다. ⑦은 노래를 지은 시인의 생애 일부를 기술한 것이고, ⑧은 향가라는 역사적 장르의 특성 일반과 문학사적 위상을, ⑨는 주제 의식이나 모티프를 매개로 다른 작품과의 같고 다름을 비교한 것이다. ②~④는 작품의 내재적 요소에 대한 설명으로 ⑥과 ⑦은 작품의 외재적 요소에 대한 설명으로 각각 묶일 수 있다. ⑤는 작품의 내재적 요소와 외재적 요소를 함께 고려하고 있으므로 그 경계에 놓인다. ⑧과 ⑨는 넓게 보아 작품의 문학사적 맥락으로 함께 묶을 수 있는 성질을 지닌다. 이를 간단하게 도표화하면 다음과 같다.

항 목	세부 내용	분 류	관련 문학 용어
①	작품 본문	작품 자체	
②	형식 혹은 구성		형식 / 구성
③	구절 어석(해석)	작품의 내재적 요소	
④	비유적 의미 해석		비유
⑤	문학적 성격	작품의 내재적 / 외재적 요소	서정시
⑥	창작 동기와 효과	작품의 외재적 요소	
⑦	시인의 생애		
⑧	문학사적 위상	문학사적 맥락	(역사적) 장르
⑨	관련 텍스트		상호텍스트성

여기에서 ②~⑨를 모두 문학 지식으로 보는 데는 이의가 있을 수 있

전수되고 습득될 것이다. 가령 학습자가 직접 글쓰기를 수행하도록 하는 학습 활동 항목의 경우, 학습자의 과제 수행에도 지식이 작용한다는 점에서 이를 지식 항목에서 전적으로 배제할 수는 없다. 여기서는 일단 가시적으로 확인되고 언어로 표현된 명시적 지식만을 점검의 대상으로 삼았다.

다. 지식은 단편적인 정보와는 달리 '체계', '구조', '맥락'으로 존재하는 바(허경철 외, 2001), 이들 항목이 과연 이런 조건을 충족시키느냐에 대한 판단이 쉽지 않기 때문이다. 그러나 정보와 지식의 경계가 분명하지도 않을뿐더러 이들 항목들이 각각 체계나 구조, 맥락 속으로 편입될 수 있는 가능성은 충분하기 때문에, 일단 문학 지식의 사례로 보고자 한다. 항목별로 정도의 차이는 있으나, 이들이 적어도 체계나 구조, 맥락을 떠나서 존재하는 개체적이고 고립적인 정보는 아니기 때문이다.

또 하나의 문제는 ①번 항목, 즉 작품 자체는 무엇인가 하는 점이다. 이 작품의 일부 혹은 전체가 개인의 인지 체계 속에 자리 잡고 있을 때, 이 작품을 지식의 한 항목으로 귀속시킬 수 있는가 하는 것이다. 만일 명제적 지식을 '무엇 무엇을 안다(know-that)'의 형식으로 표현할 수 있는 것이라 한다면, 작품 그 자체에 대한 앎도 당연히 명제적 지식으로 간주될 수 있다고 본다. 어느 경우라 하더라도 이 작품의 구절 일부나 작품 전체를 암송할 수 있는 사람은 '나는 <제망매가>를 알고 있다'고 말할 수 있는 것이다. 특히 작품 자체에 익숙하거나 친숙하다면 이를 '익숙지'로 귀결시켜도 무방할 것이다.

이상에서 알 수 있는 바와 같이 문학 교재에서 다루어지는 지식은 다양한 차원의 지식을 망라하고 있는 것으로 판단된다. 특히 명제적 혹은 선언적 지식을 전면에 배치하여 학습자의 지적 이해를 도모하던 학습 패러다임에서 점점 벗어나 방법적 혹은 절차적 지식을 배려함으로써5) 학습자의 직접적인 수행과 활동을 요청하는 경향이 두드러진다.6)

---

5) 가령 다음과 같은 내용으로 시 읽기의 방법 혹은 절차를 안내하는 경우이다. "시를 읽을 때에 가장 중요한 점은 '시의 화자(話者)는 누구인가?', '그는 어떤 처지에 있는가?', '그의 관심사는 무엇인가?'를 파악하는 것이다. 이 세 가지 점에 대하여 대체적으로 짐작하고 나면, 그 나머지 문제는 이것과의 연관 속에서 풀리게 된다. 이런 사항들을 알려 주는 실마리는 대개 작품 안에 있다."

이제 이 점을 염두에 두고 문학 지식의 특수성을 고려하여 이들 지식 항목을 유형화해 보기로 한다. 앞서 제시한 세 가지 유형별로 각 항목을 재배열하면 다음과 같다.

지식의 종류	세부 내용	관련 항목
텍스트적 지식	작품 본문 및 어석 등	① ③
콘텍스트적 지식	창작 동기, 효용, 시인의 생애 등	⑥ ⑦
메타텍스트적 지식	구성, 비유, 서정시, 장르, 상호텍스트성 등	② ④ ⑤ ⑧ ⑨

이들 세 가지 유형의 지식은 하나의 문장으로 구성된 단일한 명제 속에 동시에 포함되어 진술될 수 있다. 그런 만큼 각각이 분리되어서 교수—학습되는 것은 절대 아니다. 오히려 어느 하나의 지식은 다른 종류의 지식을 재구성하도록 도우며, 이해와 감상을 심화하고 확장하는 데 결정적으로 기여하게 된다. 이 경우 문학교육의 출발점이 어디까지나 작품이어야 한다는 공리에 비추어 보면, 중심은 어디까지나 텍스트적 지식이 될 것이다.

그런데 각 유형의 지식은 독립성의 정도에서는 차이가 있다. 텍스트적 지식은 여타의 지식이 없어도 독자적으로 존재 가능하지만, 콘텍스트적 지식은 오로지 텍스트를 전제로 했을 때만 존립할 수 있기 때문에 의존적이고 종속적인 성격을 지닌다. 메타텍스트적 지식은 대체로 용어화하여 존립한다는 점에서 독립적이나 텍스트를 설명의 대상으로 삼고 있다는 점에서는 의존적이다.

---

6) 지식이 인간의 경험을 떠나 객관적으로 만들어지고 객관적으로 존재한다고 보는 관점을 객관주의라고 부르고, 지식은 인간의 경험을 바탕으로 내적으로 창출되고 사회적인 환경의 영향을 받아 변화한다는 견해를 구성주의라고 한다면, 문학 교재의 지식은 이를 지지할 수 있는 두 가지 지식관을 기준으로 분류될 수도 있다. 같은 맥락에서, 구성주의적 지식관의 영향력이 점점 커져 가고 있다는 점도 지적될 수 있다.

이들 지식들은 각각이 지닌 고유한 역할을 지니고 수준별 위계에 따라 배치된다. 위계를 범박하게 설정하더라도, 저학년에서는 주로 텍스트적 지식이 추구될 것이고, 고학년으로 올라갈수록 콘텍스트적 지식과 메타텍스트적 지식이 점점 더 큰 비중으로 추가될 것으로 보인다. 이 경우 텍스트적 지식은 문학 교수-학습의 상수라 할 것이고, 나머지 두 가지 지식은 위계에 따라 비중이 달라지는 변수라 할 것이다. <제망매가>의 경우 고등학교 심화 과목이라는 비교적 높은 위계에 자리하고 있다는 특성 때문에 콘텍스트적 지식과 메타텍스트적 지식이 상대적으로 많은 비중을 차지하고 있는 것이다.

3. 문학 지식의 국어교육적 구도

(1) 문학 지식의 구도 설정을 위한 준거

문학 교재에 배치된 문학 지식의 실상에 대한 검토를 바탕으로, 이제는 이러한 각 유형의 지식들이 맺고 있는 상호 관계 속에서 각각의 지식들이 어떤 위상과 성격을 지니는가 하는 점을 검토하기로 한다.

문학이 국어 교과 내에서 학습의 자료로 활용되고 내용으로 자리하고 있으며, 정책적으로는 하나의 영역으로 분화되어 있다는 점에서, 문학 지식의 구도를 설정하는 일은 국어교육의 층위에서 문학이 지니는 위상을 고려할 수밖에 없다. 이는 궁극적으로 문학 지식을 왜 가르치는가 하는 문제로 귀결될 수 있다.

또한 이 문제는 어떤 문학 지식을 가르치는가 하는 문제의 선결 과제이기도 하다. 문학 지식의 교육 목표에 따라 문학 지식의 범위와 종류가 선정될 것이기 때문이다. 문학 지식의 교육 목표는 또한 교육 방법의 선택에까지도 영향을 미치게 될 것이다. 가령 문학 지식을 문화유산의 일부로 파악하고 그것을 전수하는 데서 교육 목표의 초점을 맞추게 되면, 텍스트나 텍스트를 둘러싼 문학사적 사실을 객관적 지식으로 삼아 가능하면 효율적으로 학습자가 기억하게 만드는 교수―학습 방법을 취하게 될 것이다.

이에 대해서는 오랜 숙의 끝에 정리된 다음의 문학교육 모델을 참조하는 것이 여러 모로 효율적이라 생각된다. 아래 제시된 세 가지 모델(Ronald Carter & Michael N. Long, 1991 : 2~3 참조)은 영국에서 이루어진 일련의 영어과 교육 과정 논쟁 속에서 도출된 것으로, 인문학적 전통이 강한 지적 배경을 감안하더라도 우리의 논의와 크게 다르지는 않은 것으로 판단된다.

① **문화 모델** : 문학을 한 문화 안에서 생각할 수 있고 느낄 수 있는 최고의 것을 농축한 것, 곧 지혜의 축적으로 본다. 문학은 인류의 가장 의미 있는 사고와 감성들을 표현한 것이고, 문학을 가르침으로써 학생들은 특정한 역사적 시기를 초월하는 일련의 표현, 보편적인 가치와 타당성을 접할 수 있다. 문화 모형으로 문학을 가르치는 것은, 학생들로 하여금 다른 시공간의 문화와 이념을 이해하고 감상하게 하며, 그러한 문화적 유산에 내포된 사상과 감정, 예술적 형식들의 전통을 알게 하는 데 초점을 둔다. 세계의 도처에서 인간성을 연구하고 가르칠 때 문학을 중심적인 위치에 두는 것은 특별한 '인간적' 의미 때문이다.

② **언어 모델** : 학생들이 보다 섬세하고 가치 있는 창의적인 언어 사용의 실례에 접할 수 있도록 해주는 데에서 문학의 효용적 가치를 찾는다. 그러나 언어 중심적 문학교육의 주된 추진력은 학생들로 하여금 스스로 특정한 방식으로 하나의 텍스트에 들어가는 길을 발견하도록 하는 것이다. 이 모형의 지지자들은 언어가 문학의 매체이며, 문학이 언어로 구성된다는 점을 강조한다.

③ **개인의 성장 모델** : 학생들이 문학적 텍스트 읽기에 성공적으로 참여하도록 돕는 것을 문학교육의 한 목표로 본다. 문학교육의 성공 여부는, 학생들이 문학에 대한 즐거움과 사랑을 수업 너머에까지 전이시킬 수 있는지의 여부에 있다. 문학에 대한 즐거움과 사랑은 삶 전체를 통해 문학에 참여할 수 있을 때 다시 새로워질 수 있다. 이는 학생들로 하여금 그들을 둘러싼 사람들과 제도와의 관계 속에서뿐만 아니라 개별적인 인간으로서 성장하도록 돕는 것이기도 하다.

이상의 세 가지 모델은 물론 서로 상호 배타적이지 않은 몇 가지 경향성으로 간주되는 것이 바람직하겠다. 문학관에서나 교육관에서 어느 정도 영역을 공유하면서 실천적인 국면에서는 서로 넘나들 수 있는 상호 보완적인 것이다. 그럼에도 불구하고 특정한 모델을 선명하게 내세우게 될 때, 문학의 성격이나 위상은 달라질 수밖에 없다. 특히나 각 유형의 지식들은 어떤 모델에 입각해서 문학교육의 목표를 설정하느냐에 따라 그 비중의 증감은 뚜렷한 변화를 보일 것이다.

이들 모델은 대체로 다음과 같은 문학관에 의해 뒷받침되고 있는 것으로 보인다. 문화 모델은 문학을 지혜의 축적 혹은 문화의 기록으로 본다. 여기에서 문화는 삶의 방식이라는 개념과 지적 정련이라는 개념을 동시에 함축하고 있는 것으로 보인다. 누대에 걸쳐 전승되면서 살아남은 문화유산은 곧 그 자체로 검증된 교육적 가치를 가진 고급문화라는 논리이다. 이러한 개념은 궁극적으로 문화적 문식성(cultural literacy)에 대한 보수주의적 논리와 만난다. 이 논리는 문화적 문식성의 가장 기본적인 의미가 한 개인이 속한 문화에 대한 지식이고, 이 지식이 한 개인에게 전통에 대한 감각과 문화유산을 제공해 주고, 자신의 문화 내적 위치를 제시해 주며, 전통으로부터 배우고 그 전통의 장단점을 이해할 수 있는 능력을 제공해 준다고 보는 것이다(John F. Ennis, 1994 참조). 이런 관점에서는 문학 텍스트 그 자체에 대한 섭렵이 중시되고, 따라서 텍스트적 지식이야말로 문화적 문식성의 가장 전형적이고 대표적인 항목으로 간주될 것이다.

언어 모델은 문학을 창의적 언어활동의 산물로 간주한다. 문학은 독특한 구조와 장치를 통해 여타 장르의 텍스트에 비해 훨씬 더 정련된 표현으로 이루어지므로, 문학의 텍스트적 자질이 언어적 표현의 이상적인 모범이라는 것이다. 이 모델을 논리적 근거로 하면 국어교육에서 문학이 가장 중요한 자료이자 내용이 되는 이유를 분명히 드러낼 수 있다. 나아가 문학적 언어의 가치를 창의성에 국한하지 않고 적확성과 정확성, 적절성, 유기성 등으로 확장하면 문학은 언어적 의사소통에서 전면적으로 모범적인 사례로 활용될 수 있게 된다. 이 모델에 입각해서 보면, 문학 지식 중 메타텍스트적 지식을 전이성이 높은 유용한 지식으로 간주하게 될 가능성이 높다. 역설이나 반어, 비유와 상징, 구성 등의 개념이 여러 가지 미덕을 지닌 언어적 표현의 범례로 활용될 수 있기 때문이다. 텍스트적 지식 또한 일상적인 언어 활동에서 인유를 통해 실현될 수 있으므로 관련성이 높을 수밖에 없다.

개인의 성장 모델은 문학을 인간의 다양한 삶의 방식을 고스란히 간직하고 있는 문화 텍스트이며, 학생들은 이를 통해 사회적 관계망 속에서 자신의 성장을 스스로 도모하게 된다는 관점이다. 특히 이 모델에서는 문학 교실을 벗어난 일상생활에서 학생들이 문학을 즐길 수 있도록 동기화해야 한다는 것을 강조한다는 점에서 공시적 문화의 향유에 기여하는 문학교육의 효용에 관심이 있는 것으로 판단된다. 이는 문화적 문식성에 대한 진보주의적 경향의 관점과 만나게 된다. 이 모델에 따른다면 문학 지식 중 텍스트적 지식의 가치가 우선적으로 부상될 가능성이 높다. 당대 문화의 향유에 동참하는 한 채널로 간주되기 때문이다. 다만 당대성의 상대적 위상이 높아지므로, 이에 따라 자연스럽게 콘텍스트적 지식의 비중도 문화 모델에 비해 상대적으로 강화될 수밖에 없을 것이다.

요컨대, 텍스트적 지식의 가치는 세 가지 모델 전부에서 두루 인정되는 것이고, 메타텍스트적 지식은 언어 모델에서 상대적으로 높은 가치를 인정받을 수 있으며, 콘텍스트적 지식은 개인의 성장 모델에서 그 유용성이 주목될 수 있다 하겠다.

그런데 만일 문화적 문식성을 제반 문화적 맥락에 부응하는 의사소통 능력의 일종이라고 정의함으로써 문화적 문식성을 국어교육의 범주로 포섭해 오려는 기획(박인기, 2002)의 타당성이 인정된다면, 문학 지식의 모든 유형은 궁극적으로 의사소통 능력으로 귀결된다.[7]

이에 따라 문학 지식의 구도를 크게 기능(機能)에 따라 기능적(技能的) 의사소통 차원과 문화적 의사소통 차원으로 구별하여 설정하고자 한다. 기능적 의사소통 차원이란 문학이 일상적으로 이루어지는 의사소통에서 유창성, 정확성, 적확성, 일관성, 유기성, 창의성 등을 강화하는 데 기여하는 것을 말하고, 문화적 의사소통 차원이란 문학 지식이 문화의 통시적 국면에서 삶의 방식을 이해하는 데, 그리고 공시적 국면에서 기호적

---

7) 박인기(2002 : 40)에서 문화적 문식성의 국어교육적 재개념화를 통해 구성한 다음과 같은 범주를 설정하였다. 문학 지식의 선명한 구도를 설정하는 준거로서도 설득력이 있다. 이하 서술에서 많은 참조가 되었다.

	문화의 통시적 양태	문화의 공시적 양태
기능적 소통 효과	−공동체의 전통 문화를 익히고 공동체 의식의 정체성에 친숙하여 언어적 소통에 참여함 −타 언어 문화 이해에 필요한 지적 기반 인식	−현재의 삶에 대한 문화적 기반을 기능적으로 이해하고 이를 소통에 실천함
비판적 소통 효과	−시대적 정신 또는 지배 이데올로기로서의 문화 이해력 증진 −언어와 역사를 매개하는 코드로서 전통 문화의 심층 이해력 증진	−현재의 삶에 대한 문화적 장치들을 비판적으로 이해하고 이를 소통에 실천함

〈문화의 존재 양태〉와 〈문화 인지의 효과〉 간의 상호성

실천 등을 비판적으로 이해하는 데 동원되는 경우를 가리킨다.[8]

(2) 문학 지식의 역할과 의의

이제부터 앞에서 제시한 문학 지식의 세 가지 유형을 두 가지 기능과 교차시키면서 문학 지식의 역할과 의의를 세부적으로 밝히기로 하겠다. 각 유형의 지식이 어떤 모델의 어떤 목표와 부합하고 어떤 고유한 역할을 수행하고 그것은 어떤 의의를 지니는가를 따져 보는 일이기도 하다. 개략은 다음과 같다(▲ 표시는 위쪽에 놓인 지식 유형에서도 작용할 수 있음을 뜻함).

종 류	기능적 의사소통 기능	문화적 의사소통 기능
텍스트적 지식	▶의사소통의 유창성 강화 ▶창의적 언어 능력의 함양	▶삶의 방식에 대한 통시적 이해 공유
콘텍스트적 지식	▲교양적 자질을 제공하여 의사소통의 고급화에 기여	▲문화유산의 공유를 통한 연대감·동질감 확보
메타텍스트적 지식	▶의사소통의 효율성, 창의성 강화	▲문화에 대한 공시적 인식의 틀 역할

① 텍스트적 지식

문화 모델에서는 작품을 읽는 그 자체가 의미를 가지며, 작품을 아는 것은 인류의 소중한 문화 자산을 공유하는 일로 간주된다. 이는 곧 문화의 통시적 양태를 축으로 삼아 문학의 효용과 가치를 설정하는 경로를 밟게 된다. 텍스트적 지식이 지니는 의의가 가장 두드러지게 드러나는 국면이라 할 것이다. 공동체가 공유한 전통 문화로서의 문학 작품을 익히고, 이를 언어적 레퍼토리로 삼아 언어적 소통에 참여하는 것은 곧 공

---

8) 여기에서 범박한 단순화의 위험을 무릅쓰면서 세 가지 문학교육 모델을 연결한다면, 문화 모델과 개인의 성장 모델은 문화적 의사소통 기능에, 언어 모델은 기능적 의사소통 기능에 각각 배치될 수 있다.

동체 구성원으로서의 정체성을 확보하는 일이다(김대행 외, 2000 : 56~57 및 290~292).

텍스트적 지식이 기능적 소통 효과에 가장 직접적으로 기여하는 경로로 우선 의사소통의 유창성 강화를 상정해 볼 수 있다. 시의 일부 구절을 인용하고 인유하거나, 널리 공유된 소설의 인물형을 빌어 언어적 소통을 원활하고 효과적으로 수행하는 경우이다.

오른편에 제시된 만평을 예로 들어 보기로 하자. 이는 <황조가>의 일부 구절을 그대로 살리고 일부 구절은 변형시킨 패러디의 전형적인 사례로서, 텍스트적 지식이 독자적으로 의사소통의 내용으로 활용되는 예를 분명하게 보여준다. 만평의 작가가 <황조가> 텍스트를 지식으로 구비하고 있었기에 가능한 일이고, 이를 이해하는 독자 또한 <황조가> 텍스트를

지식으로 지니고 있어야 의사소통에 참여할 수 있다. 문학교육의 주요한 역할 중의 하나는 이러한 텍스트적 지식을 공유하도록 하는 데 있다.

그리고 일상적인 언어생활에서 '정석가식 표현'을 구사한다든가, "홍길동이 합천 해인사 털어먹듯", "놀부 같은 심술보", "춘향의 절개" 같은 구절을 비유로 동원하는 것도 텍스트적 지식이 의사소통의 유창성을 강화하는 데 기여하는 사례라 할 것이다.

<황조가>의 텍스트적 지식을 공유한 작가와 독자가 만평을 통해 의사소통을 할 수 있다는 것은 그들이 문화적 유산을 공유하고 있다는 뜻이 된다. 이는 곧 그들이 하나의 문화 공동체 혹은 언어 공동체 구성원

임을 입증해 주는 징표이기도 하다. 텍스트 자체의 문학사적 가치에 대한 판단을 떠나서 텍스트의 일부 구절이라도 함께 안다는 것 자체가 어떤 의의를 지니는가를 보여준다. 이렇게 되면 텍스트적 지식의 기능적 의사소통 기능은 자연스럽게 문화적 의사소통 기능과 중첩되면서 그 의의가 심화된다.[9]

여기에 더하여 이것이 공동체의 역사에서 빚어진 삶의 이치에 대한 깨달음으로 연결된다면 지극히 이상적인 수준의 교육적 성취에 도달하게 된다. <운수 좋은 날>을 인력거 운행 일지로 읽는 독자는 없을 것이다. 그렇다고 이를 '일제하 궁핍한 하층민의 삶'에 대한 보고로 읽는 역사주의적 독법도 이 소설을 오히려 가난하게 만드는 듯하다. 독서의 귀착지에 이르러, 그것은 운수 좋음과 운수 없음이 언제나 공존하는 생의 이면에 대한 성찰로 이어져야 마땅하다. 이는 <운수 좋은 날>의 텍스트적 지식이 자기화되고 내면화된 한 국면이기도 하면서, 역사적 실체로서 존재하던 이 작품의 보편적 공감대를 문화적 의사소통의 지평에 올려놓는 성취라 할 것이다.[10]

② **콘텍스트적 지식**

콘텍스트적 지식은 언제나 텍스트적 지식의 종속 변수로만 기능하게

---

9) 범박하게 독자의 문학적 경험을 작품이 형상화한 세계를 만나는 것으로 볼 경우, 텍스트적 지식의 의의를 개인적 차원에서 조명하면 '지식' 범주가 '경험' 범주와 만나는 접점이 된다. 이 점에 대해서는 본서 1부 '문학과 언어적 경험' 참조.

10) 이런 점에서 조희정(2004)에서 주창한 '고전 리터러시' 개념을 주목할 필요가 있다. 여기에서는 고전 리터러시를 '고전이 운용되는 맥락에 대한 이해와 그것의 활용 능력'이라 정의하고, 이를 회복할 것을 제안하였다. 『삼국유사』를 읽고 난 후 작성한 에세이에서 드러나는 '고전을 통한 조회(照會)'를 고전 리터러시 교육의 구체적인 사례로 소개했다. 디지털적 문학 패러다임과 독서 패러다임의 지배를 받고 있는 현실적 문학 환경에서, 근대 이전의 문학만을 고전이라 부르기는 어렵다. 따라서 이 개념은 근대 이후의 문학을 읽는 장에서도 충분히 활용 가능하리라 본다.

된다. 따라서 텍스트적 지식과 분리되어 존재하는 콘텍스트적 지식의 의의와 역할을 논하는 것은 의미가 없다. 대신 텍스트적 지식과 결합되어 구조화된 콘텍스트적 지식을 전제로 삼으면 그 의미가 달라질 수 있다. 그것은 콘텍스트적 지식이 의사소통에서 교양적 자질을 강화함으로써 질적 고급화를 도모하는 데 기여할 수 있다는 점이다. 이는 곧 작가와 독자, 독서 환경 등 텍스트의 소통과 관련된 제반 변인에 관한 문학사적 사실을 통시적 문화 양태로 간주한다는 뜻이 된다. 이는 다시 우리의 역사적 실체에 대한 앎을 공유하고 있음을 말해준다는 점에서 텍스트적 지식과 마찬가지로 문화적 정체성의 한 지표로 기능할 수도 있다.

이들 지식은 언어 능력과 국어 능력의 차이를 설명해 주기도 한다. 수학 능력 시험의 '언어' 영역에서는 문학사적 사실에 대한 지식이 전적으로 배제된다. 이 시험에서는 오직 문서화된 자료 내에서 답의 단서를 찾는 것이 원칙이다. 그러나 학교에서 시행되는 '국어' 평가에서는 콘텍스트적 지식을 직접적으로 혹은 유추적으로 답해야 하는 문항이 얼마든지 출제될 수 있고, 또 실제로 그러하다. 텍스트적 지식이 보편적 언어 능력에 밀착되어 있다면, 콘텍스트적 지식은 개별적 언어 운용 능력인 한국어 능력을 뒷받침하는 한 자질이라 할 수 있는 것이다.[11]

때때로 콘텍스트적 지식은 메타텍스트적 지식과 결합하여 공시적 문화 양태를 이해하는 틀로 활용될 수도 있다. 가령 한자와 한글이 동시에

---

[11] 한국어 능력 인증 시험에서 문학사적 사실을 비롯한 콘텍스트적 지식을 측정하고 있는 것이 이 점을 단적으로 보여준다. KBS 한국어 능력 시험에서는 '국어문화 능력'을 하나의 하위 범주로 설정하여 '국어 교과의 교양적 지식'을 묻고 있다. 이 시험에서는 "중고교 수준에서 다루는 국문법이나 국문학에 대한 지식과 같은 국어 교과에서 다루는 지식들도 국어 능력의 고급문화 능력으로 함양되어야 할 것"으로 본다고 하였다. 여기에는 작품, 인물, 사건, 용어 등에 대한 기본적이고 보편적인 국어 문화적 지식이 포함된다. 단 이 영역은 읽기 영역과 통합하여 나올 수 있으며, 단순 암기형 지식을 측정하는 것은 아니고 국어와 국어 문화에 대한 교양적 이해 능력을 측정하는 것이라 하였다(KBS 한국어 능력 시험 홈페이지 http://www.klt.or.kr/sub01/sub01_3_1.html).

쓰였던 조선 시대의 문학 행위를 보기로 하자. 당시 표기 문자의 선택과 장르의 선택은 창작 주체들의 문화적 위상이나 그 장르의 문화적 기능과 무관하지 않다. 따라서 한시 장르와 시조 장르를 동시에 향유했던 사대부들이 어떤 경우에 어떤 장르를 선택했는지를 분명하게 이해한다면, 그 선택의 문화적 의미를 더욱 심층적으로 이해할 수 있다. 특정한 장르가 어떤 계층이나 집단에 의해 향유되었는가는 그 계층 혹은 집단의 정체성과 직접적인 연관이 있기 때문이다. <훈민가>나 <오륜가>는 절대로 한시로 지어질 수 없는 장르였다. 정철이나 주세붕은 통치자 혹은 교육자의 위치에 서서 한문학이 아닌 국문문학을 택했던 것이다. <한림별곡> 등의 경기체가는 동질성을 가진 특정 집단 내의 구성원들이 연대감을 확인하고 그 동질성을 강화하는 데 활용되었으며, 평시조와 사설시조는 사대부들이 사회적 가면과 진면을 지니고 있음을 보여주는 장르라 하겠다. 전기 가사는 가창 혹은 음영의 방식으로 향유되면서, 상층인의 사회적 표상이 된 장르이고, 후기 가사는 중인 계층이 의식적으로 상층을 지향한 결과로서 산출된 장르이다. 이러한 선택의 메커니즘을 오늘날에도 이루어지는 문체의 선택과 문화적 장르의 선택을 이해하는 틀로 활용함으로써, 문화 자본이 지닌 통합과 배제의 기능을 비판적으로 이해하는 문화적 문식성을 함양할 수 있는 것이다.

③ **메타텍스트적 지식**

메타텍스트적 지식은 문학 이론을 배경에 깔고 있는 전문적인 용어인 경우가 많다. 문학 개론류 서적이나 문학 용어 사전에서 주요하게 다루는 항목과 거의 일치한다. 이는 여타 종류의 글과 구별되는 문학의 속성을 입증해 주는 기법이나 장치의 명칭으로서, 문학 텍스트의 문학다움을 설명하는 데 동원된다. 시에서는 비유와 이미지, 상징, 화자, 운율 등이,

소설에서는 시점, 인물, 배경, 구성 등이 대표적인 용어이며, 희곡에서는 갈등이 주요 개념이다. 이 밖에도 아이러니와 역설, 풍자, 낯설게하기 등등이 거론될 수 있다.

기능적 의사소통 차원에서 메타텍스트적 지식은 이해와 표현의 양방향에서 효과적인 표현법으로 기능한다. 우리가 일상적인 의사소통에서 비유를 활용하는 것은 청자나 독자의 이해를 용이하게 하기 위함이고 눈에 보이지 않는 대상을 감각적으로 형상화하기 위함이다. 운율을 살려서 말을 하고 글을 쓰는 것은 언어를 음악적으로 질서화시킴으로써 기억의 지속성을 강화하기 위함이다. 구성이 중요한 것은 모든 텍스트가 선후와 인과가 유기적으로 얽혀 있어야 수용자의 관심을 지속시킬 수 있기 때문이다. 이처럼 메타텍스트적 지식들은 문학 텍스트의 고유한 속성들이 커뮤니케이션을 효과적으로 수행할 수 있도록 돕는다. 이 점에서 메타텍스트적 지식은 전이성이 높은 방법적 지식으로 전환될 가능성을 함축하고 있다 하겠다.[12]

메타텍스트적 지식은 현실의 공시적 문화를 이해하는 인식의 틀로서도 활용된다. 미디어 교육에서 주요하게 취급되는 주요한 질문들이 모두 시나 연극, 혹은 여타의 문학 작품을 이해하는 방법론에서 비롯되었다는 입장에 서면 문학의 메타텍스트적 지식은 특별히 더 중요한 위상을 갖게 된다. 예컨대 Goodwyn(1992 : 3)에서는 다음과 같은 질문을 사례로 제시했다. "누가, 왜 커뮤니케이션을 하고 있는가?, 텍스트의 유형은 무엇인가?, 어떻게 생산되는가?, 그것이 의미하는 바를 우리는 어떻게 아는가?, 누가 수신자이며, 그들은 그 의미를 어떻게 받아들이는가?, 그것은 주제

---

12) 최지현(2005)에서 수능 시험 언어 영역 출제에 동원된 문학 용어가 교육과정에 제시된 용어와 거의 일치하고 있다고 했는데, 이도 메타텍스트적 지식이 방법적 지식으로서 실현되는 경우라 하겠다.

를 어떻게 제시하는가?” 이들 질문은 결국 시점, 장르, 주체, 독자, 주제 의식 등의 메타텍스트적 지식과 연관되어 있다. 이는 곧 메타텍스트적 문학 지식이 현실 문화의 맥락에 대한 인식의 도구로 확장될 수 있음을 보여준다 하겠다.[13]

4. 문학 지식의 재배치를 위하여

논어에 “아는 것은 좋아하는 것만 못하고, 좋아하는 것은 즐기는 것만 못하다(知之者不如好之者, 好之者不如樂之者).”(雍也)라는 구절이 있다. 지(知)와 호(好), 낙(樂)의 가치를 위계화한 듯이 보인다. 실제로 모든 지식은 그 자체로 쓸모 있기도 하지만, 학습자로서 그것이 자신에게 내면화되지 않으면 그 의의는 거의 무화된다. 따라서 모든 지식은 좋아하는 단계를 넘어 즐기는 단계로 상승되어야 마땅하다. 그러나 한편 무엇인가를 즐기기 위해서는 그것에 대한 지식이 필수적으로 동반되어야 한다는 뜻으로도 읽을 수 있다. 안다는 것은 좋아하는 것의 필요조건이고, 좋아하는 것은 즐기는 것의 필요조건이 되는 것이다.

이제 지식이 지닌 몇 가지 일반론적 성격에 기대어 문학 지식을 교수-학습 활동의 맥락에서 어떻게 배치해야 할 것인지를 가늠해 보기로 한다.

첫째, 지식은 ‘체계’, ‘구조’, ‘맥락’으로 존재한다는 점에서 정보와 구별되므로, 모든 문학 지식은 문학 및 문학 현상이라는 전체적인 구도 속에서 제시되어야 한다. 예컨대 비유는 필연적으로 이미지라는 용어와 접

---

13) 염은열(2002)에서 상관물의 발견·창안, 꿈의 실현 모티프의 활용, 인칭 사용의 수사학, 서사화 전략을 사례로 하여 광고를 읽고 쓰는 데 문학 지식이 어떻게 활용되는가를 논한 바 있다. 이 또한 문학 지식의 도구적 쓰임새를 확장하는 시도로 여겨진다.

합할 수밖에 없으므로, 비유와 이미지는 별개로 다루어질 수 없다. 또한 동일한 논리의 연장선상에서 문학 지식은 단순히 의사소통의 효과를 위해 동원하는 방법 차원을 넘어서 그것 자체가 세상에 대한 태도를 함축하고 있는 인식론과 연관됨을 주목할 필요가 있다. 비유를 수사법으로 접근하게 되면 원관념과 보조 관념 사이의 유사성을 고리로 하여 두 관념이 결합되는 데 초점을 맞추는 기법적 관심이 주가 되지만, 인식론으로 접근하게 되면 대상이 되는 원관념의 어떤 측면을 보는가가 더 중요해진다. 비유는 결국 사상(事象)에 대한 새로운 인식의 욕망에서 비롯되는 것이고, 은유가 가장 시적이면서 그래서 가장 위험한 것이 되는 것(올리비에 르불, 1994 : 154)은 이런 이유 때문이다. 같은 이유에서 텍스트적 지식과 콘텍스트적 지식, 메타텍스트적 지식도 적절한 수준에서 결합되면서 하나의 맥락을 이루도록 배려되어야 할 것이다.

둘째, 지식과 정보는 개인적 경험과의 거리에 의해서도 구별되는데, 아무리 체계와 구조, 맥락을 지니고 있는 지식이라 하더라도 그것이 개인의 인지 체계의 맥락 속에서 재해석되어 구조화·조직화되지 않으면 지식이 될 수 없다. 어떤 의미에서 지식은 그 자체로 중요한 것이기도 하지만, 궁극적으로 그것이 인간 개개인의 인지 체계 속에서 내면화·자기화되어 자리를 잡음으로써 의의를 획득하는 것이다. 아이러니라는 용어의 개념도 단순히 표현 방식의 하나가 아니라 인간의 삶에 본질로 내재하는 한 국면으로 접근되어야 하고, 이를 통해 학습자의 실제적 경험에 밀착시켜 이해하도록 함으로써 지식으로서의 가치를 높여야 하는 것이다. 누군가를 혹은 무엇인가를 의미 있는 '꽃'으로 만든 경험과 연관시켜야만 <꽃>(김춘수)은 그야말로 학습자에게 '꽃'과 같은 텍스트가 될 수 있는 것이다.

셋째, 문학적 지식은 아는 것만으로도 의미가 있지만, 쓰는[用/書] 지식(정재찬, 2000 : 70~74)으로 배치되어야 한다. 학습자가 비유의 원리나 기법을 안다는 것은 학습자가 비유적 표현을 이해하고 해석하는 데만 작용하는 것이 아니라, 학습자 스스로 비유적 표현을 만들어낸다는 의미를 포괄해야 하는 것이다. 사건, 인물, 배경이 소설 구성의 요소라는 점을 아는 데서 그치지 않고, 신문 기사의 육하원칙처럼 모든 이야기 장르가 이들 요소로 구성되어 있음을 알아야 하고, 그 앎을 다시 학습자가 이야기 장르를 만들어 내는 데까지 확산될 수 있어야 한다는 것이다.

넷째, 지식은 또한 지적 요인과 함께 정의적 요인도 포함하고 있음에 주목해야 한다. 지식이란 일반적으로 한 개인의 욕구와 호기심, 동기에서부터 그 대상을 향한 특정한 사고가 진행된 결과로서 만들어진 것이다. 여기에서 욕구와 호기심, 동기는 정의적 요소로서, 이러한 요소가 없이는 어떠한 지식도 만들어질 수 없는 것이다. 폴라니(M. Polanyi, 표재명 외 역, 2001 : 제6장)가 주창한 '발견적 열정'과 '설득적 열정'이라는 용어 또한 지식의 정의적 요소를 드러내고 있는 것이다. 특히 문학 지식은 정의적 요인에 밀착할 수밖에 없다. 문학 지식 교육의 종착점은 학생들로 하여금 문학을 사랑하게 하고 즐기게 하는 것이고, 문화에 대한 안목을 획득하여 인식의 즐거움을 누리게 하는 것이다.

아무리 무기력한 지식이라도, 그것을 지니는 것이 잘못된 일은 아니다. 그리고 특정한 지식이 본질적으로 타기되어야 할 지식으로 고정되어 있는 것은 아니다. 그것을 어떤 맥락에서 어떻게 배치하느냐에 따라 유용한 지식으로 거듭날 수 있을 따름이다.

'감정이입'의 국어교과학

문학 지식의 내용론적 자장

1. 개념적 문학 지식에 접근하는 방법

주지하듯 교육이란 한정된 시간 속에서 학습자의 성장을 도모하는 의도적이고 계획적인 행위이므로 세상의 삼라만상을 모두 가르칠 수는 없는 일이다. 따라서 가치 있는 교육 대상과 내용을 선정하는 데는 그 가치를 판단할 수 있는 특정한 기준이 필요하게 되고, 그 기준에 의해 선정된 교육 대상과 내용은 교육과정의 모습으로 구체화된다.

여기에서 그 기준이 무엇인가 하는 것은 교육철학적으로 중대한 문제이다. 교육 내용이 구체화된 결과물인 교육과정을 구성하는 데는 학습자의 흥미나 사회적 요구에 의해 이루어지는 목표 모형과 대상 자체의 내재적 가치에 의해 이루어지는 내용 모형이 있다.[1] 일반적으로 목표 모형

---

1) 목표 모형과 내용 모형은 각각 타일러(Tyler)와 브루너(Bruner)의 입론에 기대고 있다. 이홍우(2000 : 19~96) 참조.

은 역사적 가변성을 지니고 있으며, 내용 모형은 상대적으로 항존적이고 보편적인 성격을 지닌다. 이 두 가지 모형에 모두 부합하는 교육 대상이 없는 것은 아니지만, 현실적으로는 길항하는 경우도 많고 배타적으로 작용하기도 한다.

그러나 공교육이라는 제도의 뒷받침을 받고 있는 국어교육의 장이라면, 이것은 선택의 문제가 아니라 배합의 문제가 되어야 할 것이다. 즉 어느 하나를 배제하면서 다른 하나에 전적으로 기대어서는 안 되고, 가급적 내용과 목표의 조화를 추구하는 것이 바람직하다는 것이다. 교육이란 순수하게 교육 내용의 내재적 가치에만 의존할 수도 없으며, 학습자의 흥미나 사회적 요구에 전적으로 종속될 수도 없기 때문이다. 현행 국어과 교육과정에서도 내용 모형과 목표 모형은 혼재된 형태로 공존하고 있다. 이 공존이 조화의 수준에까지 도달했는지, 아니면 단순한 기계적 결합에 머물러 있는지의 여부는 별도의 논의가 필요하겠으나, 내용 모형과 목표 모형의 동시적 고려가 필요하다는 요구를 수용하고 있다는 점은 분명해 보인다.

이 글은 일단 내용 모형에 기반을 두고 문학 지식 중의 하나인 '감정이입'이 국어교육의 내용으로 어떻게 구성될 수 있는가를 모색하고자 한다. 이를 위해 국어교육의 내용을 지식, 경험, 태도, 수행으로 범주화한 선행 연구(김대행, 2002)에 기대어 그 교육적 자장을 모색할 것이다. 다만 이 중에서 경험 범주는 배제될 수밖에 없음을 먼저 밝힌다. 위의 범주화는 어떤 사상(事象)을 담고 있는 언어 구조물을 염두에 둔 것이고, 감정이입이라는 용어는 그런 언어 구조물이 아니다. 개별적인 지식 항목이 교수―학습 내용의 초점이 될 경우에는 경험 범주를 기대하기는 어려운 것이다. 따라서 이 글에서는 지식과 수행, 태도의 세 범주에서 감정이입이 어떻게 국어교육의 내용으로서 구성되는가를 밝히게 될 것이다. 이는 문학과 관련된 개념적 지식이 듣기, 말하기, 읽기, 쓰기 등 언어활동의 모든 국면에서 어떻게 포진할 수 있는가를 밝히는 예증이 될 것이다.

2. '내용'의 개념 규정

'무엇을 가르칠 것인가?' 하는 질문은 여러 가지 의미로 해석이 된다. 그것은 어떤 '내용'을 가르칠 것인가와 어떤 '대상'으로 가르칠 것인가 하는 것이다. 나아가 '내용'은 '과목'이라는 말과도 유사한 내포를 담고 있으며, 이는 각 교과의 '영역'이라는 말과도 중첩된다. 가령 우리가 '문학을 가르친다'는 진술에서 '문학'을 '내용'으로 볼 것인가, '대상'으로 볼 것인가, 아니면 '과목'으로 볼 것인가, 또는 '영역'으로 볼 것인가 하는 의문을 가질 수 있는 것이다. 그러므로 논의의 편의를 돕기 위해서는 먼저 '내용'을 '대상'이나 '과목', '영역'과 구별해 두는 것이 순서라 생각된다. 물론 이들 용어들의 구별이 엄밀하게 이루어질 수는 없다. 그렇기는 해도 논의의 맥락을 분명히 하기 위해서는 다소간의 위험을 무릅쓰고서라도 일단은 구별을 해 두는 것이 유용하다고 판단된다.

이 중에서 '대상'은 각 교과의 본질과 대상 그 자체의 가치를 근거로 선정된 자료라는 의미가 강하다. 즉 무엇으로 가르치는가에 대한 답이 되는 것이다. 예컨대 매체언어는 가장 일상적인 언어적·문화적 경험이라는 사실을 근거로 하여 국어교육의 자료로 활용될 수 있고, 그렇기 때문에 국어교육의 대상이 된다. 한편 '과목'과 '영역'은 개별 교과를 특정한 기준에 따라 나눈 부분이라 하겠는데, '과목'이 정책적인 차원에서 구획되는 임시적인 구분인 반면 영역은 학문적인 차원에서 구획되는 비교적 항존적인 구분이라 할 것이다. 국어과의 하위 과목으로 '국어', '국어

생활’, ‘화법’, ‘독서’, ‘작문’, ‘문법’, ‘문학’ 등이 있으나, 교육과정기별로 기존 과목이 사라지거나 새로운 과목이 신설되는 등의 변화가 있는 반면, 하위 영역으로 설정된 ‘듣기’, ‘말하기’, ‘읽기’, ‘쓰기’, ‘문법’, ‘문학’은 거의 변화가 없는 점을 통해 이를 확인할 수 있겠다.

반면에 ‘내용’이라는 말은 일차적으로 교육 일반의 층위에서 규정되는 측면이 강하다. 교육학 일반에서 교육 내용이라 함은 보통 ‘교과’를 가리킨다. 이것은 경험 중심의 학교에서나 교과 중심의 학교에서나 마찬가지이다. 교과를 어떻게 보느냐 하는 관점의 차이는 있지만, 교과가 곧 교육 내용이라는 점은 부인되지 않는다(김종서 외, 1999 : 170~175). 그러나 엄밀히 말하면 교육 내용은 교과 그 자체가 아니라 교과에서 중핵적이라 판단되는 개별 항목들이다. 그 항목들이란 교육 사조에 따라 ‘지식’으로 규정되기도 하고 ‘경험’으로 설정되기도 하는 것이다. 그것을 결정하는 것은 결국 교육관이라 할 것이다. 그리고 그것을 선별하여 위계적으로 조직한 가장 공식적인 문서가 바로 국가 수준의 교육과정이다. 이에 근거하여 편찬된 각 교과의 교재 또한 가장 직접적이고 구체적인 교육 내용이 된다.

3. 감정이입의 범주별 내용 구성

(1) 지식 범주

지식 범주에서 감정이입은 어떠한 모습으로 자리 잡을 수 있겠는가? 당연히 그것은 하나의 개념적 지식으로 자리하게 될 것이다. 이때 감정이입은 심미적 대상의 감각적 현상에 의해 표출된 내용을 심미 주체가 감정적으로 직접 파악하는 행위를 가리키는 일반적인 의미가 중요해진다. 이런 차원에서 감정이입은 심미 주체의 내부에 심미 대상에서 표출된 내용과 유사한 감정이 투사되고, 이것이 심미 대상에 속하는 것으로 느끼게 하는 심적 활동으로 설명되며, 그리하여 감정이입은 '직관과 감정의 직접적 통일, 주관과 객관의 합일'을 가져온다는 식의 설명(김문환 편, 1989 : 131~132)이 유효할 것이다.

다만 이 경우 감정이입은 '共感(sympathy)'과 혼동되어 쓰일 수 있는 우려가 있다. 실제로 두 개념 모두 '대상에의 동일시'나 '심리적 투사' 등의 의미를 핵심적인 내포로 삼고 있다는 점에서 공통적이다. 그러나 감정이입을 공감으로 나아가는 한 경로 혹은 계기로서 파악하면 무리가 없어 보인다. 공감에는 긍정적으로 동정한다는 의미가 함축되어 있으므로, 감정이입은 공감의 계기적 측면을 지니는 것이다. 감정이입을 하되 그 결과가 공감으로 연속되지 않고 비판적 거리두기로 이어지는 경우도 없지는 않을 것이다(최미숙, 2001 참조).

감정이입의 개념에 대한 이상의 설명은 미학적 접근의 결과로서는 적절해 보인다. 그러나 한편으로 감정이입을 미학적으로만 접근하게 되면 그 내포가 지나치게 협소하게 이해될 우려가 있다. 왜냐하면 심미적 반응이 감정의 작용만으로 이루어지지는 않을 것이기 때문이다. 심미적 반응이 이성적 대응과는 정확히 변별될 수는 없는 일이다. 따라서 감정이입은 심미의 문제와 더불어 인식의 문제로 확장될 필요도 있다.

만일 위의 규정에서 '심미 주체'와 '심미 대상'이 각각 '인식 주체'와 '인식 대상'으로 치환될 수 있다면, 이러한 논리는 모든 언어 활동의 양태에 관해서도 특별한 가감 없이 자연스럽게 적용될 수 있을 것으로 보인다. 이처럼 감정이입을 인식의 문제로 치환하여 바라보게 되면, 호르크하이머와 아도르노(M. Horkheimer & T. W. Adorno)의 미메시스(mimesis) 개넘에 기대어 감정이입의 운동 방향을 그려볼 수 있다.

흔히 '모방'으로 변역되는 미메시스는 플라톤 이래 그리스 철학과 미학에서 가장 결정적인 위치를 차지하고 있는 개념이다. 아리스토텔레스에 의해 장르론이 개척될 때에는 시인이 남의 인격으로 말하는 것이 미메시스의 개념이었고, 따라서 극이라는 장르는 시인의 목소리는 사라지고 순전히 '남'의 목소리로만 구성되는 것으로 설명되었다. 그리고 창작 원리의 차원에서는 예술가가 無로부터 有를 창조하는 것이 아니라, 자연이나 대상을 모방하는 것으로 이해되었다.

호르크하이머와 아도르노는 이러한 미메시스의 개념을 한층 확장하여, 창작하는 주체 자신에 대한 회의나 반성의 계기를 부여하였다. 전통적인 예술 이론에서 미메시스가 '객체의 모방'이라면 이들의 경우에는 '객체에의 동화'이다. 그 때문에 이들의 미메시스 개념은 인간과 자연, 주체와 객체의 관계에 관한 전반적인 행동방식으로 확장된다(M. Horkheimer & T. W. Adorno, 김유동 외 역, 1995 : 34의 역주).

이러한 논리에 대해서는 논란의 여지가 있지만, 이 글의 관심사와 관련지어 여기에서 중요한 단서를 추출할 수 있다. 그것은 감정이입이 상반된 두 방향으로 작용하고 있다는 점이다. 즉 인식 주체의 감정이 인식 대상에게 이입되는 방향과 인식 대상의 감정이 인식 주체에게 이입되는 방향이 설정될 수 있는 것이다. 전자가 주변 세계를 자신과 유사하게 만들려고 하는 것이라면, 후자는 자신이 주변 세계에 유사해지려고 하는 것이다. 만일 이를 각각 '투사(投射)'와 '모방(模倣)'으로 구별한다면, 감정이입의 외연을 훨씬 넓히는 결과를 가져 올 것이다.

감정이입은 미학적으로 주변 세계를 자신과 유사하게 만들려고 하는 방향에서만 접근되어 왔지만, 이와 같은 관점은 그 반대 방향, 즉 자신을 주변 세계와 유사하게 만들려고 하는 방향으로 이입되는 감정의 운동도 동일한 위치에 둘 필요성을 강화해 준다. 만일 친구의 슬픔을 공유하고 위로의 말을 전하는 상황이 있다면, 여기에서 감정이입은 자신을 주변 세계와 유사하게 만들려고 하는 방향으로 감정이 운동하고 있는 경우이다.

지식 범주의 감정이입은 이상의 개념적 자장을 중심에 두고 학습자의 수준에 맞추어 재구성될 수 있다. 지극히 낮은 단계에서부터 가장 높은 단계에 이르기까지 감정이입의 내포와 외연은 다른 모습으로 접근되어야 할 것이다. 이때 가장 중요한 것은 그 개념 자체에 대한 앎이 아니라 그것이 우리가 일상적으로 경험하는 사태이고, 또 삶의 한 태도라는 점을 인식하는 것이다.

(2) 수행 범주

수행 범주에 감정이입을 배치하면, 그것은 일상적인 생활에서, 혹은 교실에서 인위적으로 설정된 상황에서 모두 실현 가능하다. 가령 슬픈 일을 당한 친구를 위로해 주는 실제 상황이 있다고 가정해 보자. 위로를 위해서는 친구의 슬픔이 곧 나의 슬픔으로 다가와야 한다. 위로가 형식적인 친교를 위한 화행에 그치지 않기 위해서는 적어도 그의 슬픔을 내가 느낄 수밖에 없는 것이다. 이것은 어떻게 가능한가? 아마도 그것은 유추를 통해 가능할 것이다. 즉 내가 이전에 직접적으로 체험한 슬픔에 대입을 해서 그의 슬픔의 깊이를 추정해 보는 것이다. 그렇게 하여 슬픔을 공유하게 될 것이다. 이는 친구의 감정이 나에게 이입된 결과라 할 수 있다. 만일 슬플 때 슬퍼할 줄 아는 것이 정서적 능력의 한 양태라면, 이러한 과정은 매우 필연적인 것으로 보인다. 그리고 그것이 최소한 위로라는 화행으로 실현되는 한, 이는 언어 능력의 '일부이기도 할 것이다.

또한 소설을 대본화하여 연극을 하는 수업 상황이라면 극중 인물의 심리와 행동에 내가 동화될 수 있어야 하고 그러기 위해서는 감정이입이 필연적이다. 이것 또한 수행의 범주에서 감정이입이 활성화되는 경우이다. 문학 작품을 읽는 것은 거의 모든 경우에 감정이입의 가장 직접적인 수행 기회를 제공해 준다. 특히 감정이입은 인간이 세계와의 관계를 형성하고 확장해 가는 지적·정서적 활동에서도 매우 주요한 관건이 된다고 본다. 객체에의 동화는 세계를 알아가고 그것을 통해 자신의 삶을 성찰함으로써 자아가 성장해 가는 과정에서 일차적인 단계가 되는 것이다.

또한 사회적 의사소통이 이루어지는 국면에서도 감정이입은 흔하게 동원되는 기법 중의 하나이다. 가령 쓰레기통에 적혀 있는 "쓰레기는 저에게 주세요."나, 도로 위의 육교에 달려 있는 "아빠! 안전운행 하세요."라는 문구는 감정이입을 수행의 차원에서 활용한 경우라 할 것이다. 전자의 경우 필자와 독자의 관계를 고려하면 "쓰레기는 쓰레기통에 버립시다."가 정상적인 문구라 할 것이다. 후자도 마찬가지로 "여러분의 가족은 안전운행을 기원하고 있습니다."로 구성되는 것이 정상적이다. 그러나 전자에서는 서술 대상인 쓰레기통의 (가상적) 목소리를, 후자에서는 서술 대상인 가족, 특히 자녀의 목소리를 흉내냄으로써 표현 의도를 달성하고 있다. 전자는 특히 무생물인 쓰레기통을 화자로 내세우고, '주세요'라는 대화체를 활용함으로써 서술 대상에 대한 감정이입의 단초적인 모습이 어떠한가를 보여준다. 그런가 하면 후자는 자녀를 화자로 내세움으로써 운전자로 하여금 안전운행의 필요성을 한층 더 높이는 효과를 발휘하게 된다.[2] 가족은 한 개인이 단순한 도구나 수단이 아니라 그 자체로 존재 의의를 가진다는 점이 가장 절실하게 드러나는 생활 단위이다. 이 점에서 이 문구의 화용론적 효과는 매우 성공적이라 할 수 있겠다. 이와 같

---

2) 이 문구에 대한 화용론적 분석은 이성영(2000 : 127) 참조.

은 표현에 담긴 감정이입의 개념을 통하여 새로운 표현을 창출하도록 글쓰기라는 수행을 유도할 수 있는 것이다.

가령 우리는 다음과 같은 글에서 '시점'이나 '서술자'라는 개념으로 설명되어 왔던 문학적 장치가 감정이입과 어떻게 연결되고 있는지를 확인해 볼 수 있다.

[지하철24시] 기획취재 - 4부 지하철 요모조모〈1〉- 유실물

나, 아직도 광택 나는 C사 자주색 가죽핸드백. 재작년 10월 지하철 2호선에 주인이 놓고 간 뒤 지금까지 시청역 유실물센터 선반 위에 있지. 나의 주인인 이모씨(24 · 여)는 아직 감감 무소식이야. 잃어버린 지 1년 6개월이 지나면 경매에 부치든가 복지단체에 기증한다는데…….

유실물센터에서 나의 주인을 찾으려고 얼마나 뛴 줄 알아. 일단 내가 품고 있던 이씨 주민등록증에 적힌 거주지(서울 중랑구 중화2동) 동사무소로 연락했지. 전화번호를 알아내려고. 동사무소에서는 "공문을 보내달라"고 하더군. 그래서 이곳 직원이 직원증 사본을 붙이고 이씨 주민등록번호를 적어 협조문을 보냈어. 그리고서 전화했더니 그런 사람이 없다더군.

더 뒤지니 헬스클럽 회원증이 나왔어. 이번엔 그곳 강사가 '이씨 요즘 안 나오는데요' 하더라고. 경찰에도 조회했지만 확인이 안돼. 아무래도 바다 건너 간 모양이야. 이 정도면 주인 만나기는 물 건너 간 거래.

유실물의 화상정보까지 싣는 인터넷사이트(www.lost114.com)도 있지만 여긴 신분증이나 메모 같은 주인을 찾을 '단서'가 없는 것만 올린다는군. 그러니 나는 여기도 기댈 수가 없지.

…(중략)…

서울 지하철의 11개 유실물센터에서 열심히 찾아주고 있지만 막무가내식으로 '내 물건 찾아내라'는 사람도 많아. "어젠가 그젠가 4호선 과천 근방에서 대충 정오쯤인 것 같다."는 식이면 참 난감하지. 물건을 놔두고 내린 역과 시간은 기본. 몇 번째 차량이었는지도 알면 금상첨화지.

이런 걸 알아도 탔던 전동차가 연착이라도 하면 유실물센터에서는 연착시간만큼 앞뒤 전동차를 뒤져야 하니 찾을 확률이 그만큼 떨어져. 그리고 제발 아무 유실물센터에나 전화하지마. 노선마다 다 틀리거든.

　　아무튼 잘들 찾아가시라고. 그나저나 나는 4월이면 와도 못찾는대…….
주인님, 빨리 오세요(○○일보, 2001년 1월 23일 화, 19면)

　이 글은 신문 기사로서 지녀야 할 기본적인 정보를 모두 갖추고 있어, 일반적인 신문 기사의 양식을 유지하고 있는 것으로 보인다. 유실물을 주인에게 돌려주는 절차, 인터넷 사이트 주소, 유실물을 쉽게 찾을 수 있는 요령 등은 이 신문 기사가 독자들에게 전달하고자 하는 핵심적인 정보라 할 수 있다.

　그런데 이 기사는 다른 일반적인 기사와 확연히 구별되는 특별한 인상을 주고 있다. 그것은 서술 대상인 유실물이 화자가 되어 누군가에게 말을 건네는 듯한 어법을 구사하고 있다는 점에서 비롯된다. 유실물이 자기 이야기를 하듯이 서술되면서, 물건이 유실되는 구체적인 상황이 실제적으로 혹은 가상적으로 구성되고, 온갖 인간 군상들의 삶의 모습까지도 효과적으로 그려낼 수 있었던 것이다. 뿐만 아니라 중략되긴 했지만, 경기가 좋지 않은 데 따른 유실의 새로운 경향도 읽어냄으로써 저널리즘 특유의 시사성도 확보하고 있다. 그것도 매우 구체적인 형상으로 제시됨으로써, 경직되고 관습적인 기사에 대한 거리감을 해소하고 있는 것이다.

　중요한 것은, 이처럼 글감을 목소리의 주인공으로 설정하여 글을 써 갈 수 있었던 것도 넓게 보면 필자가 유실물인 가죽 핸드백의 감정을 자신에게 이입하여 모방함으로써 가능했다는 점이다. 이것은 수행의 한 사례로서 감정이입의 교육적 가능성을 여실히 보여준다 하겠다.

　또한 감정이입은 듣기와 말하기 활동에서도 유효성을 지니고 있다. 말을 듣는 청자에 대한 감정이입은 일반적인 의사소통 상황에서도 매우 주요한 관건이기 때문이다. 의사소통 상황에서 감정이입이란 주어진 상황에 대한 자신의 관점을 견지하면서 상대방이 어떻게 생각하고 느끼는가에 대해서 상상할 수 있는 능력이다. 주지하듯, 모든 말하기는 기본적으로 청자를 대면한 상황에서 이루어지고, 청자의 제반 요건들은 말을 조직해 나가는 데 가장 큰 변수로 작용한다. 이때 청자의 제반 요건에 대한 고려가 원활하지 못하게 되면 말하기는 실패하게 된다. 이는 참여자 사이의 관계, 화행의 목적과 장르를 불문하고 모든 말하기에 적용되는 기본적인 원칙이다. 심지어 이는 말하기가 일방향적으로 이루어지는 연설에도 적용될 수 있다. 의사소통 능력은 감정이입 능력과 매우 밀접한 상관관계를 맺고 있는 것으로 보는 것이 일반적이기 때문이다(이창덕 외, 2000 : 15).[3]

(3) 태도 범주

태도 범주는 내면화, 가치화, 인격화 등 정의적 영역에 귀속된다 하겠는데, 가장 이상적인 수준은 능력이나 지식이 인격의 수준에 이르도록 하는 것이다. 그런 점에서 태도는 궁극적으로 주체적이고 비판적인 가치관 혹은 세계관과 무관하지 않을 것이다. 실제로 개념적 혹은 명제적 지식이 학습자의 정신적인 성장을 자극하여 가치로운 삶을 영위하도록 이끌기 위해서는 인격으로 승화되어 가는 수밖에 없다. 이는 감정이입도 마찬가지이다.

그렇다면 감정이입은 어떻게 인격화 수준으로 승화될 수 있을 것인가? 지식의 인격화가 곧 지식이 개인의 가치관이나 세계관으로 승화되는 것이라면, 감정이입이라는 개념적 지식은 세계를 바라보는 안목으로 자리

---

3) 한편 '감정이입'은 청자의 입장에서는 '공감'으로 볼 수 있다. '공감적 듣기'란 편견 없이 상대방의 개인적인 인식의 세계로 들어가서 그 사람에 대해 깊은 이해를 할 수 있게 되는 과정을 말한다. 이는 상대방을 이해하려는 노력에서 비롯되며, 상대방의 관점에서 문제를 바라볼 수 있을 때 가능해진다(이창덕 외, 2000 : 128 ; 전은주, 1999 : 211~215 참조).

잡는 데서 최종적인 교육적 가치를 발휘하게 될 것이다.

이 가능성은 다음과 같은 논리에 의해 그 단서를 발견할 수 있다.

> 문학은 이를테면 의인화, 알레고리, 감성이입 등의 방법으로 모든 객체 대상들을 주체로 바꿀 수 있다. 문법적으로 말하면 이 방법들은 언제나 목적어의 위치에 있어야 하는 벙어리 대상들에게 생명과 언어를 부여하여 주어의 위치에 서게 한다. 근대적 문명의 패러다임 속에서 자연은 언제나 도구화한 객체이고, 추구, 착취, 소유, 조작의 대상이다. 이 객체와 대상으로서의 자연은 그 자체의 권리와 품위, 그 자체의 생명과 언어를 갖지 못한다. 감성교육으로서의 문학은 예컨대 <개구리가 말하기를> 또는 <나무가 그러는데>라는 어법으로 모든 자연 대상들을 대상의 자리에서 주체의 자리로 옮겨 놓음으로써 그것들에 감성을 부여하고 이 방식으로 인간의 감성 자체를 강화한다. 대상의 위치 이동은 단순한 동화적 감성이입 장치로만 그치지 않는다. 그것은 동시에 인식 위치의 이동이고 세계관과 관점의 이동이다(도정일, 1994 : 362).

이 글은 문학에 국한된 예시이지만, 감정이입 등의 개념이 문학만의 고유한 전유물은 아니다. 그것은 인간이 이 세상을 살아가면서 세계와 교류하고 세계에 적응해 가는 방식을 집적한 것이다. 이런 점에서 감정이입은 단순히 하나의 화법이나 문학적 장치가 아니라 인간과 세계의 관계를 형성하고 유지해 가는 과정에서 요구되는 커뮤니케이션의 일반적인 원리로 확장된다. 커뮤니케이션은 인간과 인간, 인간과 세계, 세계와 세계의 '사귐'[4]이고, 인간은 그러한 커뮤니케이션을 통해 성장해 가기 때문이다.

---

4) 'communication'은 일반적으로 '의사소통'으로 번역되나, '교제'나 '사귐'으로 번역되기도 한다. 다소 특이한 경우이긴 하지만, 의사소통의 본질을 드러내는 비유적 의미로서는 매우 적실한 것으로 보인다. 이는 야스퍼스의 철학적 과제를 탐구한 이인건(1997)에서 취하고 있는 번역이다.

이와 같이 이들 개념적 지식들은 언제나 삶의 태도로 이어질 수 있는 계기를 자체적으로 품고 있다. 이상과 같은 논리에 따르면 우리가 국어교육에서 익히 다루어 왔던 개념적·명제적 지식들은 가치관 혹은 세계관의 수준으로 상승하면서 태도 범주의 내용을 강화할 수 있다. 또 그러한 개념이나 명제일수록 더욱 큰 가치를 지닌 지식으로 볼 수도 있다. 다만 그것이 어떻게 구성되느냐 하는 것은 개별 지식 항목들에 따라 달라질 것이다.

이상에서 감정이입이라는 개념을 중심으로 그것이 지식 범주, 수행 범주, 태도 범주에서 각각 어떠한 위상과 위치를 확보할 수 있는가를 예시해 보았다. 이러한 예시를 통하여 확인할 수 있는 것은, 개념이나 명제가 학습자의 삶에 밀착되고 수행을 통해 체득되면서, 동시에 삶의 태도나 가치관으로 승화될 때 교육적인 가치를 확보할 수 있다는 점이다.

4. 남는 문제들

이상에서 국어교육의 내용 범주를 '지식', '경험', '수행', '태도'로 설정하고, 그 타당성을 검증하기 위해 '감정이입'이라는 개념이 경험 범주를 제외한 나머지 각각의 범주에서 어떤 구체상을 지니게 될 것인가를 적용해 보았다. 그러나 이 시도는 여전히 많은 논란을 남겨둔 채로 마무리된다. 예상되는 논란의 쟁점을 미리 점검해 두기로 한다.

첫째, 네 범주가 동등한 위상을 지니는가 하는 문제이다. 감정이입을 각 범주에 적용한 사례의 경우에는 지식 범주가 무게 중심을 잡고 있는 것으로 보인다. 감정이입의 개념이 이러저러하므로 수행, 태도의 범주에서는 여차히 적용될 것이라는 추론이었던 바, 이는 일차적으로 (개념적)

지식이 다른 범주의 세부적인 내용을 통어하고 있는 형국인 셈이다. 따라서 각 범주가 동등한 위상은 아닌 것으로 보인다. 그렇다면 그 위상의 상대적 변화를 결정하는 것은 무엇인가 하는 의문이 남는다.

둘째, 모든 세부 항목들이 각 범주에 골고루 적용될 수 있는가 하는 문제이다. 가령 개념적 지식을 경험 범주에서 다루기가 어렵듯이, 사실지(事實知)에 해당하는 문학사적 지식 또한 수행의 범주에서 다루기는 어려울 것으로 예상된다. 또 그 지식이 학습자의 태도 형성으로 이어질 수 있는 고리가 있을까 하는 야기된다. 더욱이 지식의 습득이 인격화를 이상으로 한다면 그 의문은 더욱 크게 증폭되는 것이다.

셋째, 교수—학습의 한 장면을 네 개의 어느 한 범주에 전적으로 귀속시킬 수 있을 정도로 분명하게 구별되는가 하는 점도 의문이다. 이런 의문이 드는 것은 분류의 체계화를 위해 구상한 네 개의 범주가 선명하게 구별되지 않을 수도 있다는 판단 때문이다. 그러나 교수—학습 활동의 한 장면이 반드시 어느 하나의 범주에 전적으로 귀속될 필요는 없다. 교수—학습 활동은 통합적이고 총체적으로 이루어질 수 있기 때문이다. 다만 구체적인 교수—학습 활동의 한 장면을 염두에 둘 때, 네 범주의 경계가 분리되어야 할 것인가 통합되어야 할 것인가, 이것이 하나의 논란이 될 수 있다는 점만 지적해 두기로 한다.

이러한 의문들이 남아 있긴 하나, 문학 지식이 단지 형해화된 개념 덩어리로 남지 않고 언어 수행 능력과 태도 형성에도 직접적으로 기여할 수 있는 가능성을 확인할 수 있었다. 국어교육의 목표를 '국어능력의 신장'으로 규정할 때, 문학교육이 중요해지는 이유도 분명해지는 것이다. 이런 점에서 다음 인용문(김대행, 2000 : 127)은 문학의 국어교육적 가치에 매우 중요한 시사를 한다 하겠다.

　　문학을 통한 성장이란 문학의 창작과 수용에 두루 관계되는 일이며, 이러한 사고 활동을 통해서 연민(sympathy)과 감정이입(empathy)으로 나아갈 수 있게 된다. 연민과 감정이입은 문학으로 도달할 수 있는 지성과 감성의 활발한 작용이자 결과이며, 이를 통해서 친밀감(closeness), 거리감(distance), 판단력(judgement) 등을 길러 그러한 태도를 갖추기에 이르게 된다. 문학의 창작과 수용은 그러한 결과에 이르는 과정이며, 이러한 결과에 자주적으로, 그리고 풍성하게 도달하는 것은 인간화의 덕목인 감성, 지성, 책임성, 사회성, 자기 실현성을 확보하고 성취하는 길이 될 것이다.

문학교육과 언어적 경험

국어과 교육과정의 경험 범주 모색

1. '경험' 범주에 대한 관심

이 글은 국어과 교육과정 논의에서 소외되었던 경험 범주의 내용을 체계화하기 위한 방법적인 기초를 마련하는 데 목적을 둔다. 제도에 따라 이루어지는 정책적인 차원의 의사 결정 과정에 참여하여 새로운 아이디어를 추가하기보다는, 교육과정 구성을 원론적으로 점검해 보고자 하는 것이다. 따라서 국가 수준의 문서로 구현된 교육과정에 대한 비판도 제한적으로만 행하고, 교육과정에 대한 실제적 쟁점도 개괄적으로만 다루게 될 것이다. 이를 통해 이론과 실천 양면에서 문학교육의 정체성 확립에 기여하고자 한다.

교육과정은 흔히 '왜', '무엇을', '어떻게' 가르칠 것인가에 대한 계획이나 그 결과로 간주되고 있다. 즉 목적 및 목표, 내용의 선정 및 조직, 학습 활동, 평가 등에 대한 총체적인 프로그램인 셈이다. 이 중에서 가장 핵심은 '무엇을'에 해당하는 항목이다. 목표가 내용을 규정하고, 내용이 방법을 규정하는 연쇄를 형성하게 되므로, '무엇'을 선정하고 조직하기 위해서는 '왜'의 문제가 선결되어야 한다. 그러나 내용이 목표를 역규정할 수도 있다. 국어과 교육과정, 그리고 문학교육과정의 '왜'와 '무엇'은 국어교육사 속에서 구체적으로 실행되어 왔기 때문에 그것이 무엇이냐에 대해서는 누구나가 경험적으로 혹은 직관적으로 대답할 수 있다. 문제는 그것의 이론적 정립이다. 이론적 정립의 핵심을 이루는 것 중의 하나는 범주화이고, 그것의 구체화라 할 것이다.

이와 같은 배경에서 본 논의에서 다루고자 하는 문제는 다음의 두 가지로 요약된다. 첫째, 문학교육과정의 핵심인 교육 내용의 범주 중 지식과 경험은 어떤 관계를 맺고 있으며, 둘째, 이 중에서 경험 범주의 교육 내용은 어떻게 선정, 배열, 조직화하는가 하는 점이다.

선행 연구 중 국어교육과정의 내용 범주를 전면적으로, 그리고 포괄적으로 다룬 것으로는 김대행(2002)이 거의 독보적이다. 여기에서 제시된 내용 범주는 지식, 경험, 수행, 태도의 네 가지이다. 언어는 특정한 상황 속에서 주어지는 과제이므로 수행되어야 하고, 사실을 생성하기에 지식을 확장함으로써 능력을 향상시킬 수 있고, 언어 활동 참가자의 정체성을 구현하므로 태도를 명료하게 함으로써 국어 능력의 질이 높아지며, 언어가 필연적으로 의미를 지니므로 그에 대한 체험과 반응을 통해서 경험이 심화되고 질서화됨으로써 국어 능력이 향상된다는 것이다. 이 중에서 관심의 초점이 놓이는 것은 경험 범주이다. 지식과 수행 범주는 국어 교육사의 전개와 함께 풍부한 세부 내용을 갖추고 있는 데 반해,[1] 경험 범주의 세부적인 내용에 대한 논의가 일천하다는 판단 때문이다.[2] 또한

---

[1] 특히 최지현(2005a)와 최지현(2005b)에서는 문학교육과정에서 다루어야 할 지식의 목록을 위계화하여 정리하고 있다.

태도 범주는 지식과 경험, 수행의 결과로 형성되므로 이에 대한 논의도 나머지 세 범주의 윤곽이 결정된 이후에 이루어질 수 있겠기 때문이다. 특히 교육과정의 내용으로서 지식과 경험은 교육학 논의 일반의 차원에서도 줄기차게 경쟁하거나 상호보완하면서 굳건하게 자리를 잡아 왔다는 점에서 양자의 관계에 대한 논의가 우선적으로 이루어질 필요가 있겠다.

논의의 편의를 위해 전제로서 확인해 두어야 할 사항을 앞세우기로 한다. 먼저 교육과정의 개념을 정책적으로 결정되는 국가 차원의 공인된 문서로 한정하지 않는다는 점이다. 널리 알려진 대로 교육과정이라는 개념 속에는 의도된 교육과정, 전개된 교육과정, 실현된 교육과정이 모두 포함된다. 그것은 각각 공약된 목표로서의 교육과정, 교사에 의해서 지도되는 교육과정, 실제로 학생들에게 형성·내면화된 교육과정을 일컫는다(박인기, 1997 : 287~289).[3] 그런데 교육과정 논의에서는 대체로 국가 차원의 의도된 교육과정에 초점이 맞추어진 것은 사실이다. 그러나 이것이 교육과정의 개념 중에서 가장 넓은 범위에서 가장 유력한 개념으로 굳어 있긴 해도, 바로 이 점 때문에 오히려 교육과정의 본질에 대한 논의의

---

2) 국어교육의 구도 내에서 경험에 대한 연구가 드문 가운데, 이삼형 외(2003 : 39~40)에서 국어교육 내용 연구의 과제로 '경험 요소에 대한 고려'를 제시한 바 있고, 고광수(2005)에서 경험의 개념, 언어 경험과 문학 경험의 관계를 포괄적으로 다룬 바 있다. 특히 후자는 경험의 철학적, 교육학적 논의를 바탕으로 경험 요소의 국어교육적 의의를 정치하게 밝히고 있어 주목된다. 또한 황혜진(2006)에서는 가치 경험의 교육적 의미망을 전면적으로 다루면서 교육내용으로서의 경험이 지니는 위상을 정립하는 데 커다란 진전을 보여주고 있다.

3) 이와는 약간 다르게 교육과정을 학습자와의 거리에 따라 사회 차원의 교육과정, 학교 차원의 교육과정, 수업 차원의 교육과정, 이념적 교육과정으로 구분될 수도 있다. 사회 차원의 교육과정은 학습자와 가장 멀리 떨어져 있고, 목표를 결정하는 사회·정치적인 과정이나 학교에서 공부할 교과목을 결정하는 과정을 포함한다. 학교 차원의 교육과정이란 학교에서 이루어지는 교육과정으로서, 특정한 시간의 제약을 받고, 영역별 교과 지식의 구조에 따라서 조직된다. 수업 차원의 교육과정은 교사가 학생을 위하여 계획하는 것으로, 국가의 지시를 따르긴 하지만 직접적인 결정은 학교별로 필요한 것이 무엇인가를 고려하여 조직된다. 이념 차원의 교육과정이란 조직, 목표, 내용이 순수한 이념의 형태로 구현되는 경우를 가리킨다(이해명 편역, 2000 : 196~198).

자유로운 확산을 왜곡시킬 수도 있다. 따라서 교육과정 논의에서는 응당 의도된 교육과정과 더불어 '전개된 교육과정' 및 '실현된 교육과정'이 동시적으로 고려될 필요가 있다. 연구 방법을 달리하여 '실현된 교육과정'에 대한 탐구는 진행하더라도, '전개된 교육과정'에 대한 고려는 필수적이라 할 것이다. 교과서를 대표로 한 문학 교재, 문학 교재에 실리는 문학 작품에 대한 교육과정적 접근의 필요성은 여기에서 비롯된다. 교육과정의 구체화·상세화라 할 수 있는 문학교재를 다루는 것은 결국 교재의 위계화 혹은 문학 제재의 계열화를 초점화하게 된다는 것이다.

두 번째 전제는 '문학교육과정'의 개념과 관련된다. 만일 문학이라는 교과가 독립적으로 존재한다면 '문학과 교육과정'이 성립 가능하다. 그러나 문학은 독립적인 단일 교과가 아니므로, '문학과 교육과정' 또한 성립할 수 없다. 이는 단지 현재의 교육과정이 그렇게 규정하기 있기 때문만은 아니다. 문학이 단일 교과로 독립되는 것은 바람직하지도 않을뿐더러 불가능하다고 본다. 그렇다면 문학교육과정은 국어과 교육과정 내의 한 부분4)으로 존재하는 것이다. 따라서 문학교육을 수행함으로써 국어과 교육이 실현되고, 국어과 교육을 수행함으로써 문학교육이 실현되는(최지현, 2005b : 239) 양자의 관계를 전제로 논의가 이루어지게 될 것이다. 이런 관점의 연장선상에서 문학을 수단으로 삼아 이루어낼 수 있는 인문주의자나 언어사용자 역할 모델(J. Spiro, 1991 : 18)도 적극적으로 고려되어야 할 것이다. 따라서 이 글은 문학교육이 메마른 기능주의적 관점에 입각

---

4) 보통은 문학 '영역'으로 일컬어진다. 그러나 논란의 여지가 있으므로, '부분'으로 완만하게 표현했다. 특히 최지현(2005b)에서 'scope'의 역어인 '영역'의 개념을 재규정한 바 있는데, 문학은 국어과 교육과정의 한 영역이 될 수 없음을 보이고 있다. 한편 현재적 상황에서 '문학'은 경우에 따라 국어교육의 대상이면서 과목의 명칭이고, 또 동시에 영역의 명칭이기도 하다. 따라서 모든 논의에서 혼란을 방지하기 위해서는 '문학'이 어떠한 범주에 위치해 있는지를 먼저 밝혀야 한다.

한 국어교육의 위험을 극복하는 데 기여하는 구도를 상정하고 있다.

2. 문학교육과정 내용 범주로서의 지식과 경험의 관계

교육과정을 구성하는 데 틀이 되는 대표적인 모형으로, 학습자의 흥미나 사회적 요구에 의해 이루어지는 목표 모형과 대상 자체의 내재적 가치에 의해 이루어지는 내용 모형을 들 수 있다.[5] 일반적으로 목표 모형에서는 목표 이외의 교육과정 요소들을 목표 달성을 위한 수단으로 간주하며, 따라서 내용과 학습 활동은 그 자체의 가치와 중요성보다는 목표를 기준으로 해서 외적으로 규정된다. 내용 모형에서는 내용의 가치와 과정으로서의 지식을 우선적인 기준으로 삼아 목표를 설정하고 내용의 구조와 가치에서 논리적으로 도출되는 학습활동을 강조하게 된다.[6]

교육과정론의 일반적인 층위에서 교육 내용이라 함은 보통 '교과'를 가리킨다. 이것은 경험 중심의 학교에서나 교과 중심의 학교에서나 마찬가지이다. 그러나 엄밀히 말하면 교육 내용은 교과 그 자체가 아니라 교과에서 중핵적이라 판단되는 개별 항목들로서, 그것은 '지식'으로 규정되기도 하고 '경험'으로 설정되기도 한다(김종서 외, 1999 : 170~175). 목표 모형에서는 경험이, 내용 모형에서는 지식이 중핵으로 자리 잡는 것이 일반적이다.

5) 목표 모형과 내용 모형은 각각 타일러(Tyler)와 브루너(Bruner)의 입론에 기대고 있다. 이
   홍우(2000 : 19~96) 참조.
6) 여기에 더하여 내용의 효과적 선정과 조직보다는 그 내용을 학습자가 유의미하게 학습하
   기 위해서 어떠한 경험과 활동을 하게 할 것인가에 초점을 두는 경우도 있다. 이 모형에
   서는 학습자의 성장을 촉진하는 활동에 강조점을 두어 목표나 내용을 활동의 소재로 간
   주하는데, 그 근거는 학습자의 성장과 진보의 방식에 있다(강현석 외, 1999 : 144~145).

그러나 지식과 경험의 경계가 그다지 선명해 보이지는 않는다. 어떤 학습 내용이 지식의 범주에 속하는가, 아니면 경험의 범주에 속하는가도 선명하게 판단하기 어렵거니와, 교육이 실행되는 국면에서 경험에 의해 지식이 전수되는가, 지식에 의해 경험이 이루어지는가를 판정하는 일도 쉽지 않은 일이다(김대행, 2002 : 10~11). 경험에 의미를 부여하기 위해서라도 지식이 선행되어야 한다는 지적도 있고, 지식은 경험을 통해서만이 내면화되고 자기화된다고 보는 관점도 있다. 그렇기는 해도 지식과 경험의 구별을 우리가 가진 상식을 기준으로 삼아, 지식은 구조화되고 체계화된 개념의 덩어리로, 경험은 대상으로부터 특정한 의미와 가치를 형성하는 것으로 이해해도 무방하리라 본다.

지식과 경험은 현실적으로 길항하는 경우도 있고, 배타적으로 분포될 수도 있다. 그러나 공교육이라는 제도의 뒷받침을 받고 있는 국어교육의 장이라면, 이것은 선택의 문제가 아니라 배합과 결합의 문제가 되어야 할 것이다. 당연히 교육이란 순수하게 교육 내용의 내재적 가치에만 의존할 수도 없으며, 학습자의 흥미나 사회적 요구에 전적으로 종속될 수도 없기 때문이다.

교육적 경험이란 일반적으로 일정한 시간대에 걸쳐 진행하는 개별화된 구체적인 상호작용의 과정을 통해 세계의 '새로운' 의미와 가치를 형성함으로써, 자아가 세계를 경험하는 '방식'이 변화되는 경험을 말한다(양은주, 1999). 듀이에 따르면 본래 막연한 덩어리째 있는 '일차적 경험'과 여기에 반성적 사고가 개입하여 다듬어진 '이차적 경험'이 구별된다. 당연히 교육적으로 유의미한 것은 이차적 경험이다. 일차적 경험이란 교육적 배려나 처방이 배제된 상태에서도 일어나기 때문이다. 그렇기는 해도 국어교육에서는 '일차적 경험'도 매우 소중한 교육의 자원이다. 모든 언어활동이 가치 있는 경험을 구성하거나 교환하는 일이라면, 교육적 배려와는 무관한 수준에서 일어나는 언어활동마저도 학습자의 발달 수준을 가늠하고 목표를 설정하는 데 필수적으로 고려되어야 하기 때문이다.

이제 문학의 정의를 통해 문학교육과정에서 준거로 삼을 '경험'의 개념을 우선 정리해 두기로 한다. 문학에 관한 가장 통상적인 정의는 '문학은 가치 있는 경험을 상상력을 통해 언어로 표현한 예술'이다. '가치 있는 경험'을 언어가 아닌 다른 매체로 표현하면 다른 장르의 예술이 된다. 즉 '가치 있는 경험'은 문학의 내용 조건이고, '언어'는 형식 조건이 되는 것이다. 우리가 문학을 읽고 쓰는 일은 '가치 있는 경험'을 구성하고 공유하는 일이다. 따라서 경험의 대상은 문학 작품이 형상화하고 있는 인간의 마음이나 세계, 통칭하여 인간사라 할 것이다.

그렇다면, 문학교육에서 지식과 경험은 어떻게 만나는가? 이 문제를 논하기 위해 문학 지식을 크게 텍스트적 지식, 콘텍스트적 지식, 메타텍스트적 지식으로 구별할 수 있다는 입론에 기대어 보기로 한다(본서 1부 '문학 지식과 국어교육' 참조).

콘텍스트적 지식과 메타텍스트적 지식은 텍스트를 벗어나는 차원에 존재한다. 콘텍스트적 지식은 작가와 독자, 창작 배경 및 동기, 전승 과정, 독서 환경 등 텍스트의 소통과 관련된 제반 변인에 관한 문학사적 사실, 즉 역사적 조건에 대한 앎을 말한다. 메타텍스트적 지식은 문학 이론을 배경에 깔고 있는 전문적인 용어들로서, 대부분 문학 개론류 서적이나 문학 용어 사전에서 주요하게 다루는 항목들이다. 이는 여타 종류의 담화와 문학을 구별하는 데 작용하는 표지로서, 문학 텍스트의 문학다움을 실현하는 언어적 자질이다. 비유와 이미지, 상징, 화자, 운율 등의 시적 자질과, 시점, 인물, 배경, 구성 등의 서사적 요소, 그리고 아이러니와 역설, 풍자, 낯설게하기 등등이 거론될 수 있다.

반면에 텍스트적 지식이란 작품 그 자체에 대한 앎을 뜻한다. 소설의 경우 어떤 성격의 인물이 어떤 사건을 벌였고, 어떤 과정을 거쳐 사건이 마무리되었는가 등등을 아는 것이고, 시에서는 어떤 시적 화자가 어떤 상황에서 어떻게 정서적 갈등을 해결하는가 등등을 아는 것이다. 여기에는 소설 속 인물의 대화 한 구절이나, 장면 묘사와 심리 묘사에 동원된 구절을 암기하고 있는 것도 포함된다.

이 중에서 문학교육에서 가장 중심적으로 다루는 것은 당연히 텍스트적 지식이어야 한다. 콘텍스트적 지식과 메타텍스트적 지식은 텍스트에 대한 정확한 이해를 돕거나, 텍스트를 꼼꼼하게 설명해 내는 데 동원되는 지식이기 때문이다. 물론 두 가지 지식의 기능이 여기에 국한되는 것은 아니다. 경우에 따라서는 문학 창작을 포함한 문학적 표현 활동에 필요한 방법적·절차적 도구로서도 활용될 수 있다. 특히 메타텍스트적 지식은 문학교육과정 및 문학 교재에서 가시적으로 목록화될 수 있는 유형이라는 점에서 그 가치와 의의는 충분히 인정되어야 한다. 그러나 문학교육의 출발점이자 종착점은 텍스트 그 자체이기에, 이들은 목적에 따라 선택적으로 배치되고 부가될 수 있는 전략적인 항목으로 보는 것이 옳다 하겠다.

그런데 '경험'이 문학교육의 내용 범주로 자리 잡고자 할 때, 바로 이 텍스트적 지식이야말로 학습자가 가장 일차적으로 얻게 되는 경험의 내용이 아닐까 한다. 문학 텍스트를 감상하고 이해하는 일이야말로 가장 뚜렷한 문학적 경험의 봉우리가 될 것이기 때문이다.[7] 이렇게 되면, 우리는 여기에서 지식 범주와 경험 범주의 탈경계적 중첩 현상을 접하게 된다. 경험의 대상이 텍스트적 지식의 목록이 되고, 그 지식이 곧 경험의

---

7) 여기에서 문학 작품을 창작하거나 문학적으로 표현하는 등의 문학 생산을 언급하지 않은 것은, 이것이 수행 범주에서 더욱 체계적으로 설명될 수 있다는 판단 때문이다. 이 점은 별도의 논의를 필요로 하므로, 여기에서는 일단 비켜가기로 한다.

내용이 되는 것이다.

그러나 지식과 경험의 관계를 이렇게 규정하는 데서 그치면, 상보성 혹은 변별성이 유지되어야 하는 범주 구별의 원칙에 손상이 생긴다. 두 범주가 중첩되는 면이 있다 하더라도, 변별적으로 구별되는 면이 있어야 하는 것이다. 이 문제를 해결하기 위해 정지용의 <유리창 1>과 김현승의 <눈물>을 사례로 들어 두 범주의 관계를 규정하고자 한다.

<유리창 1>과 <눈물>은 참척(慘慽)의 고통을 시적으로 승화시킨 작품이라는 점에서 공통적이다. 독자들이 이 작품들을 읽으면서 경험하는 것은 '참척'일 수도 있고 '참척의 고통'일 수도 있으며, '참척으로 인한 고통의 시적 승화'일 수도 있다. 다만 전자는 떠남에 대한 회한과 회귀에 대한 소망을 동시에 드러내면서 개인적 위안으로 귀결되고, 후자는 절대자적 존재에 대한 겸허한 태도를 바탕으로 종교적 경건으로 귀결된다는 점에서 차이가 있다. 이러한 차이를 제외하고 경험 범주에만 두 작품을 나란히 놓을 경우, 두 작품의 교육 내용은 대동소이하다 할 수 있다. 그러나 지식 범주에 두 작품을 배치하면 교육 내용은 확연히 달라진다. 그것은 유사한 경험을 표현하고 있다 하더라도, 그 경험을 표상하는 개별 시어 및 시구가 분명히 다르고, 시행과 연의 배열이 확연히 다르기 때문이다. 따라서 작품이 품고 있는 화자의 심리나 사건, 세계 등이 경험의 대상이라면, 그것을 표상하는 언어는 (텍스트적) 지식이라 할 수 있다.

이제 그렇다면 우리에게 요구되는 것은 문학교육과정의 경험 범주를 구체화하는 일이다. 그것은 일차적으로 학습자가 유의미하게 얻을 수 있는 경험의 목록을 구성하는 일이요, 이를 바탕으로 그러한 경험을 담고 있는 문학 텍스트의 목록을 구성하는 일이 될 것이다.

3. 문학적 경험 목록 구성의 방법적 기초

(1) 경험 목록의 구성 방법

어떤 경험이 학습자에게 가치가 있고 유의미한가를 결정하는 기준은, 그 경험 내용의 내재적인 가치와 학습자의 상태에 있다. 원칙적으로 접근하면, 경험 내용의 내재적 가치는 독립적으로 그 가치가 결정될 수도 있다. 가령 인간이 보편적으로 누구나 겪어보아야 할 가치를 지닌 경험이라면, 흥미나 발달 수준 등 학습자의 상태에 무관하게 그것은 교육 내용으로 자리 잡을 수 있는 것이다. 그러나 교육과정의 구성이란 항상 그러하듯이 학습자라는 변수를 고려하여 위계적으로 이루어지므로, 양자는 상호 연관 속에서 결정될 수밖에 없다.

문학적 경험의 목록을 구성하고자 할 때, 일차적인 준거로 삼을 수 있는 것은 문학을 이루는 요소가 될 것이다. 앞에서 말한 대로 '가치 있는 경험을 언어로 표현한 것'이라는 상식적인 정의에서 확인할 수 있듯이, 문학을 이루는 요소란 '가치 있는 경험'이라는 내용 조건과 '언어로 표현한 것'이라는 형식 조건을 뜻한다.[8] 문학이 내용으로 삼고 있는 것은 작

---

8) 만일 이와 같은 단순한 정의에 기댄 준거 산출이 범박하다면, 서사물의 구성 요소를 보여주고 있는 다음과 같은 도표(Seymour Chatman, 김경수 역, 1990 : 24~29)를 참조해 볼 수도 있다. 여기에 기대어도 결과는 다르지 않다. '가치 있는 경험'과 '언어로 표현한 것'은 아래 표에서 각각 '이야기 / 내용'과 '담화 / 표현'에 대응된다. 형식과 질료의 구분은 인간의 경험이 작가에 의해 언어적으로 구조화되기 이전과 이후의 차이로서, 학습자가 독자로서 경험하는 것은 질료 자체가 아니라 그것이 작가에 의해 언어적으로 구조화된 결과이다.

	이야기/내용	담화/표현
형 식	사건적 요소(행위, 우발적 사건) 사물적 요소(인물, 배경)	서사적 전달의 구조
질 료	작가의 문화적 코드에 의해 수용되기 이전의 사람과 사물들	현시 매체(언어, 영화, 발레, 판토마임 등)

가가 가치 있다고 판단한 인간의 경험이므로, 그것이 문학교육 경험 범주의 목록으로 등재될 수 있다는 것은 자연스럽다.[9] 문학 읽기를 삶 읽기나 세상 읽기의 동의어로 보기도 하거니와, 문학적 경험의 가장 넓은 표면적을 차지하는 것은 결국 작품이 담고 있는 인간의 삶과 세계의 질서라 할 것이다. 문학은 무질서하게 펼쳐져 있는 삶과 세계의 어느 한 부분을 포착하여 형상을 통해 질서화한 것이다.[10]

이러한 논리를 근거로 하여 우선 '가치 있는 경험'이라는 문학의 내용 요소로부터 문학적 경험의 목록을 구성해 보기로 한다. 먼저 인류가 역사 이래로 문학을 통해 형상화한 인간의 보편적 관심사를 포함시킬 수 있다. 생로병사의 일대기를 통해 반드시 겪게 되거나 겪기 십상인 경험이 그것이다. 보편적 관심사일수록 통시적으로나 공시적으로 여러 문학 작품에 반복적으로 나타나게 되는 것은 주지의 사실이다. 문학에서는 이를 일러 모티프라 하거니와, 사랑, 권력, 죽음, 입사(入社) 등과 관련된 모티프가 대표적인 레퍼토리이다. 더욱 구체적으로는 변신, 꿈, 낙원(상실), 금기(위반), 속죄양, 희생양, 방황, 길 떠남, 귀환(귀향), 거울, 심부(尋父), 형제 갈등, 기아(棄兒), 의적(義賊), 근친상간 등등이 일차적인 경험의 목록이 될 것이다.

모티프로서 온전한 자격을 갖추고 있지는 않다 하더라도, 반복적으로 나타나는 여러 소재들도 여기에 포함될 수 있다. 원형적 심상을 가진 불, 물, 집, 창, 하늘, 그림자 등, 인간 생활의 원초적 단위인 가족과 고향, 자

---

9) 이삼형 외(2003 : 39~40)에서는 글의 대상, 화제, 주제 등을 경험의 내용으로 언급했다. 이들이 문학의 내용 조건에 해당됨은 물론이다.

10) 여기에 더하여 미적으로 구현된 문학 언어의 자질, 즉 '어떻게 말하고 있는가' 하는 형식적 자질 또한 자연스럽게 경험의 대상이 될 수는 있다. 이들 요소는 문학이 예컨대 건조한 설명문류의 글과 구별되는 자질이므로, 문학 독서에서 경험을 한다. 그러나 이는 주로 표현 기법과 관련하여 내용 범주 중 '수행'에서 다루는 것이 효율적이다. 이 글에서는 경험의 대상을 오직 '무엇을 말하고 있는가' 하는 내용에 국한한다.

연 현상인 황혼, 새벽, 구름 등, 심리적 성향과 관련되는 공격, 광기, 결투 등이 해당되며, 그 외에도 운명, 억압과 자유, 환각, 결혼, 동성애, 등산, 음식, 반지, 미래, 악마, 악, 시간, 성, 유혹, 지하 세계(저승 / 이계), 춤, 탈출, 탑 등을 꼽을 수 있다. 모티프는 물론이고 반복적으로 등장하는 소재는 지역적 개별성과 범세계적인 보편성을 동시에 지니고 있어 그 자체로 경험의 대상으로서 지닌 의의가 크다. 개체가 성장하는 과정에서 보편적으로 겪게 되는 경험이기 때문이다. 서정 장르의 경우에는 '정서적 사건'을 상정하여 여기에 대응시킬 수 있을 것이다.

다음으로 문학을 통해 경험할 수 있는 것은 인물 / 성격(character)이다. 우리가 극이나 서사물에서 감정을 이입하거나 거리두기를 시도하는 대상은 인물이다. 문학교육의 학습자는 자신과 다른 인간형이 제각각 어떤 방식으로 살아가는가를 경험하게 된다. 극과 서사에서 인물의 성격을 규정하는 것은 그의 언행이다. 인물의 언행은 인물의 자질, 즉 성격에서 비롯되는 것이고, 인물의 성격은 사건을 야기하는 요소가 된다. 서정시에서도 인물이 있을 수 있다. 서사에서처럼 구체적이고 개별적인 형상을 갖추지 못하는 경우가 많지만, 이른바 시적 화자로서든, 시적 대상으로서든 인물이 등장하게 된다.

문학 속 인물의 성격은 개성과 전형이라는 모순된 양면성을 지니게 된다. 개성적이고 생생한 인물일수록 실은 그가 소속되어 있는 집단들, 가령 계층이나 신분, 성과 직업 등의 보편적 특징을 가장 잘 대변해 줄 수 있는 것이다.11)

---

11) 인생의 탐구 혹은 인간성의 창조로서의 소설이 가장 효과적인 도덕적 상상력의 주체로서, 현실이 제도적·인습적 교육이 가르치는 당위와 얼마든지 다를 수 있음을 시사하면서, 독자로 하여금 자신의 삶을 반성케 함으로써 정신적 성장을 이끌어내는 매우 훌륭한 장르라는 논리, 그리고 소설의 독보적인 가치가 인간의 다양성의 폭과 다양성의 가치를 보여주는 일에 있다는 단언(유종호, 1989 : 296~297)도 결국 인물에 대한 경험의 교육

문학에서 다루는 인물의 수는 작품의 수만큼이나 다양하다. 서사와 극에서 인물은 신(적인 존재) / 영웅 / 범인 / 바보, 성인 / 아동, 남성 / 여성, 선인 / 악인, 부자 / 빈자, 거짓말쟁이 / 정직한 사람, 어리석은 사람 / 지혜로운 사람, 신중한 사람 / 저돌적인 사람 등등의 대립적 범주로 유형화될 수도 있고, 선망 / 감계 / 동정의 대상으로 나누어질 수도 있다.[12]

또한 인물의 성격 자체보다는 인물의 정서에 대한 경험을 목록화해 볼 수 있다. 희 / 노 / 애 / 락 / 애 / 오 / 욕으로 대표되는 정서는 다시 적극적 정서와 소극적 정서로 범주화될 수 있다. 애(愛), 숭경(崇敬), 칭찬, 환희, 동경, 희망 등은 전자에, 증(憎), 분노, 공포, 비애, 우수, 낙백(落魄), 절망 등은 후자에 귀속될 것이다.[13] 인물의 정서에 대한 경험은 서사와 극, 서정 장르 전체에서 두루 일어날 수 있는 일이다.

여기에 더하여 한 개인이 사회적 존재로 성장해 나가는 과정에서 요구되는 사회적 정체성의 형성에 기여하는 경험의 목록들이 구성되어야 마땅하다. 이는 주로 개인이 속한 사회적 공동체의 보편적 관심사로서, 시사성을 갖춘 사회적 의제의 목록과 일치할 가능성이 높다. 가령 환경 위기, 양성 평등, 고령화 사회, 장애인 등 사회적 약자 혹은 소수자, 분단과 통일 등등, 이른바 범교과적 주제를 대표적인 의제로 설정할 수 있는 것이다. 이와 연관된 소재 및 주제를 담고 있는 텍스트를 접함으로써 개인의 사회적 성장 과정은 역사적 궤도에 한층 더 가까워지는 접선을 그리게 될 것이다. 이들 요소가 모티프나 인물과 별도로 존립하는 것은 아니지만, 적어도 학습자의 계획적 발달을 도모하는 것이 교육이라면, 의도적으로 이들 요소가 배려될 필요가 있는 것이다.

　적 효과로 판단된다.
12) 선망 / 감계 / 동정의 구분은 김중신(1995)에서 제기된 것이다.
13) 정서의 종류를 포함하여 정서에 대한 전반적인 논의는 김대행 외(1986)를 참조할 수 있다.

한편 이와는 축을 달리하여, 학습자들이 처할 수 있는 특정한 상황에서 어떤 독서 경험을 하는 것이 바람직한가 하는 점도 경험 내용의 목록 작성에 준거로 활용할 수 있다. 독서를 통해 문제 사태를 해소한다는 점을 전제로 해서, 독서 상황을 "어떤 사람이 책을 읽거나 읽고자 할 때 처해 있는 정신 및 신체적 상태나 조건 혹은 사회적인 입장이나 여건"으로 정의한다면(한윤옥 외, 1999), 무수히 다양한 상황의 목록이 정해질 것이고, 이를 다시 분류하면 특정한 상황에서 겪어야 할 바람직한 경험의 내용이 목록화될 수 있는 것이다. 가령 독서 상황을 크게 결핍과 잉여로 나눈다면, 전자에는 심심할 때, 불안할 때, 우울할 때, 무서울 때, 기분 나쁠 때, 짜증날 때, 형제와 싸웠을 때, 화날 때, 지루하고 따분할 때, 외롭고 쓸쓸할 때, 따돌림을 당할 때, 무언가 그리울 때, 자신감이 없을 때, 잘못을 저질렀을 때 등등이 포함될 수 있고, 여기에 필요한 경험의 목록이 정돈될 수 있다는 것이다. 여기에 짝을 맞추어 잉여 상태의 해소라는 목적이 배치될 수 있을 것이다. 이렇게 하면 경험의 목록은 훨씬 더 입체적인 구성을 가질 수 있게 되고, 교육과정의 개인화에 한층 더 가까이 다가서게 될 것이다.

이상의 논의를 간단하게 표로 정리하면 다음과 같다.

경험 목록 산출 영역	세부 영역		경험의 목록
문학의 내용 요소 (가치 있는 경험)	사건	모티프/ 에피소드	• 사랑, 권력, 죽음, 입사(入社) 등 • 변신, 꿈, 낙원(상실), 금기(위반), 희생양, 속죄양, 방황, 길 떠남, 귀환(귀향), 거울, 심부(尋父), 형제 갈등, 기아(棄兒), 의적(義賊), 근친상간 등
	인물	성격	• 신(적인 존재) / 영웅 / 범인 / 바보, 성인 / 아동, 남성 / 여성, 선인 / 악인, 부자 / 빈자, 거짓말쟁이 / 정직한 사람, 어리석은 사람 / 지혜로운 사람, 신중한 사람 / 저돌적인 사람 등 • 선망 / 감계 / 동정의 대상

경험 목록 산출 영역	세부 영역		경험의 목록
문학의 내용 요소 (가치 있는 경험)	인물	정서	• 희 / 노 / 애 / 락 • 애(愛), 숭경(崇敬), 칭찬, 환희, 동경, 희망 등 • 증(憎), 분노, 공포, 비애, 우수, 낙백(落魄), 절망 등
	사회적 의제		• 환경 위기, 양성 평등, 고령화 사회, 장애인 등 사회적 약자 혹은 소수자, 분단과 통일 등
학습자의 독서 상황		결 핍	잉 여

〈표 1〉 문학적 경험 내용의 목록(예시)

(2) 문학 텍스트의 목록 구성 방법

어떤 경우에서건 언어교육에서 문학은 간과될 수 없는 중핵적인 자료이다. 언어교육과정의 경험 범주에서 문학 텍스트를 다루는 것은, 일단 학습자들이 문학 텍스트가 지니고 있는 내용적 요소를 접하도록 하는 데 의의가 있다. 그 결과는 가령 태도의 일관성 형성으로 이어질 것이다. 즉 바람직한 태도의 형성이라는 목적을 성취하는 구체적 경로가 경험이 되는 것이다(김대행, 2002 참조).

경험의 목록이 선정되었다면, 이제는 이를 학습자의 발달 단계나 흥미에 따라 위계화하는 일이 요구된다. 그리고 이에 따라 특정한 경험을 하기 위해 필요한 문학 텍스트의 목록이 제시되어야 한다. 이는 곧 문학 제재의 교재화 작업이라 할 수 있다. 기왕의 연구에서 장르별로 시도된 문학 제재의 위계화 연구는 학습자에게 유의미한 작품의 목록을 가시화했다는 점에서 주목을 끈다.14) 그러나 경험 요소를 단서로 삼는 문학 작품의 목록화는 그 필요성에 비해 가시적인 성과가 발견되지 않는다.

---

14) 대표적으로 도덕성 발달에 따른 위계화를 시도한 김중신(1994), 현대시를 대상으로 한 윤여탁(1998a)와 윤여탁(1998b), 아동문학을 대상으로 한 김상욱(2001), 고전 서사 장르를 대상으로 한 염은열(2003)을 들 수 있다. 이들 연구들은 위계화가 작품 자체뿐만 아니라, 작품의 주제, 장르 등등에 걸쳐 도모될 수 있음을 보여주고 있다.

　사실 자국어교육에 대한 연구의 역사가 오랜 영미권의 경우, 문학교육에서 문화 전승 모델은 강력한 축이 된다. 문학교육의 모델은 흔히 문화 모델, 언어 모델, 개인적 성장 모델로 구별되는바(Ronald Carter & Michael N. Long, 1991 : 2~3), 이 중에서 문화 모델에서는 문학을 한 문화 안에서 생각할 수 있고 느낄 수 있는 최고의 것을 농축한 것, 곧 지혜의 축적으로 본다. 이 관점에서 문학은 인류의 가장 의미 있는 사고와 감성들을 표현한 것이고, 문학교육은 학생들로 하여금 특정한 역사적 시기를 초월하는 일련의 표현, 보편적인 가치와 타당성을 접하도록 하는 것이다. 학생들이 다른 시공간의 문화와 이념을 이해하고 감상하며, 그러한 문화적 유산에 내포된 사상과 감정, 예술적 형식들의 전통을 알아야 한다는 믿음에 기초해 있다.

　범위를 문학교육에서 자국어 교육 전체로 넓히는 경우에도 이러한 관점은 여전히 유효하다. 영어 교육과정의 세 가지 모델[15] 중 하나인 문화 전승 모델에서는 정전적인 작가와 텍스트를 선정하고 가르치는 일에 집중한다. 백인 남성 작가의 작품을 위주로 구성된 정전의 권위에 대한 해체적 질문들이 이어지고 있지만, 여전히 이 모델은 영어과 교육과정의 유력한 한 축을 이루면서 다른 모델들과 경쟁적 공존 관계를 이루고 있다. 이 모델은 문학의 문화적 가치를 강조하는 접근법으로, 문학적·문

---

15) 언어 기능 모델, 문화 전승 모델, 개인적 성장 모델이 그것이다. 언어 기능 모델은 언어와 문식성 기능의 실제적인 가치를 강조하는 접근법으로 처방적 교육 혹은 행동주의적 교육과 연결되어 있다. 이 모델에 따르면 감사를 표하는 예의, 전화 받기, 낯선 사람 소개하기, 길 알려주기, 라디오극 청취하기 등등이 주요한 교육 내용의 항목으로 설정된다. 그러나 가르쳐야 할 내용들이 끊임없이 생성되며, 이에 따라 중핵적인 것과 주변적인 것의 구별이 거의 불가능하다는 문제점을 가진다. 개인적 성장과 흥미를 강조하는 개인적 성장 모델은, 진보주의적 혹은 아동 중심 교육과 연관된다. 아동의 발달 단계에 대한 분석을 토대로 하여, 학생의 요구와 관심에 따라 교육과정의 내용을 선정하는 것이다. 극단적으로 이 모델에서 교육과정은 완전히 개인화되며, 교육 내용의 목록들이란 모두 강제적인 것, 부적절한 것으로 규정될 수 있다. Arthur N. Applebee(1994) 참조

화적 유산으로 학생들을 유도하는 데 초점을 둔다.16)

문학교육의 경험 범주를 구성하는 세부적인 내용으로서 문학 텍스트의 목록이 선정되면, 문화 모델에 입각한 언어교육이 그러하듯이, 그것은 곧 정전을 위주로 한 선집(anthology)의 모습, 곧 실라버스로 구현될 개연성이 높다.17) 그리고 이것이 곧 문학 교재로 자리 잡게 될 것이다. 물론 이때 문학교재는 문학교육과정이 가시화되고 표층화된 결과물이라는 위상을 지니는 것이다. 그러나 정전 해체적 질문들마저도 정전의 권위 자체를 해체하는 데 초점을 두는 것이 아니라 정전의 범위를 확장하는 방향으로 작용하고 있듯이, 완성된 정전의 목록은 성립되지 않는다.

이때 범위 확장의 근거를 우리는 학습자들에게 요구되는 경험에서 찾아야 할 것이다. 정전적 작품을 우선적으로 확정하고 거기에서 경험의 요소를 추출하는 것이 아니라, 역으로 경험 목록을 구성한 뒤에 이를 충족시킬 수 있는 작품을 선정하는 순서의 합목적적 타당성을 가늠해 볼 필요가 있다. 이는 곧 교육적 구도 내에서 문학 작품의 목록을 구성하는 일이라면, 작품의 예술적 성취나 문학사적 위상보다 학습자들이 교육적으로 경험해야 하는 사상(事象)의 가치가 우선적인 준거가 되어야 함을 말한다.

---

16) 영어 교육과정의 모델들과 문학교육의 모델들은 매우 유사하게 구별되며, 지향에서도 상동성을 지닌다. 그러나 층위가 달라지면서 내포에서도 많은 차이가 있음에 유의할 필요가 있다.

17) 실라버스는 특정한 제도적 맥락에서 학습용 텍스트들을 선별한 것을 말하고, 정전이란 위대하다고 간주되는 작품들의 총합을 의미한다. 정전은 상상적 목록으로만 존재할 뿐이며, 그런 의미에서 정전은 작품들의 상상적 총체인 셈이다(정재찬, 2004 : 97).

4. 남는 문제들

이 논의의 의의를 기존의 교육과정 논의에서 상대적으로 소외되었던 경험 범주를 전면에 내세웠다는 점에서 일차적인 의의를 찾고자 한다. 경험 범주가 특히 지식 범주에 비해 상대적으로 소홀히 다루어져 왔고, 그 결과 적어도 문서화된 교육과정에서는 거의 가시화되지 못한 것이 현재의 실정이다. 지식이 교육과정의 내용 범주 중에서 중핵적이라는 점은 부인될 수 없지만, 문학교육의 본질적 특성을 존중하고, 그리고 국어교육의 정체성을 확립하기 위해서는 경험 범주에 대한 본격적이고 세부적인 논의가 요청된다고 본다. 이 글은 이를 위한 기초적인 질문을 던진 셈이다.

이후에 요구되는 우선적인 과제는 경험 목록의 위계화이다. 교육과정이 본질적으로 그러하듯이, 학생들에게 요구되는 경험도 위계적으로 구성되어야 한다. 위계화에 작용하는 근거는 크게 두 가지로 꼽을 수 있을 것이다. 하나는 경험 자체의 논리적 위계이고, 다른 하나는 학습자의 발달 단계이다. 위계화의 핵심을 반복성(continuity)과 계열성(sequence)이라 한다면, 일차적 경험이 이차적 경험으로 심화되거나, 하나의 경험을 바탕으로 새로운 경험으로 확장되는 경로에 대한 성찰이 요구된다. 그리고 각각의 학년(군)별 단계에서 필수적으로 요구되는 경험이 무엇인가를 확정하는 것이다. 여기에 지식 범주와의 상관성 혹은 상동성이 함께 고려된다면 더욱 입체적인 위계화가 이루어질 것으로 판단된다.

이 경우에도 우리가 유념해야 할 것은, 특정한 경험의 대상 자체가 위계적 배열의 단서를 내재적으로 갖추는 것이 아니라는 점이다. 예컨대 사회적 의제 수준의 경험 대상이 개인의 일상적 차원에서 경험할 수 있는 대상보다 반드시 뒤에 배치될 근거는 없다는 뜻이다. 가령 '통일'이 문학적 경험의 대상으로 설정된다고 하더라도 그것이 반드시 개인적 차원의 '사랑'에 대한 문학적 경험보다 위계적으로 높은 것으로 볼 수는 없는 것이다. 초등학교 3학년 수준에서 겪어야 할 통일에 대한 경험이 있을 수 있고, 고등학교 1학년 수준의 그것이 구별될 수는 있을지언정, '사랑'과 '통일'이 위계적으로 변별될 수는 없기 때문이다. 따라서 경험의 위계화에서는 경험 항목들 간의 위계가 아니라, 개별 경험 항목 자체 내의 범위와 수준, 그 복잡성과 추상성의 정도를 정하는 일에 초점을 맞추어야 할 것이다.

이 글은 문학에 초점을 맞춘 논의이지만, 어떤 종류의 담화 혹은 텍스트이든 경험을 내용 조건으로 갖추고 있는 이상 이 글의 전체적인 대의는 국어교육 층위에서도 충분히 적용 가능할 것으로 보인다. 문학에서 다루는 '가치 있는 경험'은 문학만의 특권적 주제라 할 수 없다. 모든 담화 혹은 텍스트는 가치가 있다고 믿는 경험을 선택적으로 조직한 결과물인 것이다. 따라서 국어과 교육과정 층위에서도 경험 범주에 대한 적극적인 고려와 배려가 뒷받침되어야 마땅하다고 본다.

경험 범주의 교육이 이루어지고 난 후에 학습자들은 어떤 상태에 도달할 것인가를 그려본다. 아마도 특정한 상황에서 시의 구절을 암송할 수 있고, 구체적인 장면 묘사를 기억할 수 있고, 인물들의 행위와 성격을 자신의 삶과 병치시킬 수도 있을 것이다. 그리고 거기에서 얻은 깨달음으로 현실의 삶을 질적으로 고양시킬 수도 있을 것이다. 그러나 설령 그 모든 것의 세부를 일일이 기억하지 못하고 모두를 망각한다고 해도, 그리고 반드시 현실적 문제 해결의 단서를 얻지 못한다 하더라도, 경험 교육의 의의는 여전히 유효하리라 믿는다.

아래에 이와 관련된 짧은 진술을 인용하면서 글을 맺는다. 이 인용문은 본래 단순 기능의 습득에 기울어지는 교육의 위험을 지적하면서 지식의 교육적 의의를 강조하고자 했던 의도에서 출발한 서술이지만, 경험의 교육적 의의에 대해서도 여전히 유용한 것으로 판단된다.

> 교육이란 세부 사항들을 모두 잊어버리고 난 뒤에 남는 그 무엇이다. 화학을 배운 뒤에 그 세부 사항들을 모두 잊어버렸다 하더라도 거기에는 무엇인가 남는 것이 있다. [무엇이? 그것은 화학을 배운 사람만이 알 수 있다.] 그러나 아이스크림 만드는 것의 세부 사항을 모두 잊어버렸다고 하자. 무엇이 남을 것인가?─Jacques Barzun(이홍우, 1992 : 31에서 재인용)

지역문화와 국어교육

국어과 교육과정의 지역화를 위하여

1. 지역, 교육과정의 한 수준

2007년에 새로운 교육과정이 공시되면서 교과서 제도에도 변화가 있었다. 그동안 국정으로 간행하던 '국어' 교과서를 검인정으로 바꾼 것이다. 이에 따라 전국적으로 단일한 교과서를 매개로 교수─학습이 진행되던 국어 교실이 학교에 따라 제각각 다른 풍경을 연출하게 될 것으로 예상된다. 다양성 추구라는 대의에 입각해 보면 바람직한 제도 개선이라는 데 이의가 있을 수 없다. 그런데 그 다양성의 유일한 준거가 단지 선정된 교재에 있다면, 그것은 여전히 폐쇄적 다양성이라는 한계를 벗어날 수 없다. 이 글은 '지역'을 다양성의 또 다른 준거로 설정해야 할 필요성을 전제로 하여, 지역 준거를 기반으로 한 국어교육의 다양성을 실현하는 데 <정읍사>와 <춘향전>을 비롯한 문학 작품이 어떤 위상으로 자리를 잡을 수 있는가를 탐구하는 데 목적을 둔다.

교육과정은 통상적으로 '의도된 교육과정', '전개된 교육과정', '실현된 교육과정'으로 나누어진다. 의도된 교육과정이란 국가 수준의 논의를 통해 문서화되는 교육과정과 여기에 의거하여 편찬되는 교과서이다. 교실에서 교수–학습을 통해 실체화되는 것이 전개된 교육과정이고, 두 가지 층위의 교육과정을 넘어서서 교수–학습의 결과로서 구체화되는 것이 실현된 교육과정이다. 의도된 교육과정은 항상 교육 내용의 전국적인 표준성과 규범성을 지향하지만, 전개된 교육과정의 층위에서는 그 교육 내용이 교실마다 제각각 다르게 실체화되며, 실현된 교육과정의 층위로 가면 학습자 개개인별로 교육의 결과는 달라질 수밖에 없다.[1]

이처럼 현재의 공교육 제도에서는 교수–학습의 양상을 규정하는 층위가 '국가–교실–개인' 단위로 성층이 형성된다. 그렇다면 국가와 교사 사이에 놓여 있는 여러 가지 지층, 즉 지역과 학교는 어떻게 존중되어야 하는가 하는 문제가 자연스럽게 생성된다. 다시 말해 표준화된 교육과정의 개별적인 실현 양상이 달라지는 단위로서 지역과 학교를 설정할 수 있지 않겠는가 하는 것이다. 이 중에서 학교 단위의 다양성은 차후의 과제로 남기고, 여기에서는 일단 지역 단위의 다양성을 추구하는 방안을 〈춘향전〉과 〈정읍사〉를 사례로 삼아 논의하고자 한다.[2]

이 글의 논리적 전제는 지역문화의 교육과정화이다. 즉 지역문화의 정체성을 지닌 다양한 문화적 레퍼토리를 의도된 교육과정 수준에서 포괄할 수 있도록 배려되어야 한다는 것이다. 물론 그렇다고 해서 그 의도된

---

[1] 그나마도 우리의 공교육 제도에서는 '의도된 교육과정'의 표준성과 규범성을 '전개된 교육과정'과 '실현된 교육과정'의 층위에서도 추구하려는 경향이 있다. 단일한 교과서가 전국적인 단위에서 교수–학습의 매개로 활용되는 한 그것은 필연적인 결과일 것이다.

[2] 이 두 작품이 선택된 것은 필자의 주거 지역을 기준으로 한 것이므로 임의적이다. 고전문학은 현대문학에 비해서 지역적 연고를 강하게 맺고 있다. 이는 고전문학이 지자체에서 문화콘텐츠로 자주 활용될 수 있는 이유이기도 하다.

교육과정이 반드시 국가 수준에서 규정될 필요는 없다. 지방 자치 단체 수준에서도 의도된 교육과정을 만들 수 있을 것이기 때문이다. 그렇게 되면 지역문화의 교육과정화는 필연적으로 교육과정의 지역화로 귀결될 것이다.[3] 그러나 의도된 교육과정에서 강제하거나 허용해야만 지역문화의 교육과정화 혹은 교육과정의 지역화가 가능한 것은 아니다. 그것은 국어 교사가 전문성을 전제로 자격을 얻은 이상 개별 교실 단위에서도 충분히 실현될 수 있겠기 때문이다.

그렇다면 이런 논의의 전제가 되는 국어교육의 지역적 다양성은 왜 필요한 것인가가 마땅히 먼저 검토되어야 할 것이다. 그 필요성에 대해서는 두 가지 차원에서 접근할 수 있겠다. 하나는 지역문화 자체의 가치이다. 다시 말해 이른바 중앙 문화에 비해 열등하고 덜 세련된 주변부적인 문화로 간주되었던 지역문화가 그 자체의 질서와 가치를 지닌 것이라는 인식에 기반으로 삼아, 지역문화가 공교육 제도 혹은 국어 교실에서 학생들에게 전수되어야 한다는 논리이다. 이러한 논리는 절대와 중심과 권위의 해체, 그리고 인식과 지식의 상대성을 핵심으로 삼고 있는 포스트모더니즘의 조류와 궤를 공유하고 있다 하겠다. 그러므로 당연히 이러한 논리는 문화적 다원주의를 지향한다.[4]

이러한 논리에서 포괄하지 못한 또 한 가지 차원은 인간이다. 무릇 모든 교육은 인간의 성장을 문제 삼는다. 인간의 성장을 위해 기획되고 실

---

[3] 교육과정의 지역화는 다른 교과에 비해 사회과에서 훨씬 앞서서 제기된 문제이다. 이는 물론 사회과, 그 중에서도 특히 지리과의 교과적 특성이 그러하기 때문이다. 이에 관해서는 조성욱(1999)를 참조할 수 있다.

[4] 이 방면의 선행 연구로서 2001년도에 국어교육학회에서 기획한 학술 대회가 있었고, 그 결과물은 『국어교육학연구』 13집에 실려 있다. 여기에 실린 글들은 다음과 같다. 김수업 (2001), 「지역 언어 문화와 국어교육」 ; 임칠성(2001), 「지역어와 국어교육」 ; 김혜영(2001), 「지역문학과 국어교육」 ; 이경엽(2001), 「지역문화와 국어교육」. 위의 글들이 대체로 지역 문화 그 자체의 가치에 초점을 맞추고 논의를 전개하고 있다.

천되는 것이다. 문화의 전승이나 발전이라는 사회적 목표마저도 궁극적인 귀결점은 인간의 성장이다. 그런데 인간은 제각각 다르게 성장해야 마땅하다. 그 다양성의 한 층위로서 지역을 설정할 수 있다는 것이다. 다시 말해 호남 지역 혹은 전북 지역의 학생들은 영남 지역 혹은 경북 지역의 학생들과는 다른 문화를 흡수하면서 성장해 가야 한다는 것이다. 그렇게 되면 특정 지역 학생들은 지역적 정체성을 지닌 시민으로 성장해 갈 수 있을 것이다.5)

모든 문화는 기본적으로 지역 문화이다. 한국 문화란 각 지역문화의 추상적 집합체일 따름이다. 그러므로 모든 문화는 지역적 특수성과 한국적 보편성을 아울러 지닌다.6) 지역문화의 속성이 이러할진대, 지역문화의 교육과정화 혹은 교육과정의 지역화는 우리가 의식하지 못하는 사이에 이루어지고 있었다고도 할 수 있다. 또한 국가 수준의 교육과정에서도 지역문화의 교육과정화가 지닌 정당성은 추상적으로나마 어느 정도 승인되고 있는 것으로 보인다. 그러나 목적의식적으로 제도화되고 구체적인 시행 방안을 동반하는 수준에는 이르지 못한 것으로 진단된다. 이제 그 당위를 두 가지 차원으로 나누어 확인한 셈이므로, 그 당위를 실천으로 옮길 수 있는 실천적인 방안이 고려되어야 마땅하다.

---

5) 오늘날 대학생들이 모인 유흥 자리에서 선택되는 문화적 레퍼토리가 대중가요 일색으로 학생들의 출신 지역과 상관없이 획일적이라는 점에 주목하면 이 같은 필요성은 어렵지 않게 수긍할 수 있다.

6) 임재해(2002 : 34)에서는 지역문화를 "공간적으로 중앙 문화와 맞서면서 한국 문화의 부분 문화로 지리적 위상을 지니되 민족문화로서 특수성을 확보해 주는 문화이며, 시간적으로는 현대문화와 맞서면서 한국 전통문화의 역사를 이어가되 민속 문화로서 특수성을 지니고 있는 문화"로 규정했다. 그러나 지역과 중앙, 현대와 전통의 대립쌍은 의미론적으로도 성립되기 어렵다.

2. 〈춘향전〉과 〈정읍사〉의 지역문화적 위상

「춘향전」(판소리 「춘향가」 포함)이 한국을 대표하는 문학 작품 중의 하나라는 데 이견이 없을 리는 없다. 익히 알려진 대로 근대 계몽기에 이해조는 〈춘향전〉을 '음탕 교과서'로 규정했고, 박은식은 〈춘향전〉을 여타 고전소설과 함께 '荒誕無稽'하고 '淫靡不經'하여 '인심풍속을 敗壞'케 한다고 비판한 바 있다.7) 현재에도 '열'이라는 봉건적 주제 의식에 초점을 맞추어 〈춘향전〉의 '고전성'을 의심하는 시각8)은 여전히 산견된다.

그러나 〈춘향전〉에 관한 이러한 회의적 시선은 적어도 향유층을 기준으로 볼 때 지배적이지는 않은 것으로 보인다. 이해조가 살던 시대에도 〈춘향전〉은 고전의 반열에 자리한 채 광범위한 독자를 거느리고 있었고, 일제 강점기에도 가장 대중적인 독서물이었으며, 오늘날에 이르기까지 고전소설 중에서 적어도 국민적 인지도나 향유층의 규모와 범위 면에서 단연 으뜸의 자리를 차지하고 있다.9) 창극, 영화, 마당놀이, 드라마, 오페라 등으로 장르 전환을 이루어 나갔고, 시나 소설에서도 자주 패러디되곤 했다. 북한에서도 '민족가극'의 주요 레퍼토리로 자리 잡고 있다.10)

---

7) 이해조의 언급은 『자유종』, 광학서포, 1910, 10쪽, 박은식의 비판은 「서사건국지 서」, 『역사·전기소설』 6, 아세아문화사, 1979 참조.

8) 비록 본격적인 학술적 논증의 결론은 아니지만, 강명관(2006 : 30~31)에서는 "남성에 대한 여성의 성적 종속을 선전하는 이 책이 과연 지금 시대의 고전일 수 있을 것인가?"와 같은 회의적 시각을 찾아 볼 수 있다. 이 글에서 저자는 고전은 어디까지나 시간과 문화에 따라서 상대적인 것임을 강조하고 있다.

9) 1912~1942년 사이에 간행된 〈춘향전〉류는 총 97회로서 당시의 대중 출판물 중에서도 가장 인기 있는 작품이었다(천정환, 2003 : 72). 〈춘향전〉이 이러한 위상을 가지게 되었던 역사적 기원이 1910년대에 최남선이 고소설의 정전화를 추구하면서 〈고본 춘향전〉을 간행한 데 있다고 설명된다(강진모, 2002 ; 윤영실, 2008). 그러나 문화사적으로는 18~19세기에 성행했던 판소리 〈춘향가〉의 자장을, 제도적으로는 교과서에 주요 고전 레퍼토리로 선정되었던 사정을 적극적으로 고려해야 한다. 〈춘향전〉은 제도 교육이 시행되고 국정 국어 교과서가 편찬된 이후로 한 번도 빠진 적이 없었는데, 〈춘향전〉이 국어교육 혹은 문학교육의 정전으로 위상을 확립해 간 사정은 김종철(2005)에서 상론한 바 있다.

우리가 고전을 고전으로 대접할 수 있는 이유는, 그것이 역사의 한 마디에서 가졌던 어떤 파급력 때문이 아니라, 당대에도, 후대에도 끊임없이 새롭게 생성되는 그 자체의 생명력 때문일 것이다. 이런 점에서 춘향 이야기는 완결된 예술 텍스트가 아니라, 현재에도 살아 있고 창조의 가능성이 항상 열려 있는 생명체라 할 수 있겠다.

전근대와 근대가 길항하고 있던 시기의 문화적 소산이었던 <춘향전>이 근대를 넘어서서도 이처럼 질긴 생명력과 폭넓은 향유층을 확보할 수 있었던 이유는 <춘향전>의 여러 가지 서사적 요소에서 찾을 수 있을 것이다. 이 중에서도 사랑이라고 하는 인간의 영원한 관심사를 희극적 구조 속에 용해시켰다는 점, 그리고 역동적이고 입체적으로 인물을 형상화했다는 점이 가장 커다란 동력으로 작용했을 것으로 보인다.

<춘향전>을 아주 단순화시키면, 신분이 서로 다른 두 젊은 남녀가 숱한 우여곡절을 겪은 끝에 결합에 이르게 되는 사랑 이야기이다. '희극적 구조'에 특별한 가감 없이 부합된다. 이런 식의 사랑 이야기는 한국문학사에서만이 아니라 세계문학사에서도 가장 빈번하게 등장하는 제재 중의 하나이다. 민담과 동화와 같은 구술 문화에서부터, 오늘날의 수많은 대중 소설, 각종 드라마와 영화에 이르기까지 하나의 정형을 이루고 있는 것이다. 아주 오랜 세월 동안 세계 곳곳에서 정형화된 이야기 구조라면, 그것은 진부함의 한 표지라기보다는 인간의 흥미와 관심을 응집시켜 주는 안정적인 공식으로 이해할 수 있다. <춘향전>은 이 공식에 비교적

---

10) 이진원(2005)에서 문학과 공연 예술을 망라하여 춘향 이야기가 재창조된 양상을 종합적으로 확인할 수 있다. 이 중에서 향유층의 기호에 가장 민감하게 반응하는 영화계의 사정을 보면 춘향 이야기의 생명력과 대중성을 간접적으로 파악할 수 있다. 한국 영화사의 기록에 따르면, 춘향 이야기가 영화로 제작된 것은 무려 18회에 이른다(김수남, 2003). 하나의 작품이 100년이 되지 않는 영화사에서 이렇게 다양하게 변주되는 일은 극히 드문 일이다.

충실한 이야기 구조를 가지고 있는 것이다(김병국, 1995). <춘향전>은 여기에 더하여 사랑과 결부된 성적 욕망과 관능적 몸짓까지 아슬아슬하게 체험할 수 있게 해 주기에 더욱 매력적이다.

한편 <정읍사>는 고려 궁중에서 악장으로 쓰이다가 조선 초 『악학궤범』에 노랫말이 기록으로 남은 작품이다. <춘향전>과 마찬가지로 <정읍사> 또한 그 위상이 시대에 따라 일정하지 않았다. 대개의 고려 속요가 그러하듯이, 이 노래 또한 본래 민요에서 출발하여[11] 궁중 속악으로 존재 이동을 했던 노래였다. 『고려사 악지』의 기록에 따르면 이 노래는 궁중 정재로서 '무고(舞鼓)'의 창사로 불려졌다. 이러한 전통은 조선조 중종 때 '무고'의 창사를 <오관산(五冠山)>으로 대체할 때까지 지속되었다.[12] 그러나 궁중 음악의 위상을 잃어버린 뒤에도 비공식적인 자리에서 연행이 되었고, 지방이나 교방(敎坊)에서도 그 생명력을 면면하게 이어 왔음을 여러 가지 기록들을 통해 알 수 있다(윤영옥, 2000 ; 박진태, 2005).

<정읍사>가 우리 문학사에서 뚜렷한 위상을 지닐 수 있었던 근거는 일차적으로 최고성(最古性)과 유일성(唯一性)에 있다. 즉 한글로 표기된 가장 오래된 노래이자 현전하는 백제 유일의 노래라는 것이다. 그러나 이러한 표지를 통해 획득된 문학사적 가치가 곧 심미적 성취를 가리키는 것은 아니다. 고전이 고전답기 위해서는 전범성(典範性)을 함께 갖추어야 하기 때문이다. 다행히 <정읍사>는 몇몇 구절에 대한 해석상의 난점에도

---

11) 임동권(1964 : 24)에서 이 노래가 민요적 후렴구를 가지고 있고 기녀의 오락 행위로 연행되었으며, 가창자가 민중 부녀자인 정읍의 한 여인이라는 점을 구체적인 근거로 내세워 본래 민요라고 설명한 바 있다.
12) <정읍사>가 <오관산>으로 대체된 이유는 다른 고려 속악가사들과 함께 '남녀상열지사(男女相悅之詞)' 혹은 음사(淫辭)로 규정되었기 때문일 것으로 추정된다. 현대의 연구에서도 <정읍사>를 음사로 보는 관점이 있는바, 지헌영(1979)가 대표적이다. '井邑'이라는 지명이 여근을 상징한다고 보고, '즌 ᄃᆡ'와 '내 가논 ᄃᆡ'를 여성의 성기로, '드ᄃᆡ욜셰라'와 '졈그롤셰라'를 성행위로 해석한다.

불구하고 간절한 기다림을 미적으로 승화시킨 노래로 인정받고 있다. 이완과 긴장의 정서를 순환적으로 배치하여 인간의 본질적인 불안 의식을 표상한 노래로 보아, 이로부터 이 노래의 민요적 가치, 즉 한국민의 보편적인 정서의 일종인 끈기의 다른 양태를 읽어낸 경우나, 망부석 설화로 유형화되는 이야기의 근본적인 정서인 그리움에 초점을 맞추어서 이 노래를 해석하는 것이 일반적이다(이사라, 1985 ; 임형택, 1992 ; 윤영옥, 2000).

<정읍사>가 후대에 와서도 문학사 혹은 예술사에서 뚜렷한 위상을 점할 수 있었던 것은 이러한 인간 보편의 정서를 확보하고 있었기 때문이었을 것이다. 고려시대와 조선조에 걸쳐 궁중 속악으로 연행되었던 것은 물론이고, 근대 이후에도 시인과 소설가들의 주목을 받아 새롭게 재창조되었던 것이다. 물론 재창조의 양상을 기준으로 보면 <춘향전>만큼 장르적 다양성을 보여주지는 못하지만, 여타의 작품들에 비해서 결코 적지 않은 후신을 파생시켰던 것이다.[13] 그리고 문학 교실에서도 <춘향전>만큼은 아니지만 그래도 비교적 후한 대접을 받고 있는 편이다.[14] 이 또한 최고 혹은 유일이라는 문학사적 가치와 함께 작품에 내재된 기다림의 정서가 보편적 공감대를 이룰 만하기 때문일 것이다.

그만큼 <춘향전>과 <정읍사>는 이미 한국 문학에서 정전의 반열에 오른 작품이라 해도 무방하다. 이런 마당에 <춘향전>과 <정읍사>를 특정한 지리적 공간을 염두에 두고 지역문화라고 규정하는 것은 매우 낯설다. 그러나 <춘향전>과 <정읍사>는 지역 문화이다. 이른바 중앙 문화

---

13) 나정순(2005)와 나정순(2008)에서 고전시가를 다시 쓴 작품들을 광범위하게 목록화했다. 여기에서 <정읍사>가 현대적으로 재창조된 양상을 확인할 수 있다. 주로 시로 재창조 되었지만, 문순태의 <정읍사 : 그 천년의 기다림>은 설화 맥락에서 모티프를 얻어 소설 로 창작된 사례이다.

14) 조희정(2005)에 의하면 <정읍사>는 국정 교과서에 수록된 적은 없다. 그러나 7차 교육 과정기 고등학교 심화 과목인 『문학』에서는 18종 중 12종의 교과서에 수록되어 있다.

로서의 자격이 없어서가 아니라, 오히려 중앙 문화로 존재 이동을 할 수 있었던 동력이 지역성에 있기 때문이다.

<춘향전>의 모태인 판소리는 철저하게 호남을 지역적 기반으로 삼고 있다. 논란의 여지를 남겨 두고 있지만, 판소리의 음악적 계보가 호남 지역의 무가에도 이어져 있다는 점은 두루 알려져 있다. 그러나 <춘향전>의 지역적 특성이 잘 드러나는 것은 판소리의 성음 때문이 아니라 공간적 배경에서 선명하게 제시되고 있는 지역적 색채 때문이다. 주지하듯 <춘향전>은 '호남좌도 남원부'라는 지명과 '호남 제일루' 광한루라는 실재 공간이 이야기의 주무대로 설정되어 있는 것이다.

이 점은 여타의 판소리 마당에서 배경이 모호하게 처리되었거나 중국으로 설정되어 있는 점과 특별히 구별되는 사항이기도 하다. <삼국지연의>를 모태로 삼고 있는 <적벽가>는 태생적으로 중국을 배경으로 삼을 수밖에 없다 하더라도, <심청가>와 <수궁가>에는 중국의 지명이 다소 등장하는 것으로 보아, 대개의 영웅소설과 같이 대체로는 중국을 배경으로 삼고 있는 것으로 보인다. <흥보가>에서는 공간적 배경이 '운봉 함양 두 얼품' 혹은 '충청 전라 경상의 삼도 얼품'이라 하여 다소 모호하게 제시되어 있다.

이에 비하면 <춘향가>의 배경은 장황할 정도로 구체적으로 제시되어 있어, 남도적 색채를 더욱 강화시켜 준다. 조상현 창본에는 다음과 같은 사설이 나온다.

> [아니리] 그때으 어사또는 여산이 전라도 초입이라, 서리 역졸을 각처로 분발허는듸,
> [잦은잦은몰이] "서리!", "예이!", "너희들은 예서 나려 우도로 염문하되, 여산 다녀 익산 보고, 함열 다녀 옥구 보고, 담양 다녀 순창 보고, 김제, 태인으로 두루 덜어, 내월 십오일날 남원 광한루로 대령하라!", "예이!",

"역졸!", "예이!", "너희들은 예서 나려 좌도로 염문하되, 고산, 금산, 무주, 용담, 진안, 장수, 운봉으로 두루 다녀 광양, 순천, 흥양, 낙안, 보성, 장흥, 강해남(강진과 해남), 진수영(진두와 우수영)으로 두루 덮어, 영암, 나주, 무안, 함평, 능남평, 화순, 동북, 광주로 두루 다녀 …… 내월 십오일날 남원 광한루로 대령하라!", "예이!"(일부는 현실 지명에 맞추어 고쳐 씀)

[잦은몰이] … 각읍 수령이 들어온다. 겸영장 운봉 영감, 승지 당사 순천 부사, 연치 높은 곡성 원님, 인물 좋은 순창 군수, 기생 치리 당양 부사, 자리 호사 옥과 현감, 부채 치리 남평 현령, 무사한 광주 목사, 사면에 들어올 제 …….

앞의 사설은 이 도령이 어사가 되어 남원으로 내려가는 대목이고, 뒤의 사설은 변 사또의 생일잔치에 초대된 인물들이 소개되는 대목이다. 이를 보면 <춘향전>이 왜 호남의 지역문화인지를 명백히 알 수 있다. 앞의 사설에서는 호남의 교통망이, 뒤의 사설에서는 호남의 행정망이 적나라하게 드러나는 것이다.

물론 단지 공간적 배경이 호남이라 해서 그것을 곧 <춘향전>이 지역문화임을 입증하는 부동의 증거로 삼는 것은, 그 가치를 지나치게 확장하는 일일 수 있다. 그러나 우리는 그 배경의 구체성이 춘향 이야기가 바로 지금 우리가 살고 있는 삶의 터전에서 태어나고 자라났으며, 그래서 우리의 생활과 정서를 담고 있다는 친밀감을 느끼게 한다는 점에 주목할 필요는 있다. 배경의 구체성이 친밀감을 형성하는 효과는 <춘향전>의 여러 요소와 어울려 춘향을 특정 이념에 의해 박제된 인간이 아니라 실제로 살아 숨쉬는 인간으로 입체화하는 데 기여하고 있기 때문이다. 그리고 역설적이게도 <춘향전>이 자생적인 지역적 색채에 함몰되지 않고 세계적인 문화 예술로 자리 잡을 수 있는 근거도 바로 여기에 있다 할 것이다.

　　<춘향전>의 사랑이 지닌 특징적인 성격으로 꼽을 수 있는 것은 구체
적인 역사적 현실과 결부되어 있다는 점이다. 이 도령과 춘향의 사랑은
초역사적인 시공간이 아닌, 비교적 구체적이고 현실적인 시간과 공간을
배경으로 하고 있다. 우리는 <춘향전>에서 봉건적 신분 질서의 질곡,
지배층에 의한 서민들의 생활난, 인권 침해, 사회적 모순 등등을 여느 소
설에 비해서도 상세하게 감지할 수 있다. 그리고 이 사회상은 두 남녀의
결연과 이별과 재회의 전 과정, 그리고 사랑의 시련과 성취에 직접적 혹
은 간접적으로 간여한다. 만일 이러한 역사적 구체성이 빠져나간 사랑이
었다면, 순수성의 기치를 올릴 수는 있었을지언정 숭고성까지 견인해 내
기는 어려웠을 것이다.

　　<춘향전>은 형성 단계에서부터 철저하게 전라 지역을 기반으로 삼고
있다. <춘향가> 사설의 성립과 관련하여 여러 설이 공존하지만, 국내의
여러 설화를 바탕으로 하여 형성되었다고 보는 것이 정설이다.[15] 이 중
에서 '신원 설화'는 춘향 이야기의 발생 설화로서, 그 대표적인 설화가
박색고개 전설이다. 또 근원 설화로 언급되는 '열녀 설화'와 '관탈민녀
설화'를 중심으로 보더라도, <춘향전>의 지역성은 두드러진다. 두 유형
의 설화에 동시에 속하는 대표적인 설화가 '지리산녀 설화'와 '도미 설
화'이다. 『고려사 악지』와 『동국여지승람』 남원편에 수록된 '지리산녀
설화'는, 백제의 왕이 구례에 사는 한 아름다운 여인을 탐하여 첩을 삼고
자 했으나 <지리산>이라는 노래를 지어 죽기를 맹세하고 따르지 않았
다고 하는 사연을 담고 있다. 『삼국사기』 열전에 실려 전하는 도미 설화
도 이와 흡사하다. 두 설화 모두 지리적인 배경이 춘향 이야기의 배경과

---

15) 춘향 이야기의 형성에 영향을 미친 것으로 보이는 설화로는 '열녀 설화', '관탈민녀(官奪
　　民女) 설화', '신원 설화', '암행어사 설화', '염정 설화' 등이 꼽힌다. 이에 관한 상세한
　　설명은 김종철(1986) 참조.

일치하거나 인접하고 있어, <춘향전> 형성에 영향을 미쳤을 가능성을 충분히 수긍할 수 있다. 이처럼 <춘향전>은 이야기 자체의 발생적 기원에서부터 이야기의 골격에 이르기까지 지역문화로서 출발했음을 충분히 확인한 셈이다.

<정읍사> 또한 창작 배경에서부터 지역적 성격을 강하게 띠고 있다. 노랫말은 당연히 조선 초의 『악학궤범』에 최초로 등장하지만, 『고려사 악지』의 기록을 신뢰한다면 삼국 속악으로 소개된 <선운산>, <무등산>, <방등산>, <지리산>과 함께 백제 노래로 보는 데 무리가 없다.[16] 노래를 지어 부른 배경을 설명하는 기사에서 공간적 배경을 분명히 제시하고 있기 때문이다.

> 정읍은 전주의 속현이다. 그 고을 사람이 행상을 하였는데 오래도록 돌아오지 않았다. 그의 처가 산의 바위에 올라서서 바라보다가 남편이 밤길에 해를 입지나 않을까 걱정한 나머지 진흙탕의 수렁을 비유하여 노래를 불렀다. 세상에 전하기를 재에 올라가 남편을 바라보았던 돌이 남아 있다고 한다.(井邑全州屬縣. 縣人爲行商久不至其妻登山石以望之恐其夫夜行犯害托泥水之汚以歌之. 世傳有登岾望夫石云.)

정읍이 전주의 속현이라는 기술이 역사적 사실에 일치하지 않을 수도 있다(임형택, 1992 : 198). 그러나 이와 유사한 기록이 조선조 중종 때의 『新增東國輿地勝覽』과 비슷한 시기 권문해에 의해 편찬된 『大東韻府群玉』 등 후대의 문헌에도 반복적으로 등장[17]하고 있는 이유에 주목해 볼 필요

---

16) 양태순(1986)에서 이를 집중적으로 다루면서 최종적으로 백제의 노래로 보는 것이 무방하다고 결론지었고, 최근 서철원(2008)에서도 백제의 노래로 전하고 있는 여러 작품들과 비교하고 노래 자체의 성격을 고려하여 「정읍사」를 '백제문화권'의 노래로 귀속시켰다.
17) 『신증동국여지승람』의 기록은 다음과 같다. "망부석(望夫石)은 현의 북쪽 10리에 있다. 현의 사람이 장사하러 떠나서 오랫동안 돌아오지 않으니, 그 아내가 산 돌 위에 올라가서 기다렸는데, 혹 남편이 밤에 다니다가 해침을 당하지 않았는가 걱정하여, 진흙탕 물

가 있다. 『신증동국여지승람』의 기록은 '정읍현' 편의 '古跡'에 등장하고 있는바, 이 책의 편찬 당시까지도 이 망부석 설화가 구비로 전승되어 왔음을 뜻한다. 그중에서도 구체적인 증거물을 동반하고 있으므로 전설이라 할 것이다. 물론 그것을 오늘날 가시적으로 확인할 수는 없다 하더라도 특정 지역 내의 문화 공동체 구성원들이 그 이야기의 가치 표상을 서로 공유하고 있었다는 뜻이 된다.

바로 이러한 이유로 오늘날 <춘향전>은 남원을, <정읍사>는 정읍을 표상하는 문화로 부각되어 있다. 남원의 '춘향제'는 일제 때부터 시작되어 현재에는 지역문화제의 대표격으로 자리하고 있다. 이에 비해 정읍의 '부부사랑 축제'는 90년대 지방 자치제의 실시와 함께 출발한 '정읍사 문화 축제'를 모태로 하여 현재 연례행사로 정착되었다. 남원과 정읍에는 예술회관이나 공원 등 공공 공간은 물론 식당과 음식 메뉴에 이르기까지 '춘향'과 '정읍사'의 이름을 내걸고 있다. 이처럼 길게는 1,000년이 넘는 시간을, 짧게는 300년을 넘는 시간을 견뎌온 <춘향전>과 <정읍사>는 여전히 지역문화로서의 현재성을 공고히 지키고 있는 것이다.

3. 교육과정 지역화의 정당성 모색

앞에서 살핀 대로 <춘향전>은 원래 순수하게 소박한 향토 문화에서 출발하여 한국의 대표적인 예술 문화로 존재 이동을 해 갔다. 극단적으로 말하자면 적어도 한국에서 <춘향전>은 그 자체로 '문화 권력'이 된

의 더러움을 의탁하여 노래를 지으니, 그 곡을 정읍이라 한다. 세상에 전하기를, "산에 오르면 망부석에 발자취가 아직도 있다."고 한다. "http://www.itkc.or.kr(한국고전번역원 홈페이지) 참조. 『대동운부군옥』의 기록도 유사한 내용이다.

셈이다. 우리에게 온 국민이 공유할 문화적 레퍼토리가 있다는 사실은 다행이 아닐 수 없다. 우리나라에서 공교육이 실시된 이래로 <춘향전>이 국어 교과서에서 확고부동한 자리를 차지하고 있었던 사정도 이러한 결과에 크게 기여했을 것이다. 그렇다면 응당 교육과정의 변개와 관계없이 <춘향전>은 적어도 당분간은 혹은 이후로도 오랫동안 국어 교과서의 어느 한 자리를 당당하게 차지하고 있어야 할 것이다. 서사문학사에서 <춘향전>이 차지하는 위상만큼은 아니지만, <정읍사>는 시가문학사에서 또 만만치 않은 위상을 확보하고 있다. <정읍사> 또한 최고, 유일이라는 문학사적 가치를 근거로 하여 당분간 혹은 이후로도 오랫동안 국어 교과서 혹은 문학 교과서에서 밀려날 것 같지는 않다.

그런데 문제는 <춘향전>과 <정읍사>의 위상이 커지면 커질수록 그 자신의 뿌리인 호남의 지역적 정체성, 특히 학생 혹은 시민들의 지역적 정체성 확립이라는 과제에는 그만큼 소홀해진다는 데 있다. <춘향전>이나 <정읍사>가 다시 지역문화로, 특히 해당 지역의 교육과정 속으로 회귀해야 하는 이유는 여기에 있다. 문학 작품의 태생적 근거지에서 넓게는 그 지역의 시민, 좁게는 그 지역의 학생들에게 고유한 문화적 아우라를 제도적으로 베풀 수 있도록 배려해야 한다는 것이다. 이러한 배려의 당위성은 작품 전체에 두루 적용되어야 마땅하다. <춘향전>이나 <정읍사>는 물론이고 지역적 연고를 강하게 지니고 있는 문학이 지역을 넘어 전국으로 확산되었다가 다시 지역으로 귀환해야 하는 것이다.

당대 문화를 중심으로 볼 때, 지역문화는 세 가지 위상을 지닌다. 일상생활로서의 지역문화, 지적 교양으로서의 지역문화, 예술 활동으로서의 지역문화가 그것이다(임재해, 2002 : 36). <춘향전>이나 <정읍사>는 이 중에서 소소한 일상의 생활양식은 아니므로, 나머지 두 가지 위상에 근거해서 지역문화로서의 역할을 추론해 볼 수 있다.

우선 건강한 시민 육성을 일반적인 목적으로 앞세우고 있는 현재의 공교육 제도를 고려할 때, <춘향전>과 <정읍사>는 학생들이 장래에 지식인으로서, 혹은 사회적 지도자로서 살아가는 데 필요한 지적 자산 혹은 교양으로서 자리를 잡을 수 있다. 다른 지역 출신의 학생들은 관심을 기울이지 않을 수도 있지만, 호남 지역 학생들, 좀 더 좁혀 잡아서 남원과 정읍 지역 학생들은 이와 달라야 한다. 이들은 <춘향전>과 <정읍사>'를' 알아야 하고 <춘향전>과 <정읍사>'에 대해서'도 알아야 하며, 그 결과를 설명할 수도 있어야 한다. 다른 지역 출신들이 아는 범위와 수준을 능가할 수 있어야 하는 것이다. 이를 위해서는 인간의 성장을 위해 의도적으로 기획되는 교육의 속성상 의무적으로 부가되는 과제로 접근해 갈 수도 있다.

이런 점에서 두 작품이 모두 호남 지역의 학생들에게는 매우 친숙한 내용적 자질을 함유하고 있다는 사실에 주목할 필요가 있다. 다음은 이 도령이 어사또 자격으로 남원으로 내려가는 길에서 전주로 들어왔다가 나가는 행로를 열거한 대목이다.

> 약속을 정한 후에 이리저리 내려올 제, …(중략)… 낱낱이 염문하며 남원읍으로 속히 올 제, 삼례 진등 얼풋 지나 숲정이를 돌아드니 전주로다. 진북정이며 오목대 한벽당 구경하고 좁은목을 썩 나서서…
>
> —장자백 창본 <춘향가> 중에서

이와 같은 지명이나 장소는 이를 모르는 사람들에게는 황무지나 다름없다. 공간에 대한 명명은 황무지를 인간화시키고 유표화(有標化)시킨다고 했지만(이푸 투안, 구동회 외 역, 1995 : 277), 명명된 공간에 대한 앎이 없다면 그것은 여전히 황무지로 남을 수밖에 없다. 위치를 모르는 지명은 명칭일 뿐, 구체적인 생활공간으로서의 실제성을 가질 수는 없는 것이다.

따라서 이들 장소를 생활공간으로 확보하고 있는 학생들은 이를 모르는 학생들에 비해 현저하게 유리한 위치를 점하고 있는 것이다. 이것이 <춘향전>이 지적 교양으로서 학생들에게 육박해 들어갈 수 있는 토대가 될 수 있음을 보여주는 단적인 사례이다.

공간적 배경을 필수적으로 거느리는 서사문학과는 달리, <정읍사>의 경우 작품 내에서는 학생들이 친근감을 느낄 수 있는 지역적 연관 고리를 찾기 어렵다. 그러나 다행히 배경 기사가 있고, 제목에서부터 지역적 색채를 앞세우고 있으면서 동시에 '기다림의 정서'를 공유하고 있는 여타의 백제 노래가 함께 소개되어 있으므로, 이를 지적 교양으로서 섭렵하도록 해볼 만할 것이다.18)

한편 예술 활동으로서의 지역문화라는 차원에서는 여전히 판소리가 이 지역의 예술로서 향유되고 있다는 사실에 주목해 볼 수 있다. 흔하지는 않지만 전주에서는 음식점에서 소리판을 벌이는 경우가 있다. 또한 축제와 같은 형식의 이런저런 행사를 통해서도 쉽게 접할 수 있다. <춘향전>이 현실의 문화적 문법을 바탕으로 생산되는 당대 문화는 아니라 할지라도, 향유할 수 있는 장은 충분히 마련되어 있는 셈이다. 따라서 <춘향전>은 적어도 이 지역에서는 예술 활동의 레퍼토리로서, 문화 생활화의 주된 종목으로서 충분한 역할을 할 수 있는 것이다. 이에 비해 <정읍사>는 원형에 가까운 연행을 고스란히 향유하기가 쉽지 않다. 그야말로 궁중 정재로서 무고와 함께 연행된 음악이기 때문이다. 그러나 현대 감각에 맞게 개사하고 작곡한 음악이 있고, 문순태의 소설을 가무악극으로 변개한 공연물 <가무악극 정읍사>가 있으므로, 예술 활동의

---

18) 염은열(2008)에서 <정읍사>를 백제 가요로 보는 경우와 고려 가요로 보는 경우에 교수-학습 내용이 어떻게 달라지는지를 논하는 과정에서 정읍의 지역적 특성을 고려한 교수-학습의 대강을 설계한 바가 있다.

일환으로서 <정읍사>를 향유하는 것이 전혀 무망하지만은 않을 것이다.

그런데 문제는 남는다. 과연 이러한 학습 활동을 무엇을 근거로 정당하게 실현할 수 있겠는가 하는 것이다. 이제 교육과정의 여러 층위를 고려하면서 이에 관한 문제를 풀어보기로 한다. 먼저 국가 수준의 교육과정에서 지역문화와 접촉할 수 있는 기회를 제도적으로 보장해야 한다. 사실 국가 수준의 교육과정에서는 이미 7차 교육과정 개편 때부터 교육과정의 지역적 특성에 대한 배려를 하고 있다. 가령『교육과정 해설서』에서는 교육과정 개편의 배경 중 하나로 '제도 차원에서 지역 및 학교 교육 과정 편성·운영의 자율성 확대'를 내세웠고(2면), 교수-학습 자료에서도 교과서 이외의 자료를 활용하도록 하면서 '지역 사회의 사회적·문화적 특성 및 전통을 고려'할 것을 권한 바 있다(78면). 이러한 배려는 개정 교육과정에서도 지속되고 있으며, 지역 분권화나 문화의 지역화 흐름 속에서 이와 같은 기조는 더 확대되어 갈 것으로 보인다. 이런 맥락에서 본다면 적어도 국가 수준의 '의도된 교육과정' 층위에서는 이미 '지역문화의 교육과정화'가 어느 정도 진행된 것으로 보인다. 실제로 문법 영역에서는 방언을 대상으로 한 성취 기준도 제시되고 있는 것으로 보아 상당한 진척이 있는 것으로 보인다. 방언 또한 주요한 지역문화라는 점에서 본다면, 적어도 제도적으로 지역문화의 교육과정화는 이미 정당한 방향성을 얻은 셈이 된 것이다.

그러나 문제는 이것이 구체적인 성취 기준으로 제시되지 않는 한 교재에 반영하기 어렵다는 점이다. 이렇게 되면 교육과정의 지역화는 교사 개인의 임의적 선택에 의해 실현 여부가 결정될 수밖에 없다. 따라서 권장 사항 정도로 제시되고 있는 지역문화에 대한 관심을 명시적인 성취 기준으로 내세워 교재 편찬 과정에서 정당한 근거를 확보할 수 있도록 제도화할 필요가 있겠다. 이 경우 지리 교과나 역사 교과에서 이러한 성취 기준을 명시적으로 내세우고 있는 사정을 참조할 만하다.

또 하나의 문제는 각 교과가 분절적으로 각각의 고유한 목적을 앞세우고 그 목적에 부합하는 교재를 매개로 교수-학습 활동이 이루어지는 한, '전개된 교육과정' 층위에서는 그 지역성을 살려내기가 쉽지 않다는 점이다. 특별히 열정적이고도 교육과정의 지역화에 대한 신념이 투철한 교사 개인의 선택과 재량에 맡겨질 수밖에 없다. 그렇다고 하더라도 이것이 교육적 의의를 지닌다면 실현되어야 한다. 그것을 정당화할 수 있는 근거는 통합교육과정 혹은 교과 통합(curriculum integration)의 원리에서 찾을 수 있다.

통합교육과정은 인식론적, 심리학적, 사회학적 관점에 의해 지지를 받는다. 인식론적으로 지식은 분절되어 있는 것이 아니라 통합되어 존재하고, 두뇌 활동, 인지, 행동 등 심리학적 요소들에 의해 결정되는 각 개인의 정체성은 유기체적 구조처럼 환경에 의해 지배되며 일상에서 겪게 되는 모든 통합적 경험에 의해 형성된다. 또한 사회학적으로도 학교에서 진행되는 교육은 학교 그 자체가 독립적인 장소와 시간으로서 존재하는 것이 아니라 학교 밖에서 경험하는 각 개인이 소속된 다양한 환경, 맥락, 기관, 문화 등과 같은 사회학적 요소들에 의해 많은 영향을 받는다(허창수, 2008 : 214~215).

이와 같은 논리에 의하면 문학 작품 자체의 배경이나 창작의 배경이 되는 지명은 지리적 인접성을 근거로 하여 지리 교과나 역사 교과와 통합되어 교수-학습될 여지를 풍부히 지니며, 그 자체로 통합성을 지니게 된다. 이 중에서 배경에 관한 학습이 지리 교과와 통합될 수 있는 근거는 지명 그 자체의 의의에 있다. 지리 교과에서 지명은 지역 인식의 거점을 마련해 주고 해당 지역의 자연 환경과 인문 환경을 파악하는 근거가 되며, 지역에 대한 올바른 관점을 형성하는 데 도움을 주는 등 여러 가지 의의를 갖는다(조성욱, 2004 : 212). 소설로 대표되는 서사문학에서는 특정 지역이 인간사의 무대가 되고, 그 지역에 터한 인간상을 형성하기도 하는바, 학습자는 독자로서 지역의 인문 환경과 자연 환경에 초점을 맞추어 인간사를 이해하고 인간상을 사유하게 된다.[19]

한편 역사 교과와 통합될 수 있는 근거는 고전에 묘사된 공간이 오늘날과 같고도 다르다는 데 있다. 가령 오월 단오를 맞아 이 도령에게 남원의 명승지를 소개하는 방자의 사설에는 동문, 서문, 남문, 북문이 모두 등장하고, 각 방향에 맞추어 천은사, 관왕묘, 광한루, 오작교, 영주각, 교룡산성이 명승지로 등장한다. 남원의 역사를 기록하고 있는 『용성속지(龍城續誌)』에 따르면, 동문인 향일루(向日樓), 서문인 망미루(望美樓), 남문인 완월루(翫月樓), 북문인 공신루(拱宸樓)는 모두 갑오농민전쟁 때 운봉 농민군에 의해 화마를 입었다고 한다. 그러나 명승지는 주택에 둘러싸이거나 터만 남거나 하는 식으로 공간적 배치가 달라졌을 뿐 현재에도 모두 남아 있다. 정읍사 설화에서 명시하고 있는 망부석이 오늘날 남아 있지 않다고 해서 그것이 <정읍사>의 문화적 가치를 손상시키는 것은 아니다. 과거에는 있었으나 오늘날에는 사라진 것, 반대로 과거에는 없다가 오늘날에 새로 생겨난 것은 그것대로 다 역사를 이룬다. 과거에도 있었던 것이 오늘날에는 조금 달라진 것은 또 그것대로 내력을 지닌다. 특정 지역의 학습자가 이러한 사실에 대한 앎을 얻게 되는 것은 역사적 사고력의 함양에 기여하게 될 것이다. 이처럼 문학은 역사적 사고력을 함양시킬 수 있는 자료이자 내용이며, 이를 바탕으로 다시 문학 작품에 대한 이해도 심화시키게 될 것이다.[20]

---

19) 황혜진(2007)은 이를 일러 '인문지리적 사고력'이라 했거니와, 문학이 사고력을 매개로 여타 교과와 손쉽게 만날 수 있는 전례를 제시한 것으로 보인다.

20) 김종철(1994)는 구체적인 공간에 대한 역사적, 지리적 사고력을 토대로 정밀하고도 실증적으로 <춘향전>을 읽어가는 독법의 전범이라 할 만하다. 물론 필자가 국문학 전공자

이처럼 특정 지역에 삶의 터전을 두고 있는 지역 학습자들은 고전문학
이라는 문화적 유산에 쉽게 육박해 들어갈 수 있는 조건을 갖추고 있는
셈이다. 학습자가 이렇게 해야 하는 것은 일차적으로 개별 고전문학 작
품이 지닌 여러 가지 가치 때문이기도 하지만, 다른 한편에서는 학습자
자신의 지역적 정체성 확립이 주요한 과제이기 때문이다. 공간과 지명을
매개로 이루어지는 교수―학습이라면 문학과 역사와 지리 등의 교과 구
분은 형식적인 틀에 지나지 않게 된다. 그 목표가 사고력 신장에 있든 경
험의 확충에 있든 학습자가 성취하게 되는 것은 지역적 정체성 확립이다.

4. 맺음말

다시 『논어』의 한 구절을 이용한다. 아는 것은 좋아하는 것만 못하고,
좋아하는 것은 즐기는 것만 못하다. 아는 것은 소양이고, 좋아하는 것은
기호이며, 즐기는 것은 취향이다. 학교 교육에서 학생 개개인의 기호와
취향까지를 책임진다는 것은 폭력일 수 있지만, 알지 못하면 좋아할 수
도 없고 즐길 수도 없다. 지역문화를 지역문화로서 알 수 있도록 배려하
는 것은 최소한의 교육적 조치이다. '지역문화의 교육과정화' 혹은 '교육
과정의 지역화'는 이를 위한 제도적 뒷받침이 될 것이다.

이 글은 교육과정적 근거에 의해 '지역문화의 교육과정화' 혹은 '교육
과정의 지역화'를 정당화하고자 하였다. 이를 위해 먼저 필자가 거주하
고 있는 전북권의 대표적인 지역문화인 <춘향전>과 <정읍사>를 사례
로 삼아, 두 작품이 지닌 지역문화적 성격을 논하고 이를 다시 교육과정

이기에 가능한 성취라 하겠지만, '이상적인 독자(ideal reader)'의 모델로서 학습자에게 제
시될 만한 충분한 요건을 갖췄다고 판단된다.

론의 여러 가지 논리를 근거로 지역화된 교육과정 속에 배치해 보고자 한 것이다. 국가 수준의 교육과정에서는 이미 교육과정의 지역화를 추상적인 수준에서나마 방향성으로 제시하고 있음을 확인할 수 있었다. 그러므로 지역 단위에서 혹은 학교 단위에서 그 방향성을 적극적으로 수용하는 일이 우리에게 주어진 과제라는 것도 확인할 수 있었다.

이런 시점에서 더 크게 다가오는 과제는 그렇다면 이를 실현할 수 있는 구체적인 방안은 무엇인가 하는 것이다. 이에 대해서 '현장 학습'이나 '팀 티칭'과 같은 실제적인 방안을 제시할 수도 있을 것이다. 그러나 이에 대해서는 별도의 논의가 필요할 줄로 안다. 이 글은 어디까지나 원론적인 수준에서 국어과 교육과정의 지역화 혹은 지역문화의 국어과 교육과정화의 정당성을 확인하는 선에서 마무리된다.

문학사와 국어교육

문학사 교육의 구도와 성층

1. 문학사 교육에 대한 의문

문학사 교육의 의의는 다각도로 설명될 수 있다. 문학사 교육은 문학관을 정립하는 데 도움을 주며, 문학적 지식을 확대하고, 문학을 역동적으로 구조화하며, 삶의 과정성과 총체성을 체현할 뿐만 아니라, 민족문학의 특수성을 이해한다는 점에서 매우 중차대한 교육적 의의를 갖는다(구인환 외, 1998 : 362~366). 뿐만 아니라 고전 문학과 현대 문학의 관계를 이해하는 매개가 되기도 하고, 문학교육에서 지식과 감수성을 통합하는 기제가 되기도 한다(노진환, 1998).

문학사 교육의 의의가 이러하기 때문에, 국어교육에서 문학사를 교수─학습하는 일의 필요성과 가능성을 묻는 일은 새삼스러운 바가 없지 않다. 그럼에도 불구하고 이러한 질문이 정당한 것은 다음의 두 가지 이유에서이다. 하나는 교육의 내용이 아무리 가치 있는 것이라 해도, 그것이

각 교과의 성격에 부합하지 않는다면 교육적 정당성을 갖지 못하기 때문이며, 다른 하나는 교육 현상 자체가 교육적 가치를 보장해 주지는 못하기 때문이다. 다시 말해 문학사가 그 자체로 의미 있고 중요한 것이고, 또 현실적으로 그 교육이 실천되고 있다고 해서 곧 문학사의 국어교육적 가치와 의의가 자연스럽게 확보되지는 않는 것이다. 엄밀히 말해 우리는 아직 문학사 교육의 필요성에 대한 충분하고 타당한 교과학적 근거를 확보하지 못하고 있는 것이다.

이에 현상으로서 존재하는 문학사와 그 교육의 필요성과 가치를 근본에서부터 검토할 필요를 느낀다. 이를 위해서 문학사 교육의 상위 차원이라 할 문학교육, 국어교육, 그리고 교육 일반과의 수직적 맥락을 고려하게 될 것이다. 이것은 문학사 교육이 어떠한 교육론적 근거를 가지는가에 대한 탐색이며, 이를 통해서 문학사 교육의 위상이 규정될 수 있을 것으로 보인다. 이는 또한 국어교육사에서도 뚜렷한 줄기를 형성하고 있는 문학사 교육의 오류 내지는 폐해[1]를 시정하기 위한 기초 작업이 될 것이다. 특히 여기에는 교육의 설계에서 반드시 수반되어야 하는 위계화의 문제에 대한 고려도 뒤따라야 할 것으로 보인다.

그런데 상층 구조와의 맥락 속에서 문학사 교육의 위상을 규정하는 것은 한편으로 그 한계를 규정하는 일이기도 하다. 그것은 문학교육이나 국어교육에서 유일한 하나의 목표에만 배타적으로 절대적 가치를 부여할 수 없다는 사정에서 비롯된다. 수평적 관련을 맺고 있는 몇 가지의 목표 중에서 문학사 교육은 그중의 어느 한 가지와 특정한 논리적 연관성을 맺게 된다. 따라서 문학사 교육의 위상을 설정하는 일은 그 나머지 목표

---

1) 김중신(1997 : 223)은 "문학사 교육은 교육과정에서나 교과서에서나 그 의의나 위상을 정립하지 못한 채 공히 실증주의적인 면만 강하게 드러나 있어 문학사 고유의 자질이나 교육적 의의를 제대로 구현하지 못하고 있다"고 지적한 바 있다.

를 각각의 층위에서 잠정적으로라도 유보하는 결과를 초래할 수 있다.

이러한 과정을 통해 문학사 교육의 필요성과 그 가치가 규정된다면, 그 구체적인 실현 양상이 어떠할 것인가 하는 의문을 만나게 된다. 이것은 문학사 교육의 가능성과 현실성에 관한 탐색으로 연결될 것이다. 그 결과는 다시 문학사 교육의 목표와 연계되어 위상을 한층 더 분명하게 밝혀 줄 것으로 보인다.

2. 문학사 교육의 국어교과학적 위상

(1) 문학교육의 방향과 문학사 교육의 위상

이분법적 단순화라는 위험을 무릅쓰고 말하자면, 문학교육은 언어교육으로서의 성격과 예술교육으로서의 성격을 동시에 가지고 있다. 중요한 것은 이 두 가지 성격이 변별적으로 구분된다거나 우열의 관계에 있지 않다는 것이다. 문학의 본질이 언어의 본질에 뿌리를 두고 있으면서도 형상화의 과정을 거쳐 나오는 예술이고, 교육이 대상의 본질이 지닌 가치를 추구하는 것이라면, 이상의 두 가지 성격은 배타적일 수 없고 상호 간에 그 우열을 논할 수도 없는 일이다. 다만 우리가 일반적으로 생각해 온 바대로 국어교육의 범주 내에서 문학교육을 설계하고자 한다면, 논의의 차원에서는 분리해 볼 필요가 있는 것이다. 혹 언어 교육과 예술 교육의 통합적 실천을 꾀하고자 하더라도 그 성격에 대한 분명한 구별이 먼저 선행될 수밖에 없다. 분리하지 않고는 통합할 수 없기 때문이다.

문학사 교육의 위상은 문학교육의 전체적인 방향에 의해 직접적으로 통제될 수 있다. 문학교육의 방향에 따라 문학사 교육의 위상은 확장될 수도 축소될 수도 있고, 심지어는 문학교육의 최종 목표 지점이 될 수도, 문학교육에서 아예 배제될 수도 있을 것이다. 단적으로 말해 우리가 통상적으로 쓰고 있는 문학교육이라는 말은 이중적인 의미를 가지며, 그 의미에 따라 문학사의 자리는 매우 큰 낙차를 가진다 하겠다. 이에 대해서는 문학교육이 현실적으로 국어교육 내에서 이중적인 차원에서 거론되는 말이기 때문에 현행 국어교육의 체제로부터 논의를 시작하는 것이 좋을 듯하다.

현재 국어교육은 말하기, 듣기, 읽기, 쓰기, 문법, 문학의 여섯 가지 기본 영역으로 구분된다. 이러한 체계는 일차적으로 상식을 벗어난 영역 설정이라는 점에서 심대한 문제를 안고 있다. 이러한 영역 구분은 표면적으로 봐도 비체계적이다. 귀납적이든 연역적이든 듣기, 말하기, 읽기, 쓰기가 언어활동의 네 가지 국면이라는 사실은 부인할 수 없다. 그리고 국어교육은 이 네 가지 언어활동을 원활하게 수행할 수 있는 학습자를 길러내는 데 그 중심이 놓여야 한다는 점도 논리적으로 자연스러운 귀결이다. 그러나 여기에 더하여 '언어'와 '문학'이 독자적인 자리를 차지하고 있음으로 해서 각각의 영역은 층위와 논리를 넘나들고 있으며 상호간의 충돌도 불가피해진다. 물론 이러한 비체계성은 오랜 시간 동안 누적된 국어교육의 전통 속에서, 이른바 '언어 기능'의 가치가 새롭게 대두되면서 이루어진, 다자간 타협의 소산이라 할 만하다.

따라서 '언어'와 '문학'이 각각의 영역을 차지하면서 여타의 영역과 불편한 공생을 유지하는 것은 논리적으로도 현실적으로도 이치에 어긋나는 일로 보인다. 두 영역이 차라리 말하기, 듣기(혹은 말하기 / 듣기), 읽기, 쓰기의 각 영역 내에 포진하거나, 그 반대가 되거나 간에 적어도 기형적 구도는 타파되어야 한다는 견해가 설득력을 갖는 이유도 여기에 있다 하겠다.[2] 이렇게 될 경우 문학은 그 본질상 네 가지 언어활동의 원리를 제공하는 바탕으로서, 그리고 각 활동의 가장 모범적인 사례로서 제시될 수 있는 가치가 있기 때문에, 문학은 실상 국어교육에서 가장 중핵적인 '자료'이자 '내용'이다(김대행, 1998 : 169). 국어교육에서 문학의 위상이 이렇게 설정될 경우, 문학은 실체로서보다는 속성으로서 더 긴밀하게 언어활동과 결합하게 될 것이다.

가령 '운율'이라는 시의 속성은 일상적인 언어활동에서 말하기의 한 원리로 작용할 수 있을 것이다. 어린이들의 말투에서나 혹은 광고 문구에서나, 심지어는 정치권의 논평에서도 '운'이나 '율'은 자주 실현된다. 그 목적은 경우에 따라 다를 수 있으나, 시의 핵심적인 속성 중의 하나인 '운율'이 말하기의 원리를 제공해 준다는 것은, 문학이 국어교육의 내용으로 자리 잡을 수 있음을 보여주는 하나의 사례이자 근거가 된다. 이와 같은 문학의 속성들이 하나의 체계를 이룬다면, 문학 작품은 듣기, 말하기, 읽기, 쓰기의 전 영역에 걸쳐 언어활동을 위한 유용한 원리를 제공해 줄 수 있게 된다.

뿐만 아니라 문학 작품은 의사소통으로서의 언어활동을 수행하는 데 필요한 매우 유용한 자료가 될 수도 있다. 소설의 등장인물에 대해 위로의 편지나, 그 인물의 행위를 평가하는 글을 써 보게 할 수도 있으며, 혹은 그릇된 행위를 하고 있는 인물을 설득하도록 해 볼 수도 있을 것이다. 언어활동의 수행에서 문학 작품을 자료로 제공할 수 있는 근거는, 무엇보다 문학이 구체적인 시공간을 배경으로 하여 구체적인 인물과 그가 가담하고 있는 사건을 진술하고 있는 형상성을 가진다는 점에 있다. 일상에서의 언어활동이 불특정 다수가 아닌 구체적인 인물을 대상으로 한다는 점을 염두에 둔다면, 문학이야말로 언어활동에 가장 유용하고 적절한

---

2) 영역 분할의 문제는 중층적인 구도를 지니고 있다. 현실적으로는 학술적 층위의 논란보다는 정책적 차원의 결정이 더 큰 힘을 발휘한 결과일 것이다.

언어 자료임을 쉽게 인정할 수 있다.

이런 맥락에서라면 문학사 자체는 그다지 유효한 교육적 가치를 지닌다고 보기 어렵게 된다. 문학사가 양식의 역사이든 정신의 역사이든(임인식, 1940 : 836~837), 혹은 객관적 사실로 존재하는 실체이든 주관적으로 구성된 형태이든(김윤식·김현, 1973 : 18~19), 문학사 자체가 문학의 자질이나 속성을 보여주기는 어려울 것이기 때문이다. 문학사는 문학의 흐름을 누적과 변화의 관점에서 파악하여, 문학 작품들 간의 공시적인 사회성과 통시적 역사성을 근거로 상호 연관성을 규명하는 일종의 메타담론이다. 문학에 대한 메타적 설명으로서의 문학사는, 정서적 감응의 대상이 아니라 지적 탐구의 대상으로서의 성격이 압도적으로 강해진다. 문학사에 대한 광범위한 개괄과 관련된 과목과, 그에 따라 강의에 의존하는 교수 방법들은 학생들이 시험에 통과하는 것을 도울지는 모르지만, 대다수 개별적인 학생이 문학을 자료로서 개발하게 할 수는 없다는 지적(Ronald Carter & Michael N. Long, 1991 : 4)은 문학사의 이러한 성격과 연관된다 하겠다.

한편 위에서 말한 각각의 기본 영역은 화법, 독서, 작문, 문법, 문학이라는 과목으로 심화된다. 심화 과목의 층위에서도 위에서 지적한 영역 간의 혼란은 여전히 남지만,3) 각각의 과목이 상대적으로 자율적인 체계 속에서 설계되고 운영된다는 점에 우선 주목해 보기로 한다.

여기에서 문학은 기본 영역에서의 문학과는 달리 학습자들에게 그 자

---

3) 가령, 「독서」 교과서에서 문학적인 글이나 정서 표현의 글을 자료로 하는 단원이 별도로 설정된 것은 체계의 혼선에서 빚어진 고민이 반영된 결과일 것이다. 그 단원에 실려 있는 문학작품을 읽도록 하는 것은 읽기 교육인가 문학교육인가 하는 불필요한 문제가 야기되는 것이다. 이러한 사정은 「작문」 교과서에서도 마찬가지이다. 한편 화법, 독서, 작문을 별도로 심화 과목으로 설정할 필요에 대해서도 의문을 제기할 수 있다. 그것은 기초 과목에서 충분히 수렴되어 실현되어야 하기 때문이다.

질이나 속성은 물론 역사적 실체로서도 제시된다. 이러한 차원에서는 문학 텍스트가 심미적 대상으로서의 성격과 함께 지적 탐구 대상으로서의 성격을 가지게 된다. 텍스트의 의미를 파악하기 위한 제반 노력들은 곧 문학교육 활동의 일차적인 과정이 된다. 그리고 개별 작품에 대한 이해를 넘어서서 시대를 공유하는 다른 작품에 대한 이해로 나아갈 필요도 있다. 한 작품에 대한 이해의 심도는 비교를 통해서 더욱 깊어질 것이기 때문이다. 이를 위해서는 특정한 시대의 역사적 특수성이 배경 지식으로 동원되고, 당대의 다른 작품과 상호텍스트적 연관성에 대한 이해를 필요로 한다. 이는 문학 작품의 문학사적 의미를 파악하고 이해하는 과제의 중요성과 의의를 인정하는 관점으로 나아간다.

이러한 차원에서는 학습자의 학습 활동이 문학 비평가나 문학사가의 지적 탐구 활동과 상동성을 가지게 될 것이다. 예컨대 하나의 작품을 당대의 다른 작품과 비교하거나 한 작가의 작품들을 당대의 다른 작가의 작품과 비교하는 활동은 문학의 사회성이나 시대성에 대한 이해로 나아갈 것이며, 서로 다른 시대를 배경으로 만들어진 두 작품 간의 공통점이나 차이를 이해하는 일은 삶의 질서와 문학의 질서의 통시적 연관성에 대한 통찰로 이어질 수 있을 것이다. 이처럼 문학사는 학습 내용의 위계성이라는 측면에서 매우 고차원적인 단계에서 다루어질 수 있는 대상이다.

이는 우리가 그동안 암묵적으로 인정하고 유지해 온 문학교육 및 문학사 교육의 전통적인 패러다임이라 할 수 있다. 이 경우 문학사는 서두에서 언급한 대로 문학관의 정립, 문학적 지식의 확대, 문학의 역동적 구조화, 삶의 과정성과 총체성 체현, 민족문학의 특수성 이해라는 교육적 중요성을 가질 수 있다. 다만 이 경우에는 상대적으로 언어활동에 초점을 두는 국어교육과의 연계성의 고리는 약해질 수밖에 없을 것이다.

그런데 언어와 예술은 문학의 본질이다. 따라서 본질에 충실한 문학교육이 이루어지기 위해서는 이러한 이중적 성격4)은 분리될 수 없다. 실제로 언어활동의 자료로 활용한다고 해서 그것이 텍스트에 대한 이해와 분리된 채로 진행될 수도 없거니와, 반대로 텍스트에 대한 이해의 수준은 독자가 텍스트에 참여하는 정도에 의해 결정될 것이므로, 양자는 불가분의 관계에 놓여 있다. 그렇다면 교육적 실천의 국면에서는 이것은 어떻게 구조화되어야 하겠는가. 이는 곧 위계화의 문제이다. 이에 대해서는 국어교육에서 문학사 교육이 어떠한 위상을 가질 것인가의 문제와 더불어 논의되어야 할 것으로 보인다. 이것은 곧 국어교육에 문학사가 어떻게 기여할 수 있는가의 문제이기도 하기 때문이다.

(2) 국어교과에서의 문학사 교육

국어교육에 문학사가 어떻게 기여할 것인가 하는 문제는, 결국 문학사가 국어교육의 목표에 부합할 수 있는 자질이 무엇인가에 답함으로써 그 궁극적인 해답을 얻을 수 있다. 그런데 이러한 문제는 문학사 교육에 대한 논의가 상당 수준 축적되어 있다는 점에서 매우 낯익은 것이기도 하다. 그러나 이러한 논의들은 국어교육과 문학교육의 수평적·수직적 관계에 대한 면밀한 규정을 근거로 해서 이루어지지 못하고, 문학교육 자체의 논리에만 집착하여 이루어졌다는 점에서 재고의 여지를 남긴다. 국어교육, 문학교육, 문학사 교육으로 이어지는 수직적 연관을 다분히 기계적으로 이해하고 적용한 채 진행되었기에, 일차적으로 국어교육의 목표를 규정하는 일이 선행되어야 한다는 점에서는 매우 낯선 과제임이 분명하다.

---

4) 문학교육의 이중적 성격에 대해서는 김대행(1998)에서 준별한 바 있는 '실체 중심의 문학관'과 '속성 중심의 문학관'에 각각 대응될 수 있다.

　현재까지의 국어교육론에서 국어교육의 목표는 매우 다양하게 제시되었다. '민족 문화 창조'에서 '의사 전달 능력과 인간 형성 및 문화 창달', '능력과 태도 발달', '지식 추구와 사고력 추구', '언어 기능의 신장'에 이르기까지 폭넓은 스펙트럼을 보여준다. 이러한 목표들은 나름대로의 논리를 바탕으로 하고 있어 그 의의가 없는 바는 아니나, 개인의 학문적 성향에 기대어 선언된 주장으로서의 성격이 강하다. 그리고 이들은 무리하게 하나의 초점으로 국어교육의 목표를 단일화시킨 데서도 그 문제점을 내포하고 있다.

　그러나 가장 큰 문제는 이러한 목표 설정 또한 '언어 기능', '언어', '문학'이라는 국어교육의 전통적인 세 가지 영역에 초점을 맞추되, 각 영역간의 상호 연관성에 대한 이론적 고찰을 결여하고 있다는 점이다. 극단화하면 이 목표들은 대개 '국어교육 현상'5)에만 집착하여 '국어'의 본질을 도외시한 채 설정된 것이다. 교육은 대상의 본질을 추구한다는 공리를 생각한다면, 국어교육의 목표는 당연히 국어의 본질에 근거하여 설정되는 것이 타당하다. 물론 국어의 본질이 어느 하나로만 규정될 수는 없다. 오히려 국어의 본질은 다원적으로 고려될 필요가 있다. 그 본질의 다원성은 십분 존중되어야 하며, 그 다원성이야말로 '국어'의 교육적 가치를 간접적으로 웅변해 주는 단서가 될 것이다.

　그런데 이와 같은 방법론에 따라 국어교육의 목표를 설정하는 것은 실상 새삼스러운 일이 아니다. 가령 국어를 '일상의 국어'와 '예술의 국어'로 구분하고, 교육의 목표를 "보다 잘 살게 하고, 보다 잘 알게 하"는 것으로 보고, 국어교육의 내용을 다음과 같이 구축한 결과를 보기로 한다 (김수업, 1989 : 123).

---

5) 세 영역(경우에 따라서는 네 영역이나 여섯 영역이 될 수도 있다)의 관계에 대한 체계적인 연관을 규명하지 못한 채 현실적으로 이루어지고 있는 국어교육을 가리키는 말이다.

	삶의 영역	앎의 영역
일상의 국어	말하기, 듣기, 읽기, 쓰기	말과 글에 대한 이론과 역사
예술의 국어	문학(입말, 글말)의 창작, 감상	문학(입말, 글말)에 대한 이론과 역사

교육 내용의 두 가지 측면이 이해와 활동(조영태, 1998)이라 할 때, 이 표에서 '삶의 영역'은 '활동'에 '앎의 영역'은 '이해'에 각각 대응된다. 그리고 국어를 '일상의 국어'와 '예술의 국어'로 나눈 것은 언어활동의 두 층위를 고려한 결과로 보인다.

이 구분에 따른다면, 문학사는 당연히 '앎의 영역'과 '예술의 국어'가 만나는 '문학에 대한 이론과 역사'6) 분면에서 그 자리를 잡을 수 있다. 그러나 저자는 이 부분에 대한 교육이 어디까지나 '문학의 창작, 감상'을 위한 부차적이고 종속적인 성격을 갖는 것으로 파악함으로써, 문학사 교육 자체의 논리나 고유성에 대한 배려는 도외시하고 있다. 물론 이는 초·중등 교육을 염두에 두고 그 적절성을 고려한 데서 비롯된 결과일 것이고, 그동안 수차례 비판받아 왔던 바 '단편적인 지식' 위주의 문학사 교육을 지양해야 한다는 당위의 표현으로 보인다. 그렇지만 같은 '앎의 영역'인 '말과 글에 대한 이론과 역사'에 대해서는 오히려 지나치다 싶을 만큼 충실히 그 영역의 중요성과 독자성을 인정하고 있다는 점에서(김수업, 1998 : 148~163), 이러한 결과는 논의의 균형을 잃은 것으로 볼 수 있겠다. 더욱 본질적으로는 문학교육의 이중적인 성격을 총체적으로 고려하지 못한 한계에서 태생된 것으로 보인다. 심미적 대상으로서 문학의 예술성을 충분히 인정한다면, 문학사 교육은 결코 부차적이거나 종속적으로 결합될 성질의 것은 아니기 때문이다.

---

6) 여기에서 '이론'과 '역사'는 각각 공시적 접근과 통시적 접근에 의한 연구 결과물을 지칭한다.

그렇지만 이러한 영역 설정은 '국어교육 현상'을 토대로 이끌어낸 결과가 아니라, 국어(언어)의 본질과 교육의 본질에 대한 성찰의 결과로 추출되었다는 점에서 연구사적으로도 대단히 중요한 의의를 갖는다. 더불어 지금까지 서로 연관되지 못한 채 고립적으로 설정되어 있던 기존의 국어교육의 제 영역을 통합적으로 포괄하고 있다는 점에서도 주목할 필요가 있으며, 문학사 교육을 당위적으로 강조하는 폐단에서 벗어나 교과교육론적 근거를 국어의 본질 차원에서 제공하고 있다는 점은 충분히 인정되어야 한다.

한편 언어의 본질에 기초하여 그 총체적 국면을 반영한 언어교육의 설계는 영국의 영어 교육에 대한 논의에서 많은 시사를 얻을 수 있다. 특히 언어 능력과 문학 능력의 상관성을 고려하면서, 각각의 영역이 상호 배타적이지 않음을 전제로, 언어교육에서 문학이 다루어지는 모델을 문화 모델, 언어 모델, 개인적 성장 모델의 세 가지로 정리하고 있는 한 논의(Ronald Carter & Michael N. Long, 1991 : 2~3)는 충분한 시사점을 지니고 있다. 이 중에서 문화 모델은 지혜의 축적 혹은 문화의 기록으로서의 문학을, 언어 모델은 창의적 언어활동으로서의 문학을, 개인적 성장의 모델은 삶의 반영과 표현으로서의 문학을 각각 강조하고 있는 것으로 보인다. 이 경우, 문학사는 문화 모델과 가장 강한 친연성을 갖는다(본서 1부 22면 참조).

문화 모델에서 상정하고 있는 문학은 인류의 언어활동 중에서 최고·최선의 것이며, 인간의 삶에 가장 유의미한 가치를 제공해 주는 언어 자료이다.7) 그런데 문학에 대한 문화 모델의 관점은 실상 문학사가 가장

---

7) 이러한 사정은 영국의 영어과 교육 과정에 대한 일련의 논의를 체계적으로 정리한 Brian Cox(1991)의 설명에서도 마찬가지이다. 그는 영어 교육의 목표를 개인적 성장관(personal growth), 범교과적 도구관(cross-curricula), 성인적 실용관(adults needs), 문화유산관(cultural heritage), 문화 분석관(cultural analysis)의 다섯으로 구분하였다. 이 중에서 '문화유산'의

여실히 보여준다. 물론 문화 모델에서 대상으로 하고 있는 문학과, 그것들의 집합을 통시적 관점에서 재구성한 메타담론으로서의 문학사가 결코 동일할 수는 없다. 그러나 문화 모델의 관점이 가장 활성화된 양상은 문학사로 수렴된다는 점에서 문학사는 문화 모델의 최종적인 결과물로 볼 수 있다. 문학사는 다종다양한 문학 텍스트 중에서도 가장 유의미하고 가치롭다고 판단되는 것을 체계적으로 구성한 결과물이기 때문이다.

요컨대 문학사는 국어교육에서도 상당히 포괄적이면서도 심도 깊은 가치를 가지고 있는 것으로 보인다. 국어교육이 언어의 제 본질을 토대로 설계가 되고, 또 언어활동의 제 국면을 포괄하고자 한다면, 문학사는 어떤 면에서 인간의 언어활동이 가장 세련되고 정련된 형태인 문학을 메타적으로 질서화한 것이라는 점에서 그러하다.

그런데 이러한 관점은 오히려 문학사 교육의 실천 불가능성마저 제기될 소지를 안고 있다. 즉, 문학사 교육이 국어교육의 모든 단계에서 학습될 만한가 하는 문제, 그리고 중등교육을 전제로 할 경우 그것이 가능한가의 문제는 여전히 남는 것이다. 이것은 문학교육에서 문학학자가 학습자의 역할 모델이 될 경우, 이에 기반한 학습 활동이 대학 수준의 문학교육에서조차 실현될 수 있을까 하는 의문(김상욱, 1996 : 13)이 제기될 수 있는 것과 마찬가지이다.

이것은 곧 학습 내용의 위계화의 문제로 연결된다. 이에 대해서는 우선 저학년에서 이루어지는 문학교육이 속성 중심의 문학교육관에 근거하여 이루어지고, 이를 토대로 고학년으로 올라가면서 점점 문학의 실체에 대한 접근이 심화되는 교육 과정을 상정해 볼 수 있다(김대행, 1998). 또한 언어를 중심에 두고 생각하더라도, 국어교육의 설계가 저학년에서

관점은 언어 가운데 가장 정련된 것으로 폭넓게 인정되고 있는 문학 작품의 감상으로 학생들을 이끌어야 할 학교의 책임을 강조한다. Brian Cox(1991 : 21~22) 참조.

는 주로 언어의 규범성에 기초하여 '정확성'이 강조되는 교육이 중심이 되고, 고학년으로 갈수록 언어의 사회성이나 문화성에 초점을 맞춘 교육으로 중심을 이동해 가는 영국의 교육과정이 참조될 수 있을 것이다. 이러한 위계에서 문학사는 국어교육의 최상위 심급에서 자리매김 될 성질의 것이라 할 수 있다. 문학사는 개별 작품들에 대한 비평적 접근을 토대로 작품 상호간의 우열을 판단하는 고도의 지적 행위의 결과이며, 문학 작품이라는 실체에 대한 관심이 외연적으로 확대된 구조물이기 때문이다.

그렇지만 이런 식으로 위계화를 설정한다고 하더라도, 문학사의 성격을 지나치게 신비화시킬 필요는 없다. 상급 학년에서 이루어질 수 있는 교육이라면 저학년에서도 정도의 차이를 유지하면서 이루어질 수 있기 때문이다. 문학사 자체의 가치를 강조하면서 위계성에 집착하게 될 경우, 오히려 문학사 배제론으로 흐를 위험마저 있는 것이다. 따라서 문학사 교육이 각급 수준에 맞는 양상으로 실현될 가능성을 고찰할 필요가 생긴다. 그것은 물론 문학사가 국어교육에서 단일한 경로로 실현되지는 않을 것이라는 점을 전제로 한다. 그리고 그것이 실현되는 양상은 결국 문학교육에서 문학사의 본질이 실현되는 것으로 볼 필요가 있겠다. 문학사 교육이 실현될 가능성을 미리 말한다면, 문학사'를' 교육하는 방향, 문학을 '문학사적'으로 교육하는 방향, 그리고 '문학사'를 구성하도록 이끄는 방향으로 나아갈 수 있을 것으로 보인다.

3. 문학사 교육의 실현 양상과 성격

국어교육에서 문학사 교육은 어떻게 실현되는가? 이에 대한 대답은 간단하지 않다. 다만 한 가지 분명한 것은 문학사 자체의 지적 우월성이나 수준의 고차원성에 경도되어 바라보게 될 경우 문학사 교육은 과거에 진행되었던 일련의 비판을 고스란히 반복해서 받을 위험이 있다. 학습자가 독자의 수준에 머무르지 않고 문학사가의 역할 모델을 수행한다는 것은, 적어도 중등교육의 테두리 안에서는 어렵거나 불가능하다는 식의 비판이 얼마든지 나올 수 있다. 따라서 이 문제는 문학교육의 '문학사적' 실현이라는 측면에서 그 답을 구해 볼 필요가 있다. 이것은 좀 더 궁극적으로 교육 자체의 논리에서 출발하자는 제안이기도 하다.

교육학에서는 교육 내용의 두 측면으로서 이해와 활동을 상정한다. 이는 각각 학문적 명제와 실제적 활동으로 더욱 구체화된다(조영태, 1998). 교육과정의 성격에 따라서 이 두 가지는 상호 배타적이기도 하지만, 교육의 근원에서 이들은 공존할 수밖에 없는 내용이다. 이에 따라 문학사도 이해의 대상과 활동의 대상으로 구분해 볼 수 있다. 이해의 대상으로서의 문학사는 일정한 형태로 구성되기 이전의 실제적인 사실에 대한 앎을 중심으로 교육될 것이고, 활동의 대상으로서의 문학사는 학습자가 스스로 개인의 문학사를 구성해 가는 활동 과정을 중심으로 교육될 것이다.

한편 문학사는 문학교육의 방법으로서도 매우 유효하다. 앞서 언급한 대로 문학사가 변화와 누적이라는 역사적 논리에 의해 문학의 질서를 구성한 결과물이라면, 하나의 개별 작품을 독립적으로 이해하고 감상하는 것보다, 동시대의 다른 작품과 비교하고, 또 다른 시대의 작품과 대조하는 과정에서 훨씬 폭넓고 깊이 있는 이해와 가치 평가가 이루어질 수 있을 것이다. '문학사적 문학교육'은 실체로서의 개별 작품이 지니는 내적 의미를 파악하고 감상하는 과정에서나, 공시적·통시적 연관 속에서 그 위치를 확인하는 과정에서나 개별 작품에 대한 가치 판단의 준거를 제공해 주는 방향으로 작용하게 될 것이다.

(1) 교육의 제재로서의 문학사

문학사는 일차적으로 과거에서 현재에 이르기까지 무수히 창작된 문학 작품들의 집합이다. 그러나 이러한 규정이 범박함을 면치 못하는 것은 그 집합이 특정한 기저 질서에 의해 형성된다는 점을 간과하고 있기 때문이다. 모든 문학 작품이 하나의 문학사 안에 빠짐없이 포괄되지 못하는 것도, 같은 작품이라 하더라도 서로 다른 문학사적 의의를 부여받는 것도 바로 그 기저 질서 때문이다. 그럼에도 불구하고 문학의 過去事8)에 대한 앎은 같은 언어 공동체 혹은 문화 공동체를 형성하고 있는 구성원들간의 문화적 동질감을 확인하는 수준에서도 그 의의를 가진다.

이와 같은 성격의 문학사가 현실적으로 구현되는 양상은 먼저 교과서에 수록된 문학사 제재이다.9) 문학사가 교과서에 수록되는 경우, 대부분은 각 시대별 작품을 연대기적으로 배열하는 방식을 취하게 된다. 그러나 어떤 시대에 어떤 작품들이 존재했다는 사실 자체를 아는 것은 교육적으로 그다지 유의미하지 않다. 그것은 고려 시대에 청자라는 도자기가 만들어졌다는 사실 그 자체를 아는 이상의 의미는 없다. 더욱 본질적으로는 왜 하필 고려 시대에 청자가 만들어졌고, 그것은 왜 그 우수성에도 불구하고 현재까지 계승되지 못하는가 하는 질문으로 나아가는 것이 마땅하다.

따라서 특정한 시대에 존재했던 작품들은 어떠한 양식적 특징을 가지고 있었으며, 그것은 왜 그러했는가, 그리고 왜 소멸했는가 하는 질문으

---

8) 노진한(1998 : 48~49)에서는 文學事를 文學史로 기술되기 이전 상태의 것으로 문학현상이 집적된 상태를 가리키는 말로 사용한 바 있다. 여기에서 말한 '문학의 과거사' 또한 이 文學事와 거의 유사한 뜻으로 쓰였다.

9) 문학사 제재는 공교육이 정착된 이래 계속 수록되다가 제6차 교육과정에 따른 국어 교과서에는 빠져 있다. 이것도 언어교육으로서의 국어교육을 염두에 둔 결과로 보인다.

로 심화되어야 한다. 이런 질문도 사실 그 자체에 대한 앎에 지나지 않으나, 인간의 언어 행위가 사회 역사적 상황과 어떠한 연관을 맺는가 하는 문제에 대한 탐구로 학습자가 나아갈 수 있는 통로라는 점에서 그 가치의 차이가 있다. 가령 향가나 고려가요, 시조가 신라시대, 고려시대, 조선시대의 대표적인 시가 양식이라는 점, 그리고 그것들이 모두 가창된 시, 즉 시가(詩歌)라는 사실에 대한 이해는 오늘날의 문학을 또 다른 시각에서 바라보게 하는 바탕이 될 수 있다. 특히 시조는 일정한 음악적 질서의 지배를 받으면서 연행된 결과, 제목을 가질 필요가 없었다는 사실도 마찬가지이다. 조선 후기에 이르러 서민 문화가 발흥하게 되었다는 사실도 오늘날까지 판소리가 면면히 계승되고 있다는 사실과 관련하여 그 배경으로서 알 만한 가치를 가진다. 이 점에서는 1930년대의 우리 소설사가 장편 소설의 활발한 창작과 소설적 탐구의 다양화를 특징으로 한다는 점과, 이것이 삶의 문제를 폭넓은 사회적 연관 속에서 파악하고자 하는 탐구 의식이 근본 동기로 작용한 결과라는 사실도 마찬가지이다.

국문학사적 사실에 대한 앎, 즉 국어로 이루어진 문학의 역사적 존재에 대한 앎의 중요성은, 일차적으로 민족 문학의 정체성과 관련해서 이해할 수 있다. 인간은 태어나는 순간에 이미 일정한 언어와 역사, 문화로 맺어진 공동체의 한 성원이 되는 것이고, 그러한 공동체의 문학이 곧 그 민족 문학이다. 따라서 극단적으로 국문학사적 지식의 소유 여부는 자민족과 타민족을 구분하는 하나의 시금석이 될 수도 있다. 공동체 구성원들이 공유하는 공동의 앎은 내적인 정체성을 확인시켜 주는 표지이며, 정신문화적 가치를 지니는 문학사는 그 앎의 중요한 내용이 되는 것이다.

그러나 민족 문학이라는 개념의 가치가 세계 문학과의 연관 속에서 의미를 지니듯이, 이러한 문학사적 앎은 민족 문학의 고유성에 대한 이해로 나아가야 한다. 서구의 문학사와는 달리 우리의 민족 문학사에서 비극의 전통이 부재하거나 결여되어 있다는 점이나, 우리의 문학사적 전통에서 유독 여성 화자의 목소리가 빈번히 등장한다는 점은 그 대표적인 예이다. 이러한 사정의 배경에 대해서는 다양한 모색이 이루어질 수 있겠으나, 그 사실에 대한 앎으로서도 자체적인 의미를 갖는다.

물론 이러한 앎은 객관적인 사실에 대한 앎에 그쳐서는 풍부한 의미를 스스로 제한하게 된다. 사실에 대한 앎은 새로운 문제를 발견하는 단서가 되어야 하며, 그 문제를 해결해 가는 과정이야말로 교육적으로 매우 가치 있는 일이다. 문학사 교육과 관련지어 말한다면, 그러한 과정은 곧 이른바 '민족 문화의 계승과 창조'의 구체적인 내용으로 상정될 수 있을 것이다.

(2) 교육의 방법으로서의 문학사

사실에 대한 앎은 그 자체로서는 교육적 의미가 제한된다. 블룸(Bloom)의 단계 설정에 따르더라도, 앎(knowledge)은 교육의 과정에서 가장 일차적인 과정이지만, 이해와 적용, 분석과 종합을 통해 가치 평가로 나아가기 위해서 필요한 과정이다. 더군다나 사실에 대한 앎이라면 그러한 점이 더욱 강조될 필요가 있다. 문학사가 문학교육의 방법으로 자리 잡는 것은 이런 점에서 매우 유의미하다.

그런데 우리의 문학교육은 이러한 방법론에 의거하여 지금까지 이루어져 왔으며, 이것은 이미 수많은 문학교육의 방법론 중에서도 가장 지배적인 경향으로 자리 잡고 있는 것도 사실이다. 식민지 시대의 문학 작품을 고향 상실의 모티프에 착안하여 해석하는 경향이 있다든가, 소월의 <진달래꽃>의 정서를 고려가요 <가시리>와의 연관성 속에서 해명한다든가 하는 것은 그 대표적인 예이다. 이러한 방법론은 본질적으로 상호

텍스트성에 근거한다는 점에서 그 자체로 문학사적이다.[10]

더 구체적으로 <청산별곡>을 문학사적으로 교육하는 국면을 상정해 보기로 한다. 사람들과 더불어 현재 위치해 있는 현실 사회 공간 이쪽 안에서, 저쪽 바깥의 청산을 지향하는 <청산별곡>은 현재 이쪽 삶의 각 축과 타락, 분열과 갈등, 괴로움 등의 부정적 인식과 정서를 전제한다. 청산의 자연 공간에 대한 시적 자아의 태도는 매우 이중적이다. 청산이 실제 삶을 사는 현실 공간일 경우는 매우 부정적이지만, 이상적인 공간 으로서 바라고 희망하는 미래 공간일 경우는 긍정적이다(김복희, 1986 : 40~41). 그런데 이러한 양상은 흔히 '낙원 지향'이라는 모티프로 정형화 될 만큼 문학에서는 매우 광범위한 보편성을 보여 주고 있다. 소월의 <엄마야, 누나야>가 그러하고, 조국 해방의 염원을 담고 있는 일제시대 의 많은 작품들도 이러한 모티프와 무관하지 않다. 그런데 이러한 보편 성은 인간의 본성에 비추어서 지극히 당연한 결과라 할 수 있다. 현실 공간에서 바라던 이상 공간이 다시 현실 공간이 되면, 그 현실은 다시 극복의 대상으로 인식되기 십상인 것이다.

그런데 문학이 전통적으로 다루어오고 있는 낙원지향 모티프는 인간 이 결국 현실에 안주하는 존재가 아니라 끊임없이 무엇인가를 추구하는 존재라는 점과 관계된다. 이러한 사실은 현실과 이상의 관계에 대해 학 습자가 고민할 수 있는 단서가 되어 준다. <청산별곡>의 화자에게 '청 산'은 왜 필요했는가 하는 질문과 그 대답의 모색은 필연적으로 자신의 삶에 대한 통찰로 이어지면서, 학습자 개인의 성장을 촉진시키게 될 것 이다. 요컨대 문학사적 문학교육은 학습자로 하여금 개인의 성장을 도모

---

10) 김상욱(1995)에서는 손창섭의 <비오는 날>을 대상으로, 상황 맥락의 복원, 텍스트의 의 미 해석, 상호텍스트성의 이해라는 세 단계의 절차를 통해 이러한 방법론을 구체적으로 제시하고 있다.

하는 데에도 고무적으로 작용하는 것이다.

뿐만 아니라 작가 개인의 문학적 편력과 관련해서도 이러한 방법은 유효하다. 예컨대 우리는 서정주의 <국화 옆에서>가 '인종의 아름다움'을 형상화한 작품이라는 점을 이해하고 거기에서 감동을 얻을 수도 있다. 그러나 이를 그의 친일시 창작 행위를 떠받치고 있는 순응주의적 이데올로기와 더불어 이해한다면 여기에는 또 다른 이해의 지평이 열릴 수도 있다. 즉 그것은 국가나 민족 차원의 순응주의가 개인적으로 내면화되어 나타난 작품이 바로 <국화 옆에서>라고 볼 수 있으며(최두석, 1992 : 336~338), 그것은 그 작품에 대한 이해의 입체성을 확보해 나가는 하나의 과정이라 할 수 있는 것이다.

윤흥길의 <장마>와 <무지개는 언제 뜨는가>를 함께 읽는 방법도 마찬가지이다. <장마>는 아들이 빨치산으로 들어간 친할머니와 아들이 국군으로 가서 전사한 외할머니 사이의 팽팽한 대결의 양상을 그리고 있다. 빨치산 아들이 돌아온다던 날 친할머니는 집안으로 들어온 구렁이를 보고 실신하지만, 외할머니는 달갑지 않은 손님을 뒷산으로 배송하는 데 성공한다. 이를 계기로 두 할머니 사이의 극적인 화해가 이루어진다. 좌우 이데올로기의 대립을 초월하는 모성의 힘을 찬양하고 있는 이 작품의 주제 의식은 <무지개는 언제 뜨는가>에서 다시 한 번 변주된다. 이 작품에서는 빨치산에게 남편과 어린 자식을 살해당하고 미쳐 버린 여인(당숙모)이 '원수의 자식'에게 젖을 물려주는 행위가 절정을 이룬다. 이데올로기는 자식을 앗아감으로써 자신의 모성을 위협하지만, 그에 대항하여 당숙모의 모성은 오히려 이데올로기를 조소하는 본능적인 힘을 발휘하게 된다. 전쟁 문학 중에서도 '치유의 문학'으로 묶을 수 있는 두 작품의 공통점은 상호텍스트성에 의하여 더욱 강화되며, 각각의 텍스트에 대한 이해의 폭을 훨씬 넓혀 준다.

그런데 이것이 더욱 본질적인 가치를 가지기 위해서는 학습자가 살고 있는 현재와의 연관을 염두에 두지 않을 수 없다. 텍스트 자체이든, 그 텍스트가 소통된 배경이든, 그것은 현재를 살고 있는 학습자에게 의미 있는 타자가 되어야 하며, 그러기 위해서는 끊임없이 그 원리에 대한 질문으로 나아가야 할 것이다. 가령, 시조의 상투성이나 정형성이 구비적 연행의 관습을 존재 기반으로 가졌던 사정에서 비롯된 결과라는 점을 토대로, 노래[歌]가 사라진 현대시에서 그 자리는 어떤 자질이 보완하고 있는가에 대한 질문으로 나아갈 수 있을 것이다.

또한 문화유산을 계승하는 일의 가치가 궁극적으로 새로운 문화를 창조해 나가는 데 있다면, 문학사는 전통의 문제와 관련하여 생각해 볼 수도 있다. 우리 문학사의 특성으로 거론되는 비극적 문학의 전통이 약한 이유에 대한 천착이 인간과 민족 그리고 인류에 대한 애정이라는 문화의 본질로 나아가게 할 것(김대행, 1998 : 164)이라는 암시도 문학사 교육의 이러한 측면과 연관된다 하겠다.

(3) 교육의 과정으로서의 문학사

야우스(H. R. Jauß)에 의하면, 문학의 역사는 수용하는 독자, 검증하는 비평가, 그리고 다시금 자신이 생산하는 작가를 통한 문학적 텍스트의 활성화를 통해 수행되는 심미적 수용과 생산의 한 과정이다(H. R. 야우스, 장영태 역, 1983 : 181). 이는 문학의 조건에서 독자의 자리를 표나게 강조하는 수용미학적 관점에서 배태된 논리이다. 사실 어떤 작품을 그 전통 안에 정리하고 역사적으로 해명하는 문학사가도 일차적으로는 독자의 위치를 벗어날 수 없다. 이러한 관점은 문학의 독자가 문학사가의 역할을 수행한다는 논리로 나아가게 해 준다.

> 　문학과 독자의 관계는 심미적일 뿐 아니라 역사적인 내포성을 지닌다.
> 심미적 내포는 독자를 통한 어떤 작품의 초보적인 수용이 이미 읽은 바
> 있는 작품과의 비교를 통해서 심미적 가치의 확인을 포함한다는 사실에
> 놓여 있다. 역사적 내포는 당초의 독자의 이해가 세대에서 세대로 수용의
> 고리 속에 지속되며 또한 풍부해질 수 있다는 사실, 이와 함께 어떤 작품
> 의 역사적 의미가 결정되고 그것의 미학적 서열이 명백해진다는 사실에
> 서 드러난다.(H. R. 야우스, 장영태 역, 1983 : 178)

이 설명은 물론 특정한 독자 개인이 아닌 불특정 다수의 독자를 염두
에 두고 진행되고 있다. 이는 어떤 문학 작품이 독자에 의해 역사적으로
그 가치를 달리할 수 있는 가능성과 연관된다. 그러나 문학사가로서의
독자의 위상에 관한 한 매우 요령 있는 설명이 아닐 수 없다. 한 세대에
서 다음 세대로 문학 작품이 전수되고 그것의 심미적 등급이 결정되는
것이 교육이라는 통로를 통해서 가능한 일이라면, 독자가 가장 강력한
문학사가의 역할을 수행한다는 점을 어렵지 않게 수긍할 수 있는 것이
다. 이런 점에서 문학사는 특정한 공동체 내에서 수행되는 문학교육의
역사적 과정을 보여주는 거울이라 할 수 있다.

한편 과정으로서의 문학사는 개인적 차원에서 이루어지는 문학교육의
과정과도 무관하지 않다. 이것은 곧 문학의 교수-학습이 이루어진 결과
로 학습자 개인이 자신만의 고유한 문학사를 형성한다는 의미이다. 교육
의 제재로서의 문학사와 교육의 방법으로서의 문학사가 학습자를 다분
히 수동적인 존재로 상정하게 될 위험이 있다면, 교육의 과정으로서의
문학사는 학습자의 능동적이고 적극적인 학습 행위를 중심에 둔 것이다.
문학을 실체로서 접근한다는 것은, 텍스트의 내재적 의미를 읽어내는 일
뿐만 아니라, 자신의 문학관과 이에 따르는 호오(好惡)를 적용하여, 작품
들 간의 우열을 판가름하는 행위도 포함된다. 그 우열에 따라 형성된 일

련의 작품들이 일정한 질서를 이루게 되면 그것이 곧 문학사가 된다.

가령, 향가 중에서도 <제망매가>를 우선으로 꼽고, 고려가요 중에서 <청산별곡>을 먼저 기억하며, 허다한 가사 중에서도 <관동별곡>을 최고로 여기는 문학 활동, 그리고 김소월과 윤동주를 가장 좋아하는 시인으로 꼽고, <서시>를 자신의 애송시로 간주하는 문학 활동은, 학습자가 이미 스스로 문학사를 쓰고 있는 일종의 학습 활동으로 볼 수 있다. 물론 특정 작품에 대한 선호가 외부적인 조건에 의해 강요된 결과라 하더라도, 학습자 개인이 이를 기억하고 재현한다는 것은 포괄적인 의미에서 문학사적 실천이라 할 수 있다. 학습자가 개별적으로 자신만의 개인적인 문학사를 형성하는 것은 문학교육에서 수행된 학습 활동이 도달되는 하나의 지점이다.

물론 이러한 문학사의 틀은 결과로서의 성격을 다분히 함축한다. 그런데 개인의 문학사를 형성하는 것은 교육의 한 결과라는 측면 못지않게 문학 활동의 과정이라는 측면에서 중대한 의의를 갖는다. 이것은 문학사 교육이 대학을 포함한 학교 교육에서만 완료되지 않고, 평생을 두고 지속적으로 수행되어야 한다는 원칙과 연관된다. 학교 교육에서 다루어지는 문학 작품이 학술 담론에 의해 문학사적 평가를 받은 것으로 국한된다는 한계를 안고 있기 때문에 평생 교육의 공간에서 이루어지는 문학 활동의 중요성은 한층 더 높아진다. 이것이야말로 이른바 '문학적 문화'의 중심적인 의미역이라 할 만하며, 문학교육의 궁극적인 한 도달점으로 상정될 수도 있다.

인간이 평생 동안 새로운 정보를 접하고 수용하는 것은 그것이 자신의 삶을 도탑게 하기 때문일 것이다. 문학은 그러한 정보 중에서도 '자기화' 혹은 '내면화'가 가장 역동적으로 활성화되는 양식의 글이다. 더군다나 문학을 접할 수 있는 공적인 조건이 제거된 상태에서도 계속적으로 문학 작품을 읽어 가는 것은, 그것이 인간의 삶을 도탑게 한다는 점을 신뢰한 결과일 것이다. 그리하여 개인은 스스로 문학사를 형성해 가는 도상에 서 있게 되는 것이다. 성인으로서 살아가면서 동시대의 문학을 읽고 즐기는 행위가 문학사적 실천의 성격을 가지는 것은, 동시대의 문학을 접하는 것 자체가 가치 판단에 따른 선택의 결과이기 때문이다. 그리고 이러한 문학 활동은 객관적인 사실이 아닌 주관적인 형태로서의 문학사가 그 본질을 발현하는 실천적 계기로 자리하게 된다.

4. 맺음말

문학사 교육의 일의적인 의미는 문학사'를' 교육하는 것으로 이해될 수 있다. 그것은 과거에 존재했던 文學事를 일정한 준거에 따라 질서화한 결과물을 전수하는 일이다. 이것은 사실 자체에 대한 앎의 폭과 깊이를 확보해 가는 과정이다.

그러나 문학사 교육이라고 해서 문학사'를' 교육한다는 단일한 의미로 제한할 필요는 없다. 그것은 오늘날 철학 교육의 현실과 매우 유사하다. 철학이 개별 교과로 설정되어 있든 그렇지 않든 우리는 교육의 제 국면에서 철학과 만나게 된다.

예컨대 우리가 김유정의 <봄봄>을 읽는 경우를 상정해 보기로 하자. 점순이와 결혼하겠다는 일념으로 그 집의 일꾼 노릇을 하고 있는 '나'는 오직 그날이 오기만을 기다린다. 그러나 자신이 장인으로 대접하고 있는 영감에게 '나'는 다만 세 번째로 들여온 사위 후보감에 지나지 않는다. 그는 언제든지 다른 머슴과 교체될 수 있는 임시적인 일꾼일 뿐이며, 영감은 오직 값싸게 일꾼을 부리겠다는 욕심으로 점순이를 내세워 '나'를 붙잡아 둔 것이다. 점순이의 부추김에 힘을 얻어, 첫째 딸을 시집보내면서 이미 열네 명의 사윗감들을 공짜 머슴으로 부려먹은 영감과 담판을 짓는 '나'의 욕망은, 영감의 '세 번째 후보'가 아니라 '사위'가 되는 것이며, 점순이에게 '몸짓'이 아닌 '의미'가 되고자 하는 것이다. 이러한 욕망은 '나'에게만 있는 것이 아니다. 인간이라면 누구나 주민등록 번호, 군번, 학번으로 기호화되지 않고, 고유한 이름으로 남고자 하는 욕망을 가지는 것이다(김영민 외, 1997).

김유정의 <봄봄>을 이런 방식으로 읽어내는 것은 철학적 문학 활동이 될 것이다. 그런 점에서 이것은 철학 교육의 실천이기도 하다. 문학사 교육 또한 대상으로서 문학사를 교육한다는 의미로서가 아니라, 문학사적으로 문학을 가르친다는 의미로 그 자장을 넓힐 수 있다.

또한 여러 교과를 통해 철학적 사유를 경험한 학습자가 개인의 철학을 지니게 되듯이, 문학교육을 받은 학습자라면 누구나 개인의 문학사를 형성하게 된다. 그리고 세 살짜리 아이에게도 나름대로의 철학이 있고, 인간이 평생을 살아가면서 자신만의 고유한 철학을 형성하듯이, 우리는 동시대의 문학을 접하면서 자신만의 고유한 문학사를 형성하게 된다. 이것 또한 문학사 교육의 주요한 양상이라 할 수 있다.

이상의 논의는 결국 문학사 교육의 의미망을 확대해야 한다는 주장으로 귀결되었다. 문학사가 자체적으로 가치가 있고, 그것을 교육하는 일 또한 중요한 일임이 분명하다. 그러나 문학사가 단일한 교과로서의 구조를 갖지 않고, 국어교육 혹은 문학교육의 범주 내에 위치하고 있다는 점에서, 문학사 교육은 필연적으로 자체의 논리를 벗어날 필요가 있다. 문학사 교육의 의미망 확대가 필요한 것은 바로 이러한 이유에서이다.

1부 참고문헌

문학 지식과 국어교육

김대행 외(2000), 『문학교육원론』, 서울대출판부.

노명완(1988), 『국어교육론』, 한샘.

박인기(2002), 「문화적 문식성의 국어교육적 재개념화」, 『국어교육학연구』 15, 국어교육학회.

염은열(2002), 「광고 교육을 위한 문학 지식의 변용 가능성」, 『국어교육학연구』 15, 국어교육학회.

조희정(2004), 「고전 리터러시 교육을 위한 새로운 구도」, 『국어교육학연구』 21, 국어교육학회.

정재찬(2000), 「21세기 문학교육의 전망」, 『문학교육학』 제6호, 한국문학교육학회.

최지현(2005), 「중등학교 문학교육과정 설계를 위한 교육과정용어 선정 및 범주화에 관한 연구(Ⅰ)」, 『문학교육학』 17, 한국문학교육학회.

허경철 외(2001), 「지식 생성 교육을 위한 지식의 성격 분석」, 『교육과정연구』 Vol. 19, No. 1, 한국교육과정학회.

Carter, Ronald & Michael N. Long(1991), *Teaching Literature*, Longman.

Ennis, John F.(1994), "Cultural Literacy", *English Studies and Language Arts*(ed. Alan C. Purves) ; New York, National Council of Teachers of English.

Goodwyn, A.(1992), *English Teaching and Media Theory*, Open University Press.

Polanyi, M, 표재명・김봉미 역, (2001), 『개인적 지식』, 아카넷.

Reboul, Olivier, 홍재성・권오룡 역, (1994), 『언어와 이데올로기』, 역사비평사.

'감정이입'의 국어교과학

김대행(2002), 「내용론을 위하여」, 『국어교육연구』 10, 서울대 국어교육연구소.

김대행(2000), 『문학교육 틀짜기』, 역락.

김문환 편(1989), 『미학의 이해』, 문예출판사.

김수업(1994), 『국어교육의 원리』(4판), 청하.
김종서 외(1999), 『교육과정과 교육평가』(개정판), 교육과학사.
노명완·박영목·권경안(1988), 『국어과 교육론』, 갑을출판사.
도정일(1994), 『시인은 숲으로 가지 못한다』, 민음사.
이돈희(1993), 『교육적 경험의 이해』, 교육과학사.
이성영(2000), 「표현 의도의 표현 방식」, 박갑수 외, 『국어 표현·이해 교육』, 집문당.
이인건(1997), 『커뮤니케이션과 자아실현』, 부산외대출판부.
이창덕 외(2000), 『삶과 화법』, 박이정.
이홍우(2000), 『교육과정탐구』(증보 12판), 박영사.
전은주(1999), 『말하기·듣기 교육론』, 박이정.
최미숙(2001), 「공감적 시 읽기와 비판적 시 읽기」, 김은전 외, 『현대시 교육의 쟁점과
        전망』, 월인.
Horkheimer, M. & T. W. Adorno, 김유동 외 역(1995), 『계몽의 변증법』, 문예출판사.

문학교육과 언어적 경험 • • •

고광수(2005), 「문학 감상의 경험 교육적 성격에 대한 예비적 고찰」, 『문학교육학』 16,
        한국문학교육학회.
강현석·이경섭(1999), 「교육과정 설계상의 주요 쟁점 분석」, 『교육과정연구』, 한국교
        육과정학회.
김대행 외(1986), 『고려시가의 정서』, 개문사.
김대행(2002), 「내용론을 위하여」, 『국어교육연구』 10, 서울대 국어교육연구소.
김상욱(2001), 「초등학교 아동문학 제재의 위계화 연구」, 『국어교육학연구』 12, 국어
        교육학회.
김종서 외(1999), 『교육과정과 교육평가』(개정판), 교육과학사.
김중신(1994), 「소설 교재의 위계화 가능성에 대한 고찰」, 『국어교육연구』 창간호, 서
        울대학교 국어교육연구소.
김중신(1995), 『소설감상방법론 연구』, 서울대출판부.
류수열(2006), 「문학 지식의 교육적 구도」, 『국어교육학연구』 25, 국어교육학회.
박인기(1997), 「문학교육과정의 평가」, 우한용 외, 『문학교육과정론』, 삼지원.
양은주(1999), 「듀이의 자연주의적 형이상학에 근거한 '교육적 경험'의 원리」, 『교육철
        학』 Vol.22 No.1, 교육철학회.
염은열(2003), 「문학교육과 학습자의 발달 단계」, 『문학교육학』 11, 한국문학교육학회.
유종호(1989), 『문학이란 무엇인가』, 민음사.

윤여탁(1998a), 「현대시 제재의 교육적 위계화」, 『시교육론 Ⅱ』, 서울대학교출판부.
윤여탁(1998b), 「문학 교재 구성을 위한 현대시 정전 연구」, 『국어교육연구』 5, 서울대
       학교 국어교육연구소.
이돈희(1993), 『교육적 경험의 이해』, 교육과학사.
이홍우(1992), 『교육과정탐구』(증보판), 박영사.
이삼형 외(2003), 『국어교육 연구의 반성과 전망[내용·방법]』, 역락.
이해명 편역(2000), 『교육과정 이론』, 교육과학사.
이홍우(2000), 『교육과정탐구』(증보 12판), 박영사.
정재찬(2004), 『문학교육의 현상과 인식』, 역락.
최지현(2005a), 「중등학교 문학교육과정 설계를 위한 교육과정용어 선정 및 범주화에
       관한 연구(Ⅰ)」, 『문학교육학』 17, 한국문학교육학회.
최지현(2005b), 「국어과 교육과정과 문학교육과정」, 『문학교육학』 18, 한국문학교육학회.
한윤옥 외(1999), 『상황별 독서 목록 : 아동·청소년 편』, 한국도서관협회.
황혜진(2006), 「가치 경험을 위한 소설교육 내용 연구」, 서울대대학원 박사학위 논문.
Applebee, Arthur N.(1994), "Curriculum in the English Language Arts", *English
       Studies and Language Arts*(ed. Alan C. Purves) ; New York, National
       Council of Teachers of English.
Carter, Ronald & Michael N. Long(1991), *Teaching Literature*, Longman.
Chatman, Seymour, 김경수 역(1990), 『영화와 소설의 서사구조』, 민음사.
Spiro, J.(1991), "Assessing Literature : Four Papers", *Assessment in Literature Teaching*
       (ed. C. Brumfit), Modern English Publ.

지역문화와 국어교육 • • •

『고려사 악지』.
『대동운부군옥』.
『동국여지승람』.
『신증동국여지승람』.
『악학궤범』.
『용성속지』.
『고등학교 교육과정 해설-② 국어』(교육인적자원부, 2001).

강명관(2006), 『옛글에 빗대어 세상을 말하다』, 길.
강진모(2002), 「<고본 춘향전>의 성립과 그에 따른 고소설의 위상 변화」, 연세대 석

　　　　　사학위논문.

김병국(1995), 「희극적 구조로 본 『춘향전』」, 『한국고전문학의 비평적 이해』, 서울대출판부.

김수남(2003), 「"춘향영화"의 제작사와 양식적 특징에 대한 고찰」, 『공연문화연구』 6, 한국공연문화학회.

김수업(2001), 「지역 언어 문화와 국어교육」, 『국어교육학연구』 13, 국어교육학회.

김영순 외(2006), 「문화콘텐츠를 활용한 지역문화 교육 방안 연구」, 『인문콘텐츠』, 7, 한국인문콘텐츠학회.

김종철(1986), 「춘향전의 근원 설화」, 장덕순 외, 『한국문학사의 쟁점』, 집문당.

김종철(1994), 「봄향기의 행로를 따라―춘향전 산책」, 『민족문학사연구』 5, 민족문학사연구소.

김종철(2005), 「정전으로서의 『춘향전』의 성격」, 『선청어문』 33, 서울대학교 국어교육과.

김혜영(2001), 「지역문학과 국어교육」, 『국어교육학연구』 13, 국어교육학회.

김흥규(1993), 「춘향, 천의 얼굴」, 김병국 외 편, 『춘향전, 어떻게 읽을 것인가』, 춘향문화선양회.

나정순(2005), 『우리 고전 다시 쓰기』, 삼영사.

나정순(2008), 『고전시가의 전통과 현재성』, 보고사.

서철원(2008), 「백제 문화권의 <정읍사>와 고려속요의 기원」, 『국어문학』 44, 국어문학회.

양태순(1986), 「정읍사는 백제 노래인가」, 장덕순 외, 『한국문학사의 쟁점』, 집문당.

염은열(2008), 「교육의 관점에서 본 고전시가 해석의 다양성―<정읍사>를 사례로」, 『한국시가연구』 24, 한국시가학회.

윤영실(2008), 「최남선의 근대 '문학' 관념 형성과 고전 '문학'의 수립」, 『국어국문학』 150, 국어국문학회.

윤영옥(2000), 『한국의 고시가』, 문창사.

이경엽(2001), 「지역문화와 국어교육」, 『국어교육학연구』 13, 국어교육학회.

이사라(1985), 「정읍사의 정서 구조」, 김대행 외, 『고려시가의 정서』, 개문사.

이진원(2005), 「판소리 춘향가의 현대적 재창조에 관한 연구」, 『판소리연구』 19, 판소리학회.

임동권(1964), 『한국민요사』, 문창사.

임재해(2002), 『지역 문화, 그 진단과 처방』, 지식산업사.

임칠성(2001), 「지역어와 국어교육」, 『국어교육학연구』 13, 국어교육학회.

임형택(1992), 「<정읍사>론」, 『한국고전시가작품론』, 집문당.

조성욱(1999), 「교육과정의 지역화와 지역 학습의 역할」, 『사회과학교육』 3, 서울대학교 교육종합연구원 사회교육연구소.

조성욱(2004), 「지역 인식과 지명의 역할」, 『지리교육논집』 48, 서울대 지리교육과.
조희정(2005), 「교과서 수록 고전 제재 변천 연구」, 『문학교육학』 17, 한국문학교육학회.
지헌영(1979), 「정읍사 연구」, 국어국문학회 편, 『고려가요연구』, 정음사.
천정환(2003), 『근대의 책읽기』, 푸른역사.
허창수(2008), 「나의 삶, 자기성찰, 그리고 통합교육과정」, 『교육과정연구』 24권 4호, 한국교육과정학회.
황혜진(2007), 「문학을 통한 인문지리적 사고력 교육의 가능성 탐색」, 『고전문학과 교육』 13, 한국고전문학교육학회.
이푸 투안, 구동회 외 역(1995), 『공간과 장소』, 대윤.
http://www.itkc.or.kr(한국고전번역원).

문학사와 국어교육   • • •

구인환 외(1988), 『문학교육론』, 삼지원.
김대행(1998), 「노래자랑과 국어교육」, 『선청어문』 26, 서울대학교 국어교육과.
김대행(1998), 「문학교육론의 시각」, 『문학교육학』 제2호, 한국문학교육학회.
김복희(1986), 「청산별곡의 신화적 의미」, 김대행 외, 『고려시가의 정서』, 개문사.
김상욱(1995), 「전후 소설의 교육적 해석 방법론」, 구인환 외, 『한국 전후문학 연구』, 삼지원.
김상욱(1996), 「문학교육의 이념과 목표」, 우한용 외, 『문학영역 교육과정 내용의 체계화 연구』, 서울대학교 국어교육연구소.
김수업(1989), 『국어교육의 원리』, 청하.
김윤식 · 김현(1973), 『한국문학사』, 민음사.
김중신(1997), 『문학교육의 이해』, 태학사.
김영민 외(1997), 『소설 속의 철학』, 문학과지성사.
노진한(1998), 「문학사의 문학교육적 의의」, 『국어교육』 97, 한국국어교육연구회.
임인식(1940), 『문학의 논리』, 학예사.
조영태(1998), 『교육내용의 두 측면 : 이해와 활동』, 교육과학사.
최두석(1992), 『리얼리즘의 시정신』, 실천문학사.
C. Ronald & Long Michael N.(1991), *Teaching Literature*, Longman.
Cox Brian(1991), *Cox on cox : An English Curriculum for the 1990's*, Hodders & Stoughton.
Jauβ, H. R., 장영태 역(1983), 『도전으로서의 문학사』, 문학과지성사.

II

문학교육의 외연과
국어교육

문학교육과 상상력

서사적 상상력의 범주와 자장

1. 인간과 서사와 상상력

이야기를 좋아하는 소년이 여기저기서 들은 이야기를 모조리 큰 자루에 집어넣고 주둥아리를 꽁꽁 묶어 놓았다. 거의 무한한 이야기가 자루 속에 갇히게 되었다. 이 소년이 장성하여 장가를 가게 되었다. 이제 그는 '이야기 주머니'에 관심이 없다. 그 자루는 대청 대들보에 대롱대롱 매달려 있을 뿐이다. 자루 속에 구속되어 있는 '이야기'들은 주인에게 복수하기로 했다. '이야기'들은 毒水, 毒牙, 毒蛇 등으로 변하여 젊은 신랑을 죽이려 했다. 그러나 충직한 신랑의 하인으로 인하여 그 복수는 실현되지 못했다.

이 이야기는 흔히 '이야기 주머니'라는 제목으로 전승되는 민담이다. 일종의 메타민담(meta-folklore)이라 할 수 있는 이 이야기는, 인간에게 있어 이야기가 본능에 가까움을 말해준다. 이 이야기는 세부적으로 서사문학의 다양한 갈래 중의 하나인 민담에 속하지만, 이야기의 본능은 서사 문학 전반의 층위에도 여전히 유효하다 할 것이다.

넓게 보아 모든 텍스트는 이야기(story)이다. 그 허다한 텍스트 중에서도 가장 이야기다운 이야기는 서사 텍스트이다. 툴란(Michael J. Toolan, 1993 : 15~16)에서는 전기와 자서전, 역사에 관한 텍스트들, 뉴스 스토리와 그 밖의 매체에서의 형태들, 사적인 편지와 일기, 소설, 스릴러물과 로망스, 내과 환자의 내력, 학교 기록부, 연례행사, 경찰의 사건 기록, 일년간의 공연 일지 등등을 서사의 예로 들었다. 서사 문학은 이들 모든 장르들을 포괄하기에는 다소 벅찬 감이 없지 않은 말이지만, 중요한 것은 서사의 원리가 이처럼 우리가 세계를 인식하고 그것을 언어로 표현하고 이해하는 기본적인 원리라는 점이다. 뿐만 아니라 구술 서사물도 우리의 삶 도처에 도사리고 있다. 구술 서사물 역시 그 중요성의 근거는 기술 서사물과 다르지 않다.

넓게 보는 시야를 유지한다면, 모든 사고력은 상상력이라 할 수 있다. 부모를 잃은 고아의 슬픔에 공감할 수 있는 능력은 물론이요, 할리우드 영화에서 주인공이 끝까지 살아남아 정의를 지켜주기를 바라는 간절함도 상상력을 바탕으로 이루어진다. 심지어 지구에 중력이 작용하고 있다는 역사적 발견도, 지구와 유사한 자연 조건을 갖춘 화성에 생물체가 살고 있을 것이라는 과학적 추론도 상상력을 바탕에 깔고 있는 사고 작용이다.

그만큼 서사도 상상도 인간 보편의 삶에 밀접하게 다가와 있다. 사정이 이러하고 보면, 서사적 상상력이라는 조어는 결국 인간의 삶의 본질과 밀착된 지극히 근원적인 그 무엇을 드러내 주는 말이 아닐까? 왜 인간은 서사를 하며, 왜 상상을 하는가? 이러한 질문을 캐다 보면 필시 인간의 본성과 만나게 되지 않을까 하는 것이다.

잠정적으로나마 그 본성을 꿈이라고 해 두자. 인간이라면 누구나 꿈을

꾼다. 현실을 도피하기 위한 방편이든 현실을 극복하기 위한 싸움이든, 인간은 꿈을 꿀 수 있기에 살 수 있다. 꿈의 방향과 내용은 제각기 다를 수 있다. 과거의 상태가 온전히 회복되기를 바라기도 하고, 더 나은 미래가 다가오기를 기대하기도 한다. 자신이 변하기를 바라고, 세계가 바뀌기를 기대한다. 중요한 것은 인간이 무엇인가를 끊임없이 추구하는 존재라는 점이다. 상상은 바로 추구하는 존재로서의 인간에게 필연적인 존재 방식이 된다.

그리고 서사란 그 꿈꾸는 바를 이야기하는 것에 다름 아니다. '나'와 '우리'가 서있는 자리가 궁금하고, '세계'가 걸어온 길과 걸어갈 길을 알고 싶은 것이다. 우리가 살고 있는 이 땅이 어떻게 생겨났는지를 밝혀내고, 하늘은 왜 홍수로써 이 세상을 파괴하는가를 설명한다. 바위 한 덩어리가 어찌해서 그 자리에 놓이게 되었는가, 풀 한 포기는 어떻게 해서 이런저런 이름을 갖게 되었는가를 해명한다. 성질이 괴팍한 우리 동네 김씨는 어떻게 살다 갔는가, 나는 또 어떠한 사정으로 이 자리에 있게 되었나를 풀어낸다. 그것은 기원과 내력에 대한 설명이면서, 미래에 대한 소망의 투사이기도 하다. 그래서 우리는 끊임없이 서사를 듣고 말하며 읽고 쓰는 것이다.

이러한 경개를 염두에 두고, 서사적 상상력의 여러 국면과 정체를 살펴보기로 한다. 이를 위해서 서사물이 본질적으로 가지는 몇 가지 요소를 분석하면서, 각각의 요소에서 상상력이 작동하는 방식을 검토해 보고, 서사적 상상력이 신장될 수 있는 구체적인 방안을 모색해 보는 순서를 밟을 것이다.

2. 서사의 요소와 상상력

(1) 서사를 이루는 요소들

서사를 문학의 한 갈래로 보는 한, 우리는 그것이 형상(形象)이라는 점을 상기해야 한다. 세계는 이미 어떤 구체적이고도 무질서한 형상으로 존재한다. 그런데 이 세계를 우리가 인식할 때는 개념적으로 추상화할 수도 있는데, 이를 가리켜 우리는 과학이라고 한다. 그런가 하면 무질서하게 흩어져 있는 형상을 질서화하여 또 다른 구체적 상을 지닌 형상으로 구체화할 수도 있다. 이를 가리켜 우리는 통상 예술이라 한다. 이러한 구분에 따르면, 예술적 상상력은 대상을 설명하려 하지 않고 다만 보여주고자 하는 근원적인 경향성을 갖는다. 서사 문학은 이러한 예술적 형상화의 한 특수한 갈래로 볼 수 있다.

서사는 기본적으로 하나의 이야기이다. 상식적인 수준에서, 서사가 이야기인 한 여기에는 기본적으로 미디어와 메시지가 있어야 한다. 문자가 없었던 시대의 미디어는 당연히 음성 언어였고, 문자가 발명되고 인쇄술이 널리 전파된 이후에는 문자 언어가 지배적인 미디어가 되었다. 오늘날에는 과학 기술의 발달과 더불어 영상이 미디어의 주류로 편입하고 있다. 미디어는 자체적으로도 메시지이기도 하지만, 필연적으로 특정한 메시지를 함축할 수밖에 없다. 여기에 더하여 연쇄적인 몇 가지 사건을 필요로 한다. "눈꽃이 핀다."라는 하나의 사건은 차라리 서정에 가깝다. 그것이 서사가 되기 위해서는 전후에 일어나는 몇 개의 사건이 연쇄를 이루어야 한다. 또 그 사건을 이끌거나 참여하는 인물들과, 사건이 펼쳐지는 배경이 있어야 한다. 그리고 이 모든 요소들을 지배하는 이야기꾼, 즉 서술자가 있게 마련이다.

그러면 이와 같은 요소들은 전체 서사 구조에서 어떻게 연관되는가? 이에 대해서는 서사물을 하나의 기호학적 구조로 보고 있는 채터먼(S. Chatman)의 관점이 적절하고도 유효한 설명을 해 줄 수 있을 듯하다. 그는 구조주의적 전통에서 서사의 '무엇'을 '이야기(story)'로, '어떻게'를 '담화(discourse)'로 상정하였다(S. Chatman, 김경수 역, 1990). 옐름슬레우(Louis Hjelmslev)식으로 단순화하자면 이야기는 내용(contents)에, 담화는 표현(expression)에 상응한다. 여기에 다시 그의 방식대로 형식(form)과 질료(substance)를 횡적으로 대입하면, 다음과 같은 체계가 성립된다.

	이야기/내용	담화/표현
형 식	사건적 요소(행위, 우발적 사건) 사물적 요소(인물, 배경)	서사적 전달의 구조
질 료	작가의 문화적 코드에 의해 수용되기 이전의 사람과 사물들	현시 매체(언어, 영화, 발레, 판토마임 등)

사건적 요소와 사물적 요소는 서사물의 플롯을 형성한다. 다시 말해 사건과 인물, 사건과 배경이 결합하여 일련의 사건을 형성한 것이 플롯이다. 서사적 전달의 구조는 결과적으로 전달자, 즉 서술자의 문제로 귀결된다. 시점의 문제도 자연스럽게 여기에서 추출된다. 작가의 문화적 코드에 의해 수용되기 이전의 사람과 사물들이란 세계 그 자체로서, 작가의 고유한 안목이나 주제 의식에 의해 재가공되어 이른바 주제를 형성하는 근원적인 요소이다. 현시 매체는 물리적 수단이다. 그러나 종종은 단지 수단에 머물지 않고 그 자체로도 독립적으로 존재할 수 있다. 그것은 세계를 지시하거나 상징하는 기호이기 때문이다.

이렇게 해서 서사의 중요한 요소로 플롯, 서술자 / 시점, 주제, 매체를 꼽아 보았다. 물론 이들 요소가 특별히 서사를 위해서만 고안된 고유한 장치는 아니다. 예컨대 시(서정)와 극에서도 이들 요소는 모습을 달리하여 작용하게 된다. 그리고 이러한 요소들은 물론 독자적으로 존재할 수는 없다. 서사물의 전체 구조에서 유기적으로 얽혀 있는 것이다. 그렇기는 해도 편의상 이 요소들을 일단은 개별적으로 분리하여 본격적으로 논의하기로 한다.

(2) 플롯의 인과성과 주제의 발견

같은 형상화이되, 서사는 시간 인식을 본질로 한다는 점에서, 공간 인식을 본질로 하는 묘사와 구별된다. 묘사에서 공간 전체와 부분, 상하좌우의 부분과 부분의 공간적 관계가 충분히 감각화되어야 하듯이, 서사에서는 사건의 전체와 그 부분, 선행 사건과 뒤에 오는 사건 사이의 시간적 관계가 설정되어야 한다. 이를 우리는 통상 스토리라고 한다. 뒤집어 말하면 시간적으로 연속된 몇 개의 에피소드를 나열하는 것만으로도 우리는 서사를 성립시킬 수 있다.

세계는 대체로 시간과 공간, 그리고 운동이라는 세 가지 조건에 의해 우리에게 인식된다는 것이 변증법의 기본적인 입장이다. 세계는 현상적으로는 무질서하게 존재한다. 현상적인 무질서의 이면에 놓여 있는 본질을 알기 위해서는 여기에 질서를 부여해야 한다. 그 질서 부여의 방식이 위의 세 가지이다. 우리가 세계상을 시간적 순서대로 인식하는 것은 지극히 자연스럽다. 가령 다음과 같이 순서 없이 배열된 네 컷의 그림도 우리의 사리 판단에 의해 시간적 순서에 맞게 재배열될 수 있다.

　현재 놓여 있는 순서대로의 이야기가 무질서하고 부조리하다는 판단
은 일차적으로 개인의 체험에 근거한다. 여기에 질서를 부여하여 조리
있게 연결하기 위해서는 자신의 체험에 조회하는 능력이 필요하다. 그
능력 또한 상상력의 일종이라 할 수 있다. 상상은 현재의 감각 너머에
있는 상을 구성해내는 일이라는 점에서, 넓은 의미로는 과거의 기억 속
에 저장되어 있는 심상을 재생하는 것도 포괄하기 때문이다. 그리고 상
상은 여기에서 그치지 않고, 이를 다른 장면이나 상황에 유추하는 것으
로 나아가게 된다. 이 사건이 '3 → 2 → 4 → 1'로 연속됨을 인식하게 되
는 것은 그러한 유추의 결과이다.

　그런데 사건들의 기계적 나열은 단순한 감각 차원의 작업에 불과하다.
부분과 부분을 종합하여 하나의 전체를 만든다는 것은 새로운 의미를 창
출하는 일에 다름 아니다. 다시 말해 부분과 부분을 포괄할 수 있는 중
심적인 의미를 형성할 수 있어야 하는 것이다. 이를 위해서 그 시간적
관계의 핵심에 인과적 계기성을 놓는다. 이를 플롯이라 부를 수 있다. 플
롯은 인과적 계기에 따라 부분적인 사건들을 재구성하여 전체를 만드는
것이다. 서사적 상상력은 작은 사건들의 인과적 계기를 창출하는 국면에
서 발동된다. 포스터(E. M. Forster)의 고전적인 예시를 통해 보면, "왕이
죽었다. 그리고 왕비가 죽었다."라는 스토리를, "왕이 죽었다. 그 슬픔으
로 왕비가 죽었다."라는 플롯으로 바꾸는 힘이 상상력이다. 이때의 상상

력은 단순히 과거의 기억을 재생하는 힘에 그치지 않고, 새로운 것을 창조하는 힘으로 나아간다. 장르적 관습으로는 서정의 범주에 속하는 백석의 <여승>이라는 시도, 이른바 '이야기시'라는 범주에서 보면 강한 응집성을 가진 한 편의 이야기라 하겠는데, 여기에 응집성을 부여하는 것이 바로 상상력인 셈이다. 사건의 개연성이란 결국 이야기가 갖추어야 할 응집성의 다른 이름이라 할 수 있다.[11]

　서사 텍스트의 플롯은 독자로 하여금 이야기에 대해 지적 흥미를 갖게 하는 요소이다. 독자는 인과성을 추적해 가는 과정에서는 긴장감을 가지게 되며, 인과성의 고리가 완전히 연결되었을 때에는 해소감을 얻게 된다. 그리고 인과성에 따라 예상하지 못했던 사건이 돌출될 때에는 놀람을, 예상대로의 사건이 등장할 때에는 발견의 기쁨을 경험하게 된다.

　시간적 인과성에 의해 엮어진 담화는 결과적으로 역사가 된다. 공교로운지 당연한지는 모를 일이되, 프랑스어 histoire가 '이야기'와 '역사'의 의미를 동시에 갖고 있음을 상기해도 좋겠다. 역사란 결국 기원과 내력을 밝힌 사연이다. 가령 울산에 있던 바위가 풍경이 좋은 금강산으로 거처를 옮기려고 날아갔다가 자리가 없어서 되돌아오던 중, 설악산 풍경에 감탄하여 그대로 내려앉았다는 울산 바위의 전설은 그 적절한 사례이다. 그 바위가 왜 그 자리에 자리 잡게 되었는가, 그리고 허다한 설악산 바위 중에 하필 그 바위가 '울산 바위'라는 이름을 얻게 되었는가 하는 기원과 내력에 대한 사연이다.

　사건이 플롯을 이루기 위해서는 인물이나 배경과 결합해야 한다. 소설이든 영화든 인물[12]은 구체적이고 개별적이다. 특정한 인물의 성격을 규

---

11) 가령, 시간적 질서에 의해 구성되어 있는 송강(松江)의 <관동별곡(關東別曲)>을 서사로 보지 않는 것은, 구체적인 인물들과 배경이 만나 만들어내는 사건이 없기 때문이며, 그 사건들이 인과적 계기에 의해 선후 관계를 맺고 있지 않기 때문이다.

12) 인물이라는 용어는 흔히 성격과 구분되어 쓰이기도 한다. 인물이 외적으로 드러난 대상

정할 수 있는 것은 일일이 제시되는 그의 언행을 통해서이다. 인물의 언
행은 인물의 자질에서 비롯되는 것이고, 인물의 자질은 사건을 야기하는
요소가 된다. 춘향이 변학도에게 처절한 벌을 받으면서 거기에 죽음을
걸고 저항하는 사건은, 춘향이 사랑의 가치를 믿고 '일부종사(一夫從事)'라
는 이념을 체화한 인물이었기 때문에 일어날 수 있었던 것이다.

　극에서도 마찬가지이지만, 소설이나 영화의 인물의 성격은 개성과 전
형이라는 모순된 양면성을 지니게 된다. 개성적이고 생생한 인물일수록
실은 그가 소속되어 있는 계층, 성, 직업 등의 보편적 특징을 가장 잘 대
변해 줄 수 있는 것이다. 그것은 현실에서도 그러하다. 융(C. G. Jung)의
말대로, 제화공이나 시인이나 사회는 모든 개인이 자기한테 지정된 배역
을 아주 훌륭히 완수하도록 기대하는 것이다. 개인은 또한 그러한 기대
에 자신을 최대한 맞추어 가며 살아가게 된다. 서사는 이러한 개인들의
삶을 시간적 계기에 의해 그려내는 것이다. 흔히 소설을 가리켜 인생의
탐구라거나 인간성의 창조라고 하는 이유가 여기에 있다. 구술 문화 시
대의 불특정 언중들도, 문자 문화 시대의 작가들도 결국은 인간이 지니
는 이러한 본질에 기대어 인물을 형상화해 낸 것이다.

　그런데 서사 문학 속의 인물들은 구체적으로 실존하는 역사적인 인물
이 아니라, 그러한 인물의 표상(representation)으로 보아야 한다. 왜냐하면
이미 그들은 작가의 눈이라는 하나의 렌즈를 통과하면서 굴절된 결과이
기 때문이다. 굴절의 과정을 거치면서 인물은 선택적으로 강조되고 단순
화되며, 심지어 과장되기까지 하는 것이다. 인물이 어디까지나 표상이기
때문에 우리는 거기에 동화될 수 있다. 춘향만 춘향이 아니라 모든 사람
들이 춘향이 될 수 있고, 놀부만 놀부가 아니라 모든 사람이 얼마간은

　을 말한다면, 성격은 인물의 내적인 속성이나 자질을 말한다. 그러나 두 용어는 같은 대
　상의 표리를 말한 것이므로, 여기에서는 구별하지 않는다.

놀부일 수 있는 것이다. 햄릿의 우유부단함도 돈키호테의 저돌성도 그러하다. 성격만 그러한 것이 아니라 인물들이 대면하게 되는 삶의 국면도 마찬가지이다. 가령 인력거꾼 '김첨지'가 만나게 되는 기막힌 운수의 아이러니가 나의 아이러니가 될 수 있는 셈이다. 그리하여 서사문학 특히, 인생의 탐구 혹은 인간성의 창조로서의 소설은 가장 효과적인 도덕적 상상력의 자극물로 기능한다. 현실이 제도적·인습적 교육이 가르치는 당위와 얼마든지 다를 수 있음을 시사하면서, 독자로 하여금 자신의 삶을 반성케 함으로써 정신적 성장을 이끌어낼 수 있는 매우 훌륭한 장르인 것이다(유종호, 1989 : 296). 그것은 소설이 인간 삶의 다양성이 지니는 폭과 그 가치를 보여줄 수 있기에 가능한 역할이다.

그렇다면 우리는 왜 나 / 우리와 세계의 이런 저런 모습에 궁금해하고 호기심을 갖는가? 다시 말해 왜 상상을 하는가? 그것은 서두에서 잠깐 언급한 대로, 인간이 상상을 한다는 것은 인간이 무엇인가를 추구하는 존재라는 사실과 관련된다. 문학은 사실 인간의 추구 행위 중에서도 지적인 추구의 전형적인 방법이자 결과이다. 이 땅은 어떻게 생겼는가, 천둥은 왜 치는가, 비가 올라치면 청개구리는 왜 우는가, 칠월칠석에 까치 대가리는 왜 벗겨져 있는가 등등 삼라만상에 대한 지적 호기심은 서사를 창조해 내는 원동력이다.

그런데 이러한 호기심을 풀어내는 재료는 결국 인간의 삶의 지향과 가치의 반영이었다. 자연물, 인생의 진리, 인간이 보편적으로 추구하는 가치 등 이 모든 것은 인간의 관심사가 된다. 서사란 여기에 해석을 가하고 이유를 밝히며, 그 기원을 풀어낸 것이다. 풀 한 포기, 돌 하나와 같은 사소한 자연물은 물론이고, 사랑이니 성이니 하는 원초적인 제재, 인간과 인간의 관계 등등이 모두 추구의 대상이 된다. 소설을 인생의 표현이니 인간의 탐구니 하는 것은 서사의 이러한 자질과도 무관하지 않다.

예컨대, '울산 바위'의 전설이 우리의 삶의 문제일 수 있는 것은, 수려한 풍광을 접하면서 느끼는 감동이 인간 보편의 정서이기 때문이다. 우리 조상들은 비가 오려는 조짐이 있을 때 청개구리가 우는 사연을 불효 자식의 한탄으로 풀어냈다. 그러한 사연이 과학적 사실과 부합하는가 하는 것은 논외의 문제이다. 중요한 것은, 그것이 우리들의 삶의 지향과 가치를 반영한 이야기이고, 이것이 언중들의 공감을 얻어서 전승되고 전파된 하나의 사연이라는 점이다. 청개구리의 울음 자체는 하나의 자연 현상에 불과하지만, 그 자연 현상을 인간의 삶의 문제로 초점화하여 특정한 사연으로 엮어내는 힘이 바로 상상력이다. 마찬가지로 나는, 우리는 왜, 어떻게 살고 있는가 혹은 살아야 하는가, 세계는 어떻게 존재하며, 어떻게 바뀌어야 하는가 하는 질문에 답을 하다보면 서사가 형성된다. 그런 점에서 삶의 진실로 귀결되지 않는 상상력은 생명력을 잃은 허황한 공상으로 흐를 가능성이 많다.

(3) 서술자와 시점, 그리고 언어

예술 속에 재현된 사물이란 언제나 두 개의 '왜현(歪現) 렌즈(distorting lens)'를 통과한다고 한다. 그것은 예술가의 마음과 그의 표현 매체이다(Arthur Koestler, 1967 : 333~334). 작가나 화가가 현실을 있는 그대로 복사하지 못하는 것은 능력의 결여 때문이 아니라, 인간의 마음과 매체가 지닌 본성 때문이다. 시점은 이 두 개의 렌즈 중, 인간의 마음과 직접 연관된다.

아리스토텔레스는 문학의 진술 방식을, 시인이 그 자신의 인격으로서 말하는 경우와 시인이 그 자신의 창조물인 작중 인물로서 말하는 경우, 그리고 이상의 두 경우의 교체적 혼합으로 분류했다. 그가 장르를 서정과 극과 서사로 구분한 이래, 문학에 대한 모든 장르론적 관심은, 다소 간의 차이는 있을지언정 아리스토텔레스의 장르 체계를 벗어나지 않는다고 해도 과언은 아니다.

그런데 아리스토텔레스의 장르론은 실상 화법론에 다름 아니다. 그의 관심이 누구의 '인격'으로 말하느냐, 그리고 단일한가 혼합적인가에 집중되어 있음을 감안하면 이를 확인할 수 있다. 이런 점에서 시점은 누구의 목소리로 발화하는가의 문제로 귀결된다고 할 수 있다.13) 다시 말해 시점의 문제란 일차적으로 서사적 진술의 주체가 누구인가 하는 질문으로 요약된다고 볼 수 있는 것이다.

진술의 주체는 결국 1인칭과 3인칭으로 귀결된다. '내'가 직접 목격하거나 경험한 사건을 들려주거나, 제3자의 입장에서 이야기를 들려주게 되는 것이다. 그리고 서술자가 사건과 인물의 심리에 개입하는 정도에 따라 관찰과 분석으로 구분될 수 있다. 그러나 중요한 것은, 이러한 분류가 단지 이론적인 차원에서만 가능할 뿐이며, 작가가 이야기를 제시하는 방법의 선택 가능성은 실제로는 무한정하다. 부드(Wane C. Booth)가 시점을 일러 '종류의 선택이 아니라 정도의 선택'이라고 한 것도 이러한 시점의 실상을 말한 것이다. 그래서 작가들은 종종 보이는 그대로를 그려내기 위해서 일부러 어린이 서술자를 내세워 순진한 '척'하는 흉내 내기를 시도한다. 시점의 선택은 넓게는 삶의 진실을 효과적으로 드러내고, 좁게는 서사적 긴장을 효과적으로 유발하는 정도에 따라 결정된다. 이러한 차원의 시점을 우리는 지각적 시점(perceptual point of view)이라고 한다. 설악산을 보는 방향에 따라 그 풍모가 달리 보이는 것은 지각적 시점의

---

13) 시점(point of view)의 주체와 목소리(voice)의 주체는 다를 수 있기 때문에, 양자는 서로 구별되기도 한다. 그러나 두 개념이 동일한 뿌리를 가지고 있다고 판단하기에, 여기에서는 특별히 구분하지 않기로 한다.

차이로 설명된다.

그런데 시점이라는 말은 단지 지각적인 것만이 아니라, 비유적으로 그 의미를 확장할 수 있다. 그것은 삶의 태도나 세계관이다. 이러한 차원의 시점을 일러 개념적 / 관념적 시점(conceptual point of view)이라 한다. 개념적 시점은 그야말로 인간의 삶과 세계에 대한 작가의 태도를 가장 명확히 파악하게 하는 장치이다. 그것은 서술자의 직접적인 언술(diegesis)을 통해서나 인물의 말(mimesis)을 통해서나 두루두루 표명된다. 예컨대 <감자>의 주인공 복녀의 성장 과정과 그 남편의 게으름을 묘사하는 첫대목에서, 우리는 서술자의 목소리가 복녀의 처지를 애처로워하고 남편의 무능과 게으름을 질타하고 있음을 엿듣게 된다. 이 대목에서 인물을 평가하는 그의 시점은 삶에 대한 태도의 표명에 다름 아닌 것이다. 물론 현대 소설일수록 전지적 시점을 멀리하는 경향이 있긴 하지만, 관찰자적인 입장도 순전히 중립적·객관적일 수는 없기에 태도나 세계관의 표명은 피할 수 없는 것이다. 여기서 다시 '인간의 마음'이라는 왜현 렌즈의 존재를 확인할 수 있다.

지각적 시점 및 개념적 시점과는 약간 다른 차원에서, 이해 / 관심(interest)의 시점을 상정할 수 있다. 그것은 누구의 이해관계를 중심으로 이야기가 서술되는가 하는 문제이다. 설악산과 같은 자연물과는 달리, 인간의 삶이 형성되는 사회란 이해관계의 집합체이다. 관찰 대상이 이 이해 관계에 밀접하게 관련될수록 이를 객관적으로 바라보기란 점점 어렵게 된다. 이때의 관찰의 시선은 오히려 세계를 파악하는 데 장애가 된다. 니이체가 말한 대로 도덕적 현상이란 것은 없다. 다만 현상의 도덕적 해석이 있을 뿐이다. 이 말은 다시 인간의 마음이라는 왜현 렌즈를 뒷받침하는 부언이 된다. 한승원의 <연꽃 바다>에서 박달새의 목소리로 인간의 무자비한 욕망을 질타하는 것도 이해 / 관심의 시점에서 이해할 수 있다.

시점이라는 서사 요소를 설명하는 차원이 제각기 다르다 하더라도, 시점의 존재가 인물 요소와 더불어 시사하는 바는 인간이 그만큼 다양하다는 점이다. 인물이라는 요소가 특정한 자질을 가진 인간 개체의 다양성을 말해 준다면, 시점은 관점의 다양성을 말해 주는 것이다. 그리고 다양성의 폭과 그 가치를 보는 안목이 바로 상상력과 연관된다 하겠다.

물론 시점과 목소리라는 요소는 작가와 독자에게 동일한 문제가 아니다. 작가는 시점을 근거로 여러 제재를 통어하고 목소리를 통하여 인물이나 사건을 제시하게 된다. 말하자면 작가에게 있어서 시점과 목소리는 미적인 차원의 문제로 귀결된다. 독자에게는 시점과 목소리가 작품 속의 모든 것에 대한 인상을 좌우하는 요소가 된다. 그런데 세련된 독자일수록 시점과 목소리를 바꾸어볼 수 있는 능력을 발휘하게 된다. 즉 작가가 묘사한 그대로 상황과 인물을 수용하지 않고 거기에서 가급적 다른 목소리와 다른 관점을 발견하고자 애를 쓰는 것이다.

앞에서 언어는 작가의 마음과 함께 예술적으로 재현된 사물과 인물을 굴절시키는 왜현 렌즈라고 했다. 마치 화가가 단풍잎을 그릴 때 사용하는 도료가 자연 그대로의 색이 아니듯이, 구술 시대 이야기꾼의 목소리나 문자 시대 작가의 잉크는 음성과 음향을 그대로 녹음해서 들려주거나 냄새를 발산시킬 수는 없는 것이다. 따라서 음성 언어이거나 문자 언어이거나 간에 언어라는 매체는 사상을 그대로 모방할 수 없다.

더군다나 예술은 사상을 그대로 모방하는 데 목적을 두지 않는다. 실제의 소나기는 한랭 전선과 온난 전선이 만나서 형성되는 기류에 의해 낙하하는 물줄기이지만, 예술에서는 소녀와 소년이 밀착하면서 서로의 체온을 확인하게 하는 시간을 마련해 주기도 한다. 그리고 사상이 이러저러함을 보여주는 것이 매체이고, 이 매체를 통하여 우리는 사상이 이러저러러함을 발견할 수 있다.

　세계는 본디 연속적이다. 코와 볼의 물리적 경계는 없다. 줄기와 가지의 물리적 경계도 실상은 없다. 마찬가지로 전라도와 경상도의 물리적 경계도 없다. 그러나 인간은 코와 볼을 나누었고, 줄기와 가지를 나누었으며, 전라도와 경상도를 인위적으로 나누었다. 그리고 거기에 각각의 이름을 붙였다. 모든 언어가 그러하다. 걷기와 뛰기의 경계를 어느 정도의 속도로 정하겠는가. 이를 우리는 언어의 분절성이라 하거니와, 세계는 이름을 얻은 대로 존재하기도 하는 것이다. 작가는 이 분절된 언어들을 통하여 서술자 및 인물의 목소리를 내게 된다. 그래서 최시한의 <반성문을 쓰는 시간>에서는 '나'와 교사가 '놀이판'이냐 '놀자판'이냐 하는 문제로 갈등을 겪게 된다.

　다른 문학도 마찬가지이지만, 서사 문학에서는 대상을 직접적으로 말하지 않는다. 대신 형상으로 보여주는 것이 원칙이다. 조약돌의 물이 말라 있다는 진술로써 시간이 꽤 흘렀음을 보여주고(<소나기>), 길게 길러 둔 새끼손톱으로 코를 후벼서 저리 탁 튀긴다는 진술로 상대방에 대한 무관심을 암시한다(<봄봄>). 직접적이지 않고 간접적이기 때문에 긴장을 자아낸다. 그 긴장을 확인하고 해소하는 과정이 서사적 상상력의 작동 과정이기도 하다.

3. 서사적 상상력 교육의 목표와 신장 방안

　근대 이후의 서사 문학에서 그 주류가 소설임은 너무나 자명하다. 주류 정도가 아니라 유일한 서사 문학일 수도 있다. 그런데 이전의 제반 문학과 구별되는 소설의 소설다움은 '잡스러움'에 있다. '잡스러움'이란 삶의 다양성의 다른 이름이다. 삶의 다양성의 폭과 그 다양성의 가치를 공공연히 내세우는 장르가 소설이다. 거기에는 온갖 인물군상이 등장하여 천태만상의 삶의 세계를 구성하고 있는 것이다. 물론 그러한 다양성이 무난하게 이야깃거리로 소통될 수 있었던 것은, 중산 계급의 자유주의 및 개인주의 이데올로기의 폭넓은 이해력과 포용력 때문이었다. 조선조 후기에 몇몇 사대부들이 드러내놓고 소설류를 배격한 것은, 소설의 허탄(虛誕)한 구성과 부도덕한 인물 및 사건의 묘사 때문이었던 바, 그들에게는 아직 자유주의 혹은 개인주의의 미덕을 갖출 만한 여건이 허락되지 않았던 것이었다.

앞에서 잠깐 언급한 대로 소설이 근대 이후의 문학에서 도덕적 상상력의 효율적인 주체로 기능할 수 있었던 것은, 각양각색의 인간이 지니는 삶의 양태를 접하게 하고, 이 다양성의 가치를 인정하게 했기 때문에 가능했다. 소설의 독서를 통하여 사람들은 자기와는 다른 류의 인간들을 만나고, 그 과정에서 삶의 폭과 진상을 발견하고 확인하는 것이다. 소설을 읽어가는 과정이란 결국 한 인간이 지적·정서적으로 성장해 가는 과정의 축소판이기도 하고, 소설의 독서는 그 성장을 촉진하는 계기이기도 한 셈이다. 또한 도덕률이 제시하는 당위와 현실이 일치하지 않음을 발견하면서, 자신의 숨은 동기를 검토하여 반성케 함으로써 도덕적 생활 속에 휩쓸리게 한다(유종호, 1989). 예컨대 나도 얼마간은 '윤직원 영감'일 수 있고, 또 얼마간은 '엄석대'일 수도 있는 것이다. 삶의 다양성에 대한 이해와 삶의 반성이라는 소설 독서의 두 가지 귀결은 그대로 소설의 교육적 효용이기도 하다. 중요한 것은 그것을 가능케 하는 힘이 바로 상상력이라는 점이다. 요컨대 서사적 상상력 교육의 한 목표로서 우리는 개인의 성장 촉진을 설정할 수 있다.

소설의 소설다움이 '잡스러움'에 있다면, 그 잡스럽다는 인상은 형상성에 의해 부여된 것이다. '마음씨가 아주 나쁜 사람이 나쁜 행실을 일삼다 벌을 받았다'는 식의 민담식 이야기에 비해, 그가 어떻게 나쁜지를 세세한 행동과 낱낱의 발언으로 보여주는 것이 소설이다. 소설을 읽으면서 접하는 사건이나 인물은 그만큼 개별적이고 구체적이다. 소설에서는 개인의 세세한 삶의 세목과 세상 돌아가는 모습이 동시에 포착될 때, 리얼리티에 도달했다고 할 수 있다(우한용, 1999 : 127). 리얼리티란 다른 말로 진실성이면서 현실감이기도 하다. 그런 점에서 소설 속의 사건과 인물은 현실 공간에서 만나는 사건과 인물과 얼마든지 동일시될 수 있다. 소설의 이러한 특성은 한 개인이 현실의 공간에서 숱하게 겪게 되는 선택의 순간에, 스스로 판단할 수 있는 능력을 증진시킬 수 있는 근거가 된다. 서사 문학이 자아와 세계의 대결을 기본적인 원리로 삼고 있다는 본질론적 설명도 이를 뒷받침한다. 이런 점에서 소설은 그 자체 비유의 커다란 덩어리이면서 또 다른 의미의 '사이버 공간'으로서, 구체적이고 현실적인 삶의 문제와 주체적으로 대면할 수 있도록 하는 삶의 훈련과 체험의 공간이기도 한 것이다. 이 또한 서사적 상상력 교육의 한 목표로 자리 잡는 것이 마땅하다.

이상의 목표들은 그러나 소설 읽기의 국면에만 관련되는 사항이 아니다. 스스로 서사를 창조하는 과정에서 얻게 되는 상상력의 효용도 동일한 논리로 설명될 수 있다. 한 인간형을 창조해 내는 일은 그에 대한 깊은 관찰과 이해를 바탕으로 하게 된다. 이는 우리의 판소리 문학이 매우 적절한 모범을 보여준다. 우리가 판소리의 세계를 높이 칭송하며 고전으로 떠받드는 이유 중의 하나, 그리고 '햄릿'이나 '돈키호테' 식의 인물 창조와 구별되는 이유 중의 하나는, 거기 등장하는 인물들이 보여주는 다중적인 성격 때문이다. 그들은 전적으로 전아하지도 않고 또 일방적으로 비속한 존재도 아니다. 그것은 우리 인간들이 그러함을 여실하게 보여주는 것이다. 이 역시 서사적 상상력의 교육이 삶의 다양성에 대한 이해로 나아갈 수 있는 근거가 된다. 또한 스스로 설정한 선택 상황에서 서사적 언어의 논리를 따라 사건을 엮어가고 전개시키는 것은 주체적 판단 능력의 증진이라는 목표로 귀결된다. 그것은 자신의 소망을 투사하는 일이며, 바람직한 사람살이의 이상을 모색하는 일이기 때문이다.

가장 효율적이고 가장 바람직한 교육은 수행을 통해서 이루어진다고 한다. 서사적 상상력도 그럴 것이다. 서사물을 읽는 과정에서도, 서사물을 만드는 과정에서도 상상력은 수행되어야 한다. 그 구체적인 방법들을 몇 가지 나열해 본다.

이야기가 끝난 대목에서 다음 이야기를 써 보는 것은, 시간적 질서를 기반으로 하고 있는 서사를 읽는 훌륭한 방법 중의 하나이다. 신분제의 질곡을 뚫고 춘향은 과연 어떻게 이 도령과 결혼하게 될 것인가? 『삼국지연의』가 <적벽가>로 정착되는 과정이 그러하듯이, 특정 장면을 늘여서 써보는 것은 구체적인 삶의 디테일을 발견하고 확인하게 하는 방법이다. 그런 과정이 없었다면 그 숱한 민중들의 설움을 어찌 형상화할 수 있었겠는가.

인물을 이해하기 위해서라면 비난이든, 칭찬이든, 격려든, 위로이든, 그에게 편지를 써 보는 것도 좋다. 혹은 고발장을 써 보게 하고, 추천서를 써 보게 할 수도 있다. 취조를 하든 변호를 하든 특성 인물을 재판에 회부해 보는 방법도 있을 것이다. 장르와 무관하게 그에 대해 써 보고 말해 보는 것은 그 인물 속으로 들어가 보게 하는 것이다. 혹은 서로 다른 작품에 나오는 두 인물이 만나서 나누는 대화록을 적어 보게 할 수도 있을 것이다. 햄릿과 돈키호테가 만나면 어떤 말들이 오고갈 것인가? 이러한 방법들은 모두 서사를 읽으면서 또 하나의 서사를 만들어내는 일이기도 하다. 그래서 읽기는 곧 쓰기가 되는 것이다.

　그러나 실체로서 존재하는 서사물을 읽는 데서만 서사적 상상력이 함양되는 것은 아니다. 서사를 만들어내게 하는 것은 단지 서사 자체가 중요해서가 아니다. 그것이 중요한 이유는 서사적 상상력이 한 개인의 삶의 성숙을 보장해 주기 때문이다. 주변의 인간 군상들의 삶이 곧 서사임을 알게 하는 것이 중요하다. 한 친구의 살아온 이야기를 다른 친구에게 소개해 주는 형식도 좋고, 부모님의 생애를 서사적으로 구성해 보는 것도 좋다. 그것은 단순히 글쓰기 자체의 경험에 머무르지 않는다. 그들을 이해하는 지름길이기도 하고, 특별한 인연을 소중히 여길 수 있게 되는 계기가 될 수도 있다. 나아가 '나'라는 우주를 이루고 있는 천체 하나하나를 만드는 일이기도 하다.

문학교육과 사회성 발달
의사소통의 두 국면과 문학교육

1. 사회성 발달이라는 과제에 다가서기

문학교육과 학습자의 사회성 발달의 관계는 명제의 세 가지 종류 모두에 걸린다. 먼저 문학교육은 사회성 발달 함양에 기여한다는 사실 명제, 둘째 문학교육은 사회성 발달에 기여하는 매우 중요한 교과라는 가치 명제, 셋째 문학교육은 사회성 발달을 함양하는 데 기여해야 한다는 정책 명제가 그것이다. 사실 명제가 정당하므로 가치 명제가 그러하다는 것은 자연스럽게 이해된다. 그리고 문학교육은 그러한 문학의 가치에 기반하여 이루어지므로, 정책 명제의 타당성도 자연스럽게 인정된다.

그러나 이 논리의 연쇄에 대해 새롭게 제기되어야 할 몇 가지 문제가 있다. 하나는 정당한 사실이라 하더라도 그것이 실재했는가 하는 문제가 별도로 고민되어야 한다. 실증적 사례를 통해 문학교육이 사회성 발달의 함양에 기여했던 사실이 명백하게 밝혀져야 하는 것이다. 또 다른 문제는 정책 명제의 당위성을 강조하기 이전에 그것이 그러해야 하는 이론적 근거가 제시되어야 한다. 이는 문학의 본질적 속성을 묻는 질문과 맞물려 있다 하겠다. 이것이 이 논의의 목표이다.

이와 아울러 또 하나 추가되어야 할 문제는 사회성 발달과 문학교육의 목표 혹은 기능이 어떤 매개를 통해 연결될 수 있는가 하는 것이다. 이때 이 매개가 무엇인가를 찾는 과제는 당연히 국어교육의 커다란 틀 속에서 찾을 필요가 있다고 본다. 이는 현재의 교육과정 편제상 '문학'이 국어과의 하위 교과 혹은 하위 영역으로 자리하고 있기 때문이기도 하지만, 이보다 더 중요한 이유는 문학교육을 통해 도달해야 할 목표는 결국 언어 능력으로 실현된다고 보기 때문이다. 이것이 이 논의의 또 다른 목표이다. 다만 논지의 흐름상 이 과제를 먼저 수행하기로 하겠다.

이 목표에 도달하는 논지 전개의 효율을 기하기 위해서 미리 앞세우는 전제는 다음과 같다. 먼저 문학은 국어교육의 가장 중핵적인 자료이자 내용이며, 따라서 문학교육의 목표는 국어교육의 목표로 귀결되어야 한다는 것이다. 또 하나의 전제는, 사회성 발달이라는 덕목이 문학교육에서도 결코 경시될 수 없는 목표이면서도, 동시에 교육 일반의 층위에서도 중차대한 목표라는 점이다. 교육과정에서 추구하는 인간상에 '우리 문화에 대한 이해', '민주 시민 의식을 기초로 공동체의 발전에 공헌' 등이 명시되어 있는 점이 이를 단적으로 말해준다. 따라서 문학교육에서 추구하는 사회성 발달이라는 목표는 문학교육의 개별적 논리와 교육 일반의 논리를 동시에 고려하면서 모색되고 설계되어야 할 것이다.

이러한 목표와 전제를 염두에 두고 논의의 절차를 간략하게 밝히면 다음과 같다. 먼저 문학교육과 사회성 발달의 매개가 무엇인가를 찾는 과제를 진행한다. 이를 위해서는 '사회성'이라는 개념을 중심으로 문학교육과 국어교육, 교육 일반의 세 층위를 왕래하는 과정이 필요하리라 본다. 그 매개가 유일할 필요는 없지만, 적어도 유의미한 매개가 설정되어야 논의의 논리적 전개가 가능할 것이다. 이 논의에서는 잠정적으로 포괄적인 의미의 의사소통 능력을 그 매개로 설정하고자 한다. 이 과제가 성공적으로 수행된다면 사회성 발달의 방향도 도출될 수 있을 것으로 기대한다. 이어서 이 결과를 바탕으로 하여 과거의 문학 현상으로부터 문학교육이 학습자의 사회성 발달에 기여하는 통로를 알아보기로 하겠다. 또 우리가 마주하고 있는 문학의 본질로부터 문학이 사회성 발달에 기여할 수 있는 방안도 그려보게 될 것이다. 그러므로 이 논의는 반드시 문학이라는 특정한 장르에 국한되지 않고, 국어교육 일반의 층위에서 글쓰기를 포함한 언어활동 전반에 두루두루 걸쳐 있는 셈이다.

2. 사회성 발달과 의사소통 능력

인간은 누구나 '나'와 '우리'로 살아간다. 개인의 이름으로 살아가면서, 동시에 나를 둘러싼 가족 공동체, 지역 공동체 등의 울타리 안에서 타인들과 더불어 살아간다. 전자와 후자는 각각 개체 의식과 공동체 의식의 물질적 조건이다. 개체 의식은 달리 말하면 개아(個我) 의식이나 자아의식이라 할 수 있고, 공동체 의식은 가족 친밀감, 국가 의식, 민족의식, 인류 유대감 등으로 나타난다. 이 둘은 인간 존재의 불가결한 조건이면서, 동시에 인간의 판단과 행동에 딜레마를 제시한다.

그러나 의심의 여지가 없는 삶의 원칙 중의 하나는, 어떤 상황에서건 '나'라는 개체 의식과 '우리'라는 공동체 의식이 모두 다 필수적인 요소라는 점이다. 여기에서 공동체 의식이 일단 우리의 관심사인 '사회성'과 개념을 공유한다. 그러나 공동체 의식이 개체 의식과 나란히 고려되어야 온전해질 수 있듯이, 사회성은 개인성과 짝을 맞추어 그 관계망 속에서 고찰될 필요가 있다.

엄밀하게 구별한다면, 사회성(sociality)이라는 개념의 내포는 여러 가지이다. 일상적인 차원에서는 사회적인 존재로서의 속성이나 사회적 교제를 좋아하는 성향을 가리킨다. 전자는 사회적 존재로 살아가는 성향 혹은 사회생활을 영위하는 경향이라는 뜻으로 이해되고, 후자는 사교성(sociability)과 유사한 의미로 이해된다. 또 사회학적인 차원에서는 개인성에 대립되는 개념으로 사회의 본성, 또는 사회의 고유한 성격을 의미하면서, 동시에 사회적 관계가 이루어지는 방식과 원리를 말한다. 도덕성, 정치의식, 법의식, 종교적 심성 등이 사회성의 세부적인 내용을 이루는 항목들이다 (이영자, 1988 ; 서울대학교 교육연구소, 1998 참조). 다양한 의미 분화에도 불구하고, 사회성의 발달은 인간의 사회화 과정과 유의어 관계를 이루며, 이는 곧 문화화로 치환해도 의미상의 문제는 없을 것으로 보인다.

인간의 세계란 공적 언어에 의해 파악되는 한정된 세계이며 모든 개인은 인간답게 살기 위해서 이 한정된 세계 안으로 들어오지 않으면 안 된다. 여기서 한정된 세계 안으로 들어온다는 것은 세계를 다른 사람들과 동일한 방식으로 파악한다는 의미이며, 이는 곧 공적 언어에 담긴 개념 구조를 내면화함으로써 공적인 의식을 가지게 되는 과정이다. 그리고 다시 이러한 공적 개념 구조는 모든 개인이 공유하는 것이라는 점에서 어느 특정한 개인의 것이라기보다는 '비인칭적(impersonal)'이며 '간주관적(intersubjective)'인 성격을 가진다(황규호, 1986 : 178~179).

교육이라는 공적 영역은 개인성과 사회성의 이러한 관계가 가장 분명하게 나타나는 장이다. 진리이든 지식이든 모든 교육의 내용은 사회적인 성격을 가진다는 점이 이를 극명하게 보여준다. 이를 함린(D. W. Hamlyn)은 다음과 같은 논리로 설명한다.

진리의 개념이 사회적 개념이라는 말은 진리가 단순히 합의된 것을 의
미한다는 뜻이 아니라, 진리인 것과 합의된 것 사이에 관련이 있다는 것
이다. 곧 사물에 관하여 합의된 것이 있다든가 없다는 말을 할 수 있는 맥
락에서만 진리라는 말이 의미를 가진다는 뜻이며, 진리는 원칙적으로 공
적 성격을 갖는다는 뜻이다. '본질상 사적 진리'라는 것은 있을 수 없다.
이 말은 아무도 모르는 진리를 혼자서 아는 경우가 없다는 뜻이다. 그리
하여 진리의 개념을 가진다는 것은 최소한, 진리는 다른 사람들과 합의될
수 있는 내용이어야 한다는 것을 안다는 뜻이다. 다른 사람들에 의한 합
의, 다른 사람들과의 합의를 전제로 하지 않고 진리의 개념을 가진다는
것은 불가능하다.(D. W. Hamlyn, 이홍우 역, 『경험과 이해의 성장』, 교육
과학사, 1990, 155~156면)

함린이 지식의 사회적·공적 성격을 표나게 강조하는 입장에 서 있다
는 점을 감안하더라도, 쉽게 긍정될 수 있는 설득력을 위의 논리는 확보
하고 있다. 이처럼 진리란 결코 한 개인이 스스로의 이성의 힘을 통해
발견할 수 있는 사적 소유물이 될 수 없으며, 반드시 한 개인의 인식 수
준을 넘어서서 타인과 그 무엇을 공유할 수 있을 때에만, 곧 무언가에
관하여 합의가 가능한 상태에서만 발생되는 개념인 것이다.

그런데 이러한 함린의 지식론에 영향을 끼친 것이, 비트겐슈타인이 내
세웠던 '삶의 형식의 공유'와 '판단 양식의 일치'라는 개념이었다는 점은
시사하는 바가 크다. 판단 양식의 일치란 의식의 전면에 명료하게 부각
되지는 않더라도, 인간이 진리의 개념을 가지기 위해, 그리고 이를 통해
지식을 구축해 나가기 위해 논리적으로 반드시 가정되어야 하는 것들이
다. 이렇게 판단의 일치가 이루어진 상태가 바로 삶의 형식을 공유한 상
태이며, 이는 한 사람이 인간 공동체의 일원이 된 상태를 의미한다(황규
호, 1998 : 94). 따라서 교육의 과정이란 사회화의 과정으로 귀결될 수밖에
없게 된다.

교육을 통한 사회화 혹은 문화화는 한 개인의 성장을 도모하는 과정이기도 하다. 개인의 성장은 여러 가지 차원에서 설명될 수 있지만, 궁극적으로는 한 개인이 저답게 생각하고 저답게 행동할 수 있는 자율적이고 주체적인 인간으로 살아가는 상태를 지향한다고 본다. 이는 다시 앞서 언급했던 개체 의식, 개아 의식의 확충과 맞물린다. 교육 내용을 구성하는 진리나 지식의 사회적 성격이 공동체 구성원들의 동화(同化)를 도모한다면, 자율적이고 주체적인 개인으로의 성장은 남과 달라지는 이화(異化)를 지향한다고 할 수 있다. 이 두 가지 방향은 한 개인이 사회 혹은 공동체 구성원으로서 살아가는 데 필요한 구심력과 원심력이 작동하는 방향이기도 하다.

여기에서 주의할 것은, 개개인의 개별성에 대한 강조가 곧 사회성을 추구하는 방향을 배반하지는 않는다는 점이다. 사회성과 개인성의 관계는 어떠한가, 개인성이 사회성에 대해 어느 정도의 자율성과 주도성을 가지는가에 대한 사회학적 설명은 제각각이다. 그러나 개인과 사회가 불가분의 유기적 관계를 맺고 있고, 특히 개인성이 사회성을 토대로 생성된다는 것은 일치된 사회학적 견해이다. 개인성은 사회성과 분리되어 선험적으로, 또 독자적으로 존재하지 않는 것이다. 따라서 개인성에 대한 교육적 배려도 궁극적으로는 사회성 발달을 도모하는 계기로서 접근될 필요가 있다.

그렇다면 이제 문학교육은 개인의 사회성 발달에 어떻게 기여하는가 하는 문제로 넘어간다. 이는 달리 말하면 문학교육이 사회성 발달이라는 목표에 도달하는 과정 혹은 통로가 무엇인가 하는 질문이기도 하다.

이 글에서는 그 핵심에 '의사소통'이 놓여 있다고 본다. 이 판단은 다음과 같은 간단한 논리에 근거해 있다. 의사소통은 그 자체로 사회적 속성을 지니고 있다. 의사소통에 필요한 문법적 능력이 사회적 약속이 체화된 결과임은 물론이고, 어휘에서부터 양식과 전략, 메시지의 선택에 이르기까지 의사소통은 사회적 관습의 영향 아래에서 이루어진다. 이러한 모든 의사소통의 가장 모범적인 텍스트가 바로 문학이다. 따라서 문학교육은 당연히 의사소통 능력의 함양에 기여할 수 있어야 한다. 의사소통 능력의 함양이 문학교육을 포함한 국어교육 일반의 차원에서 추구되는 궁극적인 목표임은 물론이다.[1] 특히 사회성 발달과 의사소통 능력의 함양이 지닌 불가분의 관련성은 공동체를 뜻하는 'community'와 의사소통을 뜻하는 'communication'이 동일한 어원을 지닌다는 점을 참조해도 좋을 것이다. 즉 구성원들이 의사소통을 할 수 없는 공동체는 있을 수 없는 것이다.

여기에서 사회적 의사소통을 동화와 이화의 두 방향과 연관 지으면 그 구체적인 양상도 두 가지로 분화될 것으로 보인다. 즉 동화에 기반한 의사소통은 구성원들끼리 공유된 그 무엇을 '확인'하는 과정이 중심이 될 것이고, 이화에 기반한 의사소통은 개별 구성원들끼리의 차이를 '발견'하는 과정이 중심이 될 것이다. 다음 장에서는 이 두 가지 양상의 의사소통이 어떻게 이루어지는가를 구체적으로 살펴보기로 하겠다.

---

1) 여기에서 말하는 의사소통 능력의 개념은 촘스키(N. Chomsky)의 '언어 능력(linguistic competence)'이나 하임즈(D. Hymes)의 '의사소통 능력(communicative competence)' 이상의 것이다. 전자는 대체로 본능에 가깝고, 후자는 담화의 구성과 표현 절차에 대한 지식에 가깝다. 그러나 이 글에서 그 이상의 것이 무엇인지를 명확히 밝히는 것은 필자의 능력이 닿을 수 없는 일이다. 개인과 개인, 개인과 공동체, 공동체와 공동체 사이의 상호 작용 혹은 상호 교섭을 중핵적인 내포로 삼고 있다. 또한 여기에는 암묵적이고 비가시적인 의사소통, 초역사적 혹은 초공간적 의사소통도 포함된다.

3. 의사소통의 두 방향 : '확인'과 '발견'

(1) '확인'의 의사소통과 공유를 위한 교육

문학의 역사는 곧 문학교육의 역사라는 규정(김중신, 1997, 머리말)에 동의한다면, 문학교육의 원초적 양상과 기능의 단서는 당연히 구비문학 혹은 민속문학에서 찾아야 한다. 실제로 민속문학이 오락과 교육, 문화의 비준(批准), 승인된 행위 패턴의 준거라는 네 가지 기능이 있음은 오래 전부터 알려져 있다(David Buchan, 1991 : 983). 이들 네 가지 기능은 한 개인이 한 공동체의 문화에 익숙해지는 과정에 독립적이라기보다는 복합적으로 작용한다. 그것은 한 개인이 자신이 접하는 텍스트의 내용과 표현, 형식과 질료 등의 제반 요소, 어휘에서부터 주제 의식에 이르는 제반 수준에서 작동된다.

이제 우리의 구비문학, 가령 설화나 민요, 그리고 가장 폭넓은 담화의 흡수력과 파급력을 가진 판소리를 통해 이를 확인해 볼 것이다. 구비문학은 그 속성상 전승(tradition)과 전파(transmission)의 과정이 곧 교육의 과정이기 때문에, 문학교육의 원초적 양태를 정태적으로 보여주는 이점이 있다. 이들 장르를 비롯한 구비문학의 사설을 구성하는 인자로서 빼놓을 수 없는 것은 공식적 비유 어구나 전형적 표현, 그리고 다른 장르의 기존 가요이다. 이들은 모두 시간적 전승의 연속성과 공간적 전파의 범위를 근거로 역사적 생명력과 당대적 보편성을 충분히 인정할 수 있는 언어적 자산이다. 이들은 하나의 언어공동체가 오랜 시간동안 전수해온 지식과 신념의 집단적 표상이며, 그런 점에서 사회적 인지 체계의 한 부분으로 간주할 수 있다. 이것은 한 언어공동체를 다른 언어공동체로부터 구별시켜주는 인자가 되며, 그 언어공동체의 문화적 정체성을 구성하는 요소이다.

이들 요소들이 지닌 사회적 의미를 파악하기 위해서는 문화의 개념을 준거로 삼는 것이 유용할 듯하다. 앞에서 언급한 대로 사회화란 곧 문화화이며, 우리의 관심사인 문학의 본질을 문화 개념이 충실히 담아 낼 수 있기 때문이다. 문화는 그 내포가 매우 다양하여 한 마디로 정의하기 어려우나, 언어 및 문학과 관련되는 문화의 개념은 전통적으로 크게 세 가지 범주로 정리할 수 있다. 하나는 흔히 문화적 유산이라 불리는 것으로서, 주로 이른바 고급 문화적 전통에 해당하는 것이다. 여기에서 문화란 한 사회 내에서 그 가치의 우수성이 인정되어 지속적으로 전수되어 온 실체라는 의미이므로, '지적 세련'이라는 내포를 지니게 된다. 다른 하나는 '생활의 양식'이라는 의미이다. 모든 사회가 저마다 고유하고 독특하게 지니고 있는 관습적·지속적인 사고와 행위의 양식이다. 또 다른 하나는 '문화 연구(cultural studies)'에서 내세우는 '의미작용'이라는 범주이다. 이는 기표와 기의를 결합시키는 과정에 개념의 중점이 있다.[2] 이런 문화의 개념을 준거로 하여 구비문학의 언어적 요소가 어떤 사회적 함의를 지니는가를 살펴보기로 하겠다.

공식적 비유 어구나 전형적·상투적 표현, 기존 가요 등의 공식적 표현은 일차적으로 지적 세련으로서의 문화 개념으로 설명될 수 있다. 이들이 오랜 시간 동안 전승되는 과정에서 정련된 결과물이기 때문이다. 그 역도 성립한다. 그만큼 정련되었기에 오래도록 전승될 수 있는 것이다. 가령 한 인물의 특정한 자질을 드러내는 비유적 표현으로 등장하는 중국 고사의 인물은 사회적 표상의 기능을 가지게 된다. 본래 고유명사는 의미론적으로 내포는 전혀 없고 외연만 있는 단어이다. 이러한 고유

---

2) 이들 중 세 번째 개념은 다음 절에서 다루는 내용과 연관된다. 이삼형 외(2000)와 김대행 (2001) 참조.

명사가 한 언어공동체의 사회적 표상으로 기능한다는 것은, 이들 고유명
사가 내포를 확장해 가면서 일반명사의 지위를 획득했음을 말해주는 것
이다. 기의와 기표의 무연성(無緣性)을 가리켜 '자의성'이라 하거니와, 이
들 어휘들이 새로운 맥락적 의미를 획득했다는 점에서 이를 '이차적 자
의성'이라 규정해도 무방할 것이다.

　이차적 자의성이 획득되는 현상은 인물이나 사상을 묘사하는 보조 관
념에서도 마찬가지이다. '단순호치(丹脣皓齒)'나 '화용월태(花容月態)'가 미
인의 아름다운 얼굴을 지시하거나 '초생달'이 미인의 눈썹을 지시하는
것도 원래의 의미를 떠나 새로운 의미를 획득한다는 점에서 이차적 자의
성의 획득으로 볼 수 있는 것이다. 속담이나 고사성어도 그 기능이 궁극
적으로는 비유적 표현의 범주에서 해명될 수 있기 때문에 이차적 자의성
이라는 개념으로 충분히 포괄할 수 있다.3) 이처럼 모든 기호가 필연적으
로 가지게 되는 자의성이 이차적으로 획득된다는 것은, 언어가 언중들
간의 약속이라는 의미의 사회성과 직접 연관된다. 이차적 자의성이 성립
될 수 있었던 것은 언중들이 동의하고 합의한 결과이기 때문이다. 언중
들의 동의와 합의에 의한 이차적 자의성의 성립은 곧 지적 세련의 정도
를 간접적으로 말해주는 것으로 볼 수 있다.

　서사적 장면에 등장하는 전형적인 표현들은 상황의 보편성이 요구하
는 바에 따라 조직된 공식구이다. 이들은 인간의 삶에서 누구나 겪게 되
는 보편적인 상황이 서사적 계기로 응축되면서 그에 따르는 상황 묘사의
한 부분으로 구사된다. 인간의 삶은 개별적 다양성을 지니면서 동시에
보편성을 공유하기에 이들 전형적인 표현은 그 효용성을 가질 수 있는

---

3) 설화 구연이나 판소리 연행에서는 서술자 혹은 논평자가 인물의 행위나 성품을 평가하는
　데 속담이나 고사성어를 동원하는 경우가 흔하다. 이 경우 그 인물에 대한 肯／否의 평가
　는 작품의 주제 의식과 연관되며, 이 또한 문학 향유에 참여하는 구성원에게 교육적인 영
　향을 끼친다.

것이다. 이 점은 삽입가요도 마찬가지이다. 전형적 표현이 자족적이고 완결적인 구조를 갖출 정도로 확장된 결과물이 삽입가요이기 때문이다. 이처럼 전형적 표현과 삽입가요는 인간의 보편적인 삶의 계기와 그로 인해 촉발되는 정서를 함축하고 있기 때문에 그 생명력과 당대적 보편성을 획득하고 있었던 것이다.[4] 여기에서 그 생명력과 보편성은 곧 지적 세련의 한 증거이기도 한 것이다.

한편 이들 공식적 표현들은 삶의 방식 혹은 양식으로서의 문화를 보여주기도 한다. 앞서 중국 고사의 인물들이 사회적 표상으로 자리 잡았다고 진술하기도 했거니와, 그들은 인간이라면 누구나 추구하고 동경하는 삶의 한 전형을 보여주는 인물들이다. 그들이 가진 특출한 자질, 가령 美와 풍채 등의 선천적 자질, 富와 권력 등의 세속적 지위, 문장과 문필 등의 개인적 재능은 보편적인 추구의 대상이고, 그들은 그것을 표상하는 인물들이다. 뿐만 아니라 그들은 덕행, 절행, 충절, 효행 등의 집단적 이념을 구현한 전형적인 인물이기도 하다. 이들 덕목들은 한결같이 당대 언중들이 추구하는 삶의 이상을 함축하고 있다는 점에서 삶의 양식으로서의 문화라 할 수 있는 것이다.

도식의 활용과 전형적 표현 등에 의한 사설 구성은 설화나 민요, 판소리가 일차적으로 연행 예술로서 유창성의 요건을 실현시켜야 했던 사정에서 말미암는다. 유창성은 화자의 입심이나 화술만을 뜻하지는 않는다. 유창성은 화자와 청자, 그리고 메시지와 맥락 등 언어활동의 제반 변인이 두루 관여되는 자질이다. 다시 말해 유창성이란 결국 청자의 공감을 얼마나 보편적으로 불러일으키는가 하는 폭의 기준과 또 얼마나 지적·

---

4) 고급문화는 곧 상층 문화라는 등식은 성립되지 않는다. 따라서 지적 세련으로서의 문화 개념에서 주로 고급문화와 고급 예술이 핵심을 차지한다는 점에 근거하더라도 구비로 전승된 설화나 민요 등을 지적 세련으로서의 문화로 포괄하는 것은 모순이 아니다.

정서적 감동을 주느냐 하는 깊이의 기준에 의해 판명될 수밖에 없는 것이다. 도식에 의해 구성된 사설과 공식적 표현은 바로 이러한 의미의 유창성을 실현시키는 관건이었던 것이다. 그것은 부르는 사람과 듣는 사람 모두가 함께 공유하는 역사적 경험의 총체를 이루는 일부로서, 이러한 말과 이야기, 노래의 연행에 참여하는 것은 경험과 표상의 공유를 통해 서로의 동질성을 인식하고 확인하는 일이 되기 때문이다(강등학, 1998 : 130~131). 바로 이런 점에서 넓은 의미의 유창성의 문제는 사회적 공유물로서의 언어가 지니는 문화적 성격과 직접 연관된다 하겠다.

공식구적 표현은 이미 공유된 지식을 표시하는 편리한 방식으로서의 자족물로 기능한다(Deborah Tannen, 1982 : 1). 여기에서 공유된 지식이란 사회적 표상의 다른 말이라 할 수 있다. 사회적 표상은 일종의 인지 체계로서, 그 인지 체계는 객관적 현실이나 학술적 설명과는 독립적으로 그 자체로서의 논리 체계와 언어적 표현 체계를 갖는다. 이것은 비록 학문적 이론과는 그 성격이 다르더라도 그 자체로서 이론의 형식과 기능을 갖추고 있으며, 따라서 학문적 지식과는 독립된 별도의 지식 체계이다.

이러한 이론 또는 지식 체계는 가치 체계, 아이디어 체계, 그리고 행동 체계 등을 포함하며, 다음과 같은 이중적 기능을 갖는다. 첫째 사람들에게 물질적 세계와 사회적 세계에 대한 관계 양식과 대응 방식을 제공해 준다. 둘째 사회적 표상은 사회적 의사소통과 상호 작용에서 발생하는 사상에 대해 사람들이 공유·공용하는 전형적 의미(또는 상징) 기호 및 설명 체계를 제공해 주며, 동시에 세상사 및 과거의 역사적 사상에 대해서 전형적 해석 양식을 부여해 줌으로써, 사회 구성원간의 의사소통을 가능하게 만든다(최상진, 1990 : 80).

이러한 점에서 한 언어 공동체의 공식적 표현과 인지적 체계로서의 스키마의 습득은 의사소통 능력의 주요한 관건이라 할 수 있다. 이 점은 발화의 연속적 생산이라는 좁은 의미에서의 유창성의 측면에서만이 아니라, 의미의 공유와 공감을 통한 문화 공동체의 형성 및 유지라는 넓은 의미의 유창성의 측면에서도 특별히 강조될 필요가 있다.5) 이것이 바로 문학교육과 사회성 발달의 고리가 되는 의사소통 개념의 한 핵심이다.

공유된 지식으로서의 공식적 표현의 의의는 바로 이 점에서 문화의 계승과 창조라는 국어교육의 목표에 정확히 부합한다. 한 개인은 사회적 표상으로서의 공식적 표현이나 사회적 인지 모델을 주로 직접적인 체험과 문화를 통로로 해서 습득하게 된다. 사회적 표상이 지식을 획득하고 동시에 획득된 지식을 타인과 교환하는 양식 중의 하나라면, 대부분의 지식은 의사소통을 통해 공급받는다(최상진, 1990 : 79).6) 이러한 일련의 과정은 사회화의 과정이자 개인의 지적 성장의 과정이기도 하다. 하나의 단어(word)를 안다는 것은 곧 그것이 지시하는 세계(world)를 아는 것이기 때문이다. 그 세계를 공유한 사람들끼리는 문화적 동질감을 '확인'하는 의사소통이 가능하게 된다.

설화 구연의 현장에서 아이들은 다른 사람의 말에 귀를 기울이고, 담겨 있는 의미를 이해하고자 노력하는 경험을 하게 되므로 성숙한 사람이라면 갖추어야 할 생활의 덕목을 자연스럽게 익히게 된다. 또한 서로의 이야기를 경청하고, 반론을 제기하면서 자연스럽게 논리적 훈련을 경험하게도 된다(강진옥, 2002 : 45).7) 이처럼 문화의 전수는 교육의 중핵적인

---

5) 이런 차원의 유창성은 '지배적 문해력(dominant literacy)' 개념과 통한다. 지배적 문해력은 공공적 영역의 의사소통을 위해 개인에게 사회가 요구하는 문해력을 뜻한다. 조희정(2002 : 26~28) 참조.

6) 또한 우리의 개념 체계가 포함하고 있는 구조의 일람표 중에서는 도식과 은유가 가장 확고한데, 인지 모델을 습득하는 방법으로는 직접적인 경험과 문화가 가장 유력하다. 문화를 통해서 습득되는 인지 모델은 그 문화 속에서 오랫동안 지속되어온 전형적인 모델이기 때문이다. George Lakoff & Mark Turner, 이기우·양병호 역(1996) 참조.

7) 구비문학은 아니지만 사대부의 가족 / 가문 구성원들이 이야기판을 통해 어떻게 지식과 교양을 쌓고, 세대 간 결속과 가족 / 가문 공동체의 유대에 기여했는가에 대해 논의한 이강

사명 중의 하나이거니와, 문학 언어가 지니는 문화적 성격을 초점화하는 '문화의 계승과 창조'가 국어교육의 본질적 목표 중의 하나로 자리 잡을 수 있는 근거가 된다. 특히 오늘날처럼 세대 간, 계층 간 문화적 간극이 심화되는 시대에는 문화적 정체성과 유대의 강화로 나아가는 국어교육의 설계가 요청된다 하겠다. 이때 문화란 당연히 지적 세련과 삶의 양식이라는 개념을 동시에 포괄한다.

그렇다면 이런 의의를 살리는 문학교육은 어떤 방법으로 이루어져야 하는가? 그것은 결국 속담이나 격언, 문학 등 공동체의 언어적 자산들을 지적으로 섭렵하도록 하는 길밖에 없을 것이다. 교육에서 습득이란 꼼꼼한 분석이나 즐거운 향유에 앞선다. 다소 강제적으로 부여되어야 하는 과제의 성격이 강하다. 그것은 텍스트를 얼마나 깊이 이해하고 있고 내면화하고 있는가 이전에, 알고 있는가 그렇지 않은가가 절대적인 평가의 기준이다. 그리고 그것은 기억에 저장되어 있다가 일상적인 발화의 맥락에서 자연스럽게 구사되어야 한다(김종철, 1999).8) 이런 점에서 전근대적 학습 방법으로 치부해 버렸던 암송에 대한 재고도 요청된다. 그 도달점은 문화적 정체성과 유대의 강화일 것이다. 물론 이는 전통적으로 승인되어 온 문학 작품의 가치에 기꺼이 동의하는 작품의 내면화9)로 나아갈 수 있는 가능성은 최대한으로 열려 있어야 할 것이다.

공동체주의자로 유명한 매킨타이어(A. MacIntyre)는 오늘날의 공동체들이 지적, 사회적 불일치와 갈등을 노정하는 것은 공동체의 재구성 과업을 소홀히 했기 때문이라고 지적하면서, 가치나 선에 대한 공유된 믿음과 그런 믿음에 따라 교육받은 공유된 태도, 더 나아가 이 양자가 공유

옥(2002)도 이 글의 논지와 관련하여 주목할 만하다.
8) 중세의 문학교육이 곧 전범 학습이었다는 사실도 좋은 참고가 된다. 이 점에 대해서는 김성룡(1997) 참조.
9) 이것이 이른바 정전의 자기화이다. 김대행 외(2000 : 420~421).

된 관행에 뿌리를 내리고 있는 공동체에서 실천적 이유를 제시하는 일만이 공동체의 건설과 관련한 의미 있는 활동이 될 수 있다고 하였다(김태훈, 2002 : 104). 과거에서부터 전승되어온 문학 등의 언어적 유산들을 습득하게 하는 일은 공동체의 재구성 과업을 위한 문학교육의 역할이 될 것이다.

(2) '발견'의 의사소통과 차이를 위한 교육

어린애들은 싸우면서 자란다는 속담이 있다. 이를 뒤집으면 싸우지 않으면 자랄 수 없다는 뜻도 된다. 이 속담에는 타자의 의의가 함축되어 있다. 이는 의도적인 오독(誤讀)일 수 있지만, 유년기 혹은 소년기의 한 인간이 자라기 위해서, 즉 성장하고 성숙하기 위해서는 타자의 존재가 필수적이라는 의미로 이해된다. 사회성 발달은 성장과 성숙의 다른 이름이다. 따라서 사회성 발달을 위한 문학교육은 필연적으로 타자에 대한 경험의 확대와 심화를 통해 수행될 수 있을 것으로 보인다.

'고장난명(孤掌難鳴)'이란 말도 있거니와, 싸움은 서로 다른 사람들 사이에서 일어난다. 서로 다른 언어와 목소리를 지닌 사람들만이 싸움을 할 수 있다. 동일한 가치와 판단 준거를 가진 사람끼리 싸울 수는 없는 일이다. 인간이 다른 사람과 싸울 수 있는 것은 그가 다른 사람들과 같으면서도 한편으로는 제각기 다 다르기 때문이다. 이것이 인간의 개체의식 혹은 개아 의식을 이루는 조건이다. 다른 언어, 다른 목소리를 가진 사람을 개념화한 것이 바로 '타자'이다. 그리고 그 타자와의 만남과 싸움을 개념화한 것이 '대화'이다. 이제 타자와 대화의 개념을 중심에 두고 문학적 경험이 사회성 발달에 기여하는 기제를 살펴보기로 하겠다.

싸움의 기본적인 속성은 경합이고 상호작용이다. 이를 가장 여실히 보여주는 것은 스포츠 경기이다. 어떤 경우이든 싸움이 이루어지기 위해서는 상대가 있어야 하고, 그 사이에 작용과 반작용이 있어야 한다. 그 작용과 반작용은 단발에 그칠 수도 있고, 반복적으로 지속될 수도 있다. 인간의 언어활동 중에서 상호작용성이 가장 명백히 드러나는 것은 대화이다. 따라서 대화는 싸움이 하나의 담화 형식으로 굳어진 것이라 할 수 있다.

대화는 담화론적으로 비제도적인 환경에서 두 명 이상의 참여자들이 자유롭게 번갈아가며 주고받는 발화 교환으로 정의된다(이두헌, 1994 : 4). 이러한 규정으로 보면 친분을 가진 두 사람 사이의 비공식적 발화 교환이 가장 전형적인 대화의 유형을 이룬다. 그러나 대화의 본질상 반드시 '제도적 / 비제도적', '공식적 / 비공식적'이라는 구분이 적용되지는 않는다. 토론이나 상담, 협상, 각종 회의, 법정의 재판 등도 화자와 청자 사이의 겨루기가 성립되므로 대화의 범주에 포함되며, 일방적 담화에서도 내적 대화라는 개념이 성립된다. 따라서 대화란 형식적 분류로는 숱한 담화의 한 유형에 불과하지만, 그 본질상 인간의 언어활동 전반의 성격을 나타내는 개념으로 확장되어도 무방하다. 우리가 기억해야 할 것은, 대화의 가능성이 세상을 이루는 사상(事象)은 본래적으로 다의적이고, 그것을 읽어내는 인간의 관점도 제각기 다른 데서 비롯된다는 점이다.

말하고, 듣고, 읽고, 쓰는 언어활동에 대한 이러한 시각은 '대화주의', '다성성', '카니발', '응답성', '상호텍스트성' 등의 개념을 통해 구체화된다. 글쓰기를 대화로 파악한다는 것은 쓰기를 독자와의 상호작용 과정으로 본다는 의미이고, 넓게는 사회적 의사소통 행위로 간주한다는 의미이다. 더 나아가 글의 '주제(대상)'도 대화의 주체로 참여하는 다중적이고 복합적인 글쓰기 행위의 성격도 포함한다.[10] 글을 읽는 과정도 대화적이라 할 수 있다. 독자는 끊임없이 필자의 의도를 읽어내려고 하고, 다른 각도에서 질문을 던지기도 한다. 그것은 말하기에서 청자가 공감적 듣기를 통해 화자의 의도를 이해하려고 하는 과정과 동일하다.

글쓰기와 글읽기를 대화의 과정으로 파악하는 관점의 가치는, 한 개인의 자아의 성장 과정이 대화의 과정이라는 점에서 다시 한 번 주목될 필요가 있다. 다시 강조하지만 대화란 기본적으로 자아와 타자 사이에서 일어난다. 자기 대화나 동일한 정체성을 가진 타인과의 대화란 성립될 수 없는 것이다. 그것은 대화가 아니라 독백이다.11) 그리고 인간은 타자와의 대화를 통해서 자아를 확충하고 변화시켜 나가게 되며, 자아발달과 자아실현을 이루게 된다. 그것은 곧 개인의 지적·정서적 성장 과정이기도 하다.

개인의 지적·정서적 성장이 결국은 그의 사회화 과정이기도 하다는 점에서 대화는 한 개인을 시민 사회의 건전한 구성원으로 살아가게 하는 삶의 형식으로 볼 수도 있다. 대화는 서로 다른 가치관의 충돌과 상충을 전제로 하기 때문에 쌍방 간의 궁극적인 해결을 통해 일치에 이른다는 것은 언제나 쉽지 않다. 대화의 성공은 오히려 상충 그 자체를 당연한 사회 현상으로, 또 우리 삶의 필요불가결한 요소로 인식하는 데 달려 있는 것이다(한태선, 1993 : 141). 대화가 '남'과 '나'의 차이를 전제로 하는 것이라면, 대화에 적극적으로 참여한다는 것은 가치의 다양성을 그만큼 적극적으로 인정한다는 의미가 된다. 이는 저들이 나와 같지 않음을 '발견'해 나가는 과정이다. 이 점에서 대화의 필요성과 가치에 대한 인식은

---

10) 최인자(2000)은 '응답성'의 개념을 근거로 하여, 글쓰기의 대화적 성격을 작가, 대상(주제), 독자가 다중적으로 대화하는 '문화생산' 모델로서 작문교육의 방향을 설정한 바 있다. 이는 '대화'의 내포를 확장하고 글쓰기의 대화적 성격을 한층 더 부각시켰다는 점에서 주목할 만하다.

11) 고진에 의하면 대화는 언어 게임을 공유하지 않는 사람들 사이에서만 존재하고, 타자 역시 언어 게임을 공유하지 않는 사람이어야 한다고 한다. 그는 이러한 타자와의 관계를 '비대칭적' 관계로 규정한다. 柄谷行人, 송태욱 역(1998) 참조.

개인의 가치를 최대한으로 존중하고자 하는 민주주의의 이념과도 상통한다.

문학을 읽고 쓰는 활동은 타자와 만나 대화하는 일이다. 문학에서 형상화하는 인간은 제각기 다른 삶의 체험을 가지고 있다. 필자 혹은 독자는 자신과 다른 낯선 사람들을 만나 세상살이의 다양성을 체험한다. 작품에 형상화된 인물들의 다양한 목소리와 서로 다른 언어를 체험하는 것이 문학 활동인 것이다. 그래서 인생의 탐구 혹은 인간성의 창조로서의 문학은 가장 효과적인 도덕적 상상력의 자극물로 기능한다. 이러한 문학의 기능을 가장 충실히 수행하는 장르는 당연히 소설이겠지만, 다른 장르라 하더라도 이 기능을 비켜가지는 않는다. 현실이 제도적·인습적 교육이 가르치는 당위와 얼마든지 다를 수 있고, 인간이 제각각 다른 목소리를 지니고 있음을 시사하면서, 독자로 하여금 자신의 삶을 반성케 함으로써 정신적 성장을 이끌어낼 수 있는 매우 훌륭한 장르인 것이다.[12] 그것은 문학이 인간 삶의 다양성이 지니는 폭과 그 가치를 보여줄 수 있기에 가능한 역할이다.

포스트모던 철학자들이 진리와 합리성의 상대성을 강조하는 것이 비판적 논의나 합리적 합의의 가능성에 대한 부정과 회의에서 비롯된다는 설명은 오해이다. 오히려 그들은 비판적 논의나 합리적 합의의 필요성과 중요성을 부각시킨다. 진리와 합리성의 기준은 모종의 공통적인 관심과 가치를 공유하는 사회 구성원들의 협동적 노력의 산물이다. 여기에서 협동적 노력이란 바로 대화를 의미한다. 그리고 협동적 노력으로서의 대화를 가능케 하는 바탕으로서 이웃과의 조화로운 삶의 추구나 사회적 연대 의식 등의 인간 동기를 강조함으로써 우리의 인식 활동이 지니게 되는

---

12) 선주원(2002)는 소설의 다성성 개념을 중심으로 그 교육적 의의를 살핀 글로서 이런 관점에서 주목할 만하다.

실제적이며 도덕적인 본질을 부각시키는 것이다(조화태, 1994 : 25~26).[13) 이 점은 의사소통 자체의 존재 의의이기도 하다.

4. 맺음말

공동체의 여러 단위 중에서 가장 포괄적이고 강력한 문화적 자장을 발휘하는 것은 민족일 것이다. 민족 혹은 민족주의에 대한 관점은 크게 두 가지로 대별되는바, 하나는 민족을 고대로부터 존재해 온 원초적인 실체로 보는 입장과, 근대 자본주의 발전 과정에서 생겨난 역사적 구성물로 보는 시각이 그것이다. 앤더슨(B. Anderson)은 후자의 입장에서 민족을 '상상의 공동체'로 규정했다. 그가 민족을 왕조국가가 쇠퇴하고 자본주의가 발달하는 시기에 나타나는 특정한 '문화적 조형물'로 보고 있음을 참조하면, 이 개념을 민족이라는 생활 단위가 어떤 사람들이 머리 속에서 마음대로 상상하거나 꾸민 것이라는 의미로 받아들이기 쉽다. 그러나 그가 말한 상상의 공동체는 특정한 시기에 사람들의 경험을 통해 구성되고 의미가 부여된 역사적 공동체라는 뜻을 품고 있다(B. Anderson, 윤형숙 역, 2002 참조).

우리가 그의 입장에 주목하는 것은, 상상의 공동체가 하나의 예술품과 같이 인위적으로 구성된 것이라는 주장을 통해 공동체의 완성을 위한 우리의 관심에 커다란 시사점을 던지고 있기 때문이다(조규형, 1998 : 424 이하). 특히 미완성이거나, 억압적이거나, 혼란스러운 상황의 공동체를 미적으로 완성된 공동체로 이끌어 가는 과정을 보여준다는 데서 그 의의를

---

13) 더불어 교육 일반의 층위에서 '대화적 세계관'의 의의에 대한 관심도 지속적으로 나타나고 있는데, 윤재홍(2000)과 고미숙(2002)를 통해 이런 동향을 확인할 수 있다.

찾을 수 있다. 달리 말하면 과잉된 상상이나 결핍된 상상에 의해 구성된 공동체는 허위일 가능성이 있으며, 심지어 고통의 원인이 될 수도 있다는 것이다. 이러한 문화적 구도 안에서 개인은 공동체 단위와의 대화적 긴장 관계를 견지하는 주체 성립의 과정을 주문하게 된다. 공동체적 구도에 전적으로 귀속되지도 않고 자기를 완전히 해체하지도 않는 개인, 달리 말하면 타자에게 열려 있는 주체, 그런 개인을 우리는 잠정적으로 '공동체적 주체'로 불러두기로 한다. 바흐친이 말한 소설의 대화성은 기술적(記述的)인 측면이 있지만, 윤리적인 요청이기도 한 셈이다.

교육은 사회화의 가장 강력한 통로로서 사회 구성원들의 동화와 이화를 동시에 추구할 필요가 있다고 하였다. 이는 공동체주의와 자유주의로 대별되는 교육철학적 입장의 불가피한 상충을 피해가기 위해서가 아니다. 그것은 다시 정책명제 혹은 가치명제 이전에 사실 명제에 가깝기 때문이다. 특히 민족언어와 민족문화를 중핵으로 삼고 있는 문학을 가르치고 배우는 문학교육의 장이야말로 두 가지 상반된 힘이 대화적 긴장 관계를 이루고 있는 곳이라 하겠다.

문학과 논술 교육
문학을 활용한 논술 문항 구성 전략

1. 논술과 문학의 접점

논술이란 무엇인가? 답하기 까다로운 질문은 아니다. 인상적인 수준이라 할지라도 '어떤 사상(事象)에 대해 자신의 입장을 논리적으로 밝힌 글' 정도의 규정이라면, 논술에 대한 개념은 충분히 드러낸 것으로 보인다. 형식과 분량을 세세히 따지지 않는다면, 우리는 일상적으로 논술을 하고 있는 셈이다. 인스턴트식품을 먹지 않는 것이 좋다는 취지로 어린 아이들을 설득할 때에도, 거짓을 말한 사람에게 그것이 왜 거짓인지를 납득시킬 때에도 우리는 논술을 행하는 것이다.

그런데도 논술이 사회적인 쟁점으로 비화되고 정책적 차원에서 방침이 정해지고 규제가 가해지는 것은, 그것이 시험이라는 사회 제도의 외양을 하고 있기 때문일 것이다. 특히나 인생사의 가장 결정적인 고비에 버티고 선 대학 입시의 관문으로 논술이 정착되고 있는 사정으로 인해,

그에 대한 반응은 더없이 민감해지고 논란은 뜨거워지고 있는 것으로 보인다.

여기에 더해 이른바 '통합 교과형 논술'이 등장하면서 중등교육 현장에서는 이에 대비한 논술 지도 방안이 뜨거운 감자로 떠올랐다고 한다. 이는 이른바 'WYTIWYG 현상(What you test is what you get)'의 한 사례가 아닌가 한다. 'WYTIWYG 현상'이란 시험이 교수－학습 과정과 내용, 방법 등 교실 현장의 대부분을 통제하는 현상을 뜻한다.1) 목표가 내용을 규정하고 내용이 방법을 규정하며, 최종적으로는 이러한 요소들이 평가를 규정하는 것이 정상적인 절차이겠으나, 정반대가 되어 버린 것이다. 게다가 논술 교육이 학습자들의 사고력 대신 글쓰기의 형식적 절차에 지도의 초점을 맞추게 됨으로써, 학습자 개개인의 개성보다는 서론－본론－결론의 형식적 완결성을 추구하는 경향을 보이고, 그 결과 학생들에 의해 작성된 논술은 박제화되어 가고 있다는 진단도 보인다.

이 글은 이러한 논술 교육의 폐단을 조금이나마 완화하고 논술 고유의 교육적 의의를 회복할 수 있는 한 방안으로서 문학 작품을 활용한 논술 문항 구성 전략을 다룬다. 문학은 공식적·비공식적으로 논술의 중핵적인 자료로 인정받아 왔고, 그 활용도 또한 높았던 것이 사실이다. 그리고 문학을 활용한 논술 문항도 다양한 유형을 보여주고 있다. 논술 자료로 문학이 활용되어 온 역사를 통해 문학의 논술 자료적 가치는 이미 충분히 검증되었고, 그 활용 방안 또한 다각도로 실현되었던 것으로 보인다.

따라서 이 글에서는 왜 문학이 논술의 자료로 활용되어야 하는가 하는

---

1) 이로 인해 학생들은 시험에 출제되지 않을 내용을 중요하게 생각하지 않으며, 수업에서도 검사하기 쉬운 기능이나 지식만을 강조하게 된다. 평가는 효과적인 수업을 위한 송환(feed-back)을 제공하고, 또 평가 내용은 교수－학습의 내용을 규정한다(최호성, 1996 : 155 참조). 잠정적으로 이를 '시험 역류 현상'으로 부를 수 있을 것이다. 이것은 시험이 여러 가지 폐해를 낳는 원인으로 지목되기도 한다.

문제에 관한 논의는 생략하기로 한다. 그리고 이미 출제되었던 문학 논술 문항을 통해 문학이 활용되는 양상을 분석하는 일은 생략하기로 한다. 대신 이 글에서는 논술의 교육적 가치 회복에 기여하기 위해서는 어떤 문항 구성 혹은 문항 출제 전략을 새롭게 구사할 수 있는가 하는 문제를 논의의 중심에 둔다. 문학을 논술 자료로 활용하는 만큼, 문학 고유의 특성과 자질을 최대한 실현할 수 있어야 하고, 또 그것이 논술 자체의 교육적 가치 회복에 기여할 수 있도록 문항이 구성되어야 하며, 그 결과 논술을 작성하는 학습자들의 논술 작성 경험이 개인적·사회적 삶에 대한 성찰과 지적 성장의 계기로 작용할 수 있도록 해야 한다는 것이 문제의식의 출발점이다. 이는 달리 말해 이 글이 입시용 논술의 도구성이나 실용성을 일단 배제한 채, 개별 교과 교육을 정상화시킨다는 다소 이상적인 목표를 염두에 두고 있다는 뜻이기도 하다.

2. 전제적 문답

현재 논술에 대한 논란의 이면에는 논술에 대한 몇 가지 오해가 도사리고 있는 것으로 보인다. 이에 몇 가지 질문과 대답을 통해 논술에 대한 오해를 풀어보고자 한다. 이는 문학을 활용한 논술 문항 구성 전략의 전제로도 작용할 것이다.

(1) 논술은 장르적 완결성을 갖추고 있는가?

우리 교육사에서 논술이 대학 입시의 제도적 장치로서 등장한 것은 1986학년도 신입생 선발에서였으나, 이듬해에 한 차례 더 시행된 뒤 사라졌다. 그러다가 1994년에 다시 도입되어 오늘날까지 이어져 오고 있다. 그러니까 논술은 자연발생적인 장르가 아니라 인위적인 평가 도구로 고안된 글쓰기라 할 수 있다. 그런가 하면 개별 교과 단위에서 평가의 도구로 활용되는 논술도 있다. 이 경우의 논술은 수행 평가 방법 중의 하나로서 주관식 유형으로 분류되는 서술식 평가 유형이다.

물론 논술이 전대미문의 전혀 새로운 글쓰기 유형은 아니다. 넓게 보아 설득을 목적으로 하는 글이고, 그렇기 때문에 논리적인 성격을 가지는 글이다. 5세기경에 집필된 중국의 문학 이론서『文心雕龍』만 보더라도, 설득적 성격을 가진 문체로서 '논변[論說과 辨說]', '의대[議論과 對策文]'를 충실히 설명하고 있고, 천자를 독자로 삼는 '장표(章表)'나 '주계(奏啓)'라는 문체에 대한 설명도 한 자리를 차지하고 있다. 논술의 연원적 자질을 발견할 수 있는 이들 장르의 글쓰기가 우리나라 사대부들에 의해서도 무수히 실천되었으니, 논(論), 문(文), 서(書), 기(記), 소(疏), 차(箚), 전(箋), 표(表), 책문(策文) 등이 바로 그것이다. 근대 이후 이러한 성격을 가진 글의 대표적인 장르는 신문의 사설이나 칼럼이었을 것이다. 일반적인 사건 기사가 사실이나 정보를 위주로 구성되는 데 비해, 사설이나 칼럼은 신문사 전체 또는 그 구성원, 혹은 외부 필자들의 주관적 입장을 피력하는 글쓰기 유형이다. 사설이나 칼럼 또한 태생적으로는 인위적인 장르였으나, 오랜 세월을 거쳐 오면서 내재적으로 생성된 고유한 문법을 지니고 있다.[2]

어떤 글쓰기가 장르로 성립되기 위해서는 그 장르가 고유하게, 경우에

---

[2] 이렇게 보면 '논술'의 어의(語義)는 두 가지 층위에서 별개로 고려해 볼 필요가 있다. 텍스트 유형으로서의 논술과 ② 텍스트 목적으로서의 논술이 그것이다. ①은 주로 평가도구로 활용되는 논술에 해당되며, ②는 설득을 목적으로 한 제반 의사소통을 포괄하는 개념이다. 이 글에서는 ①에 주된 초점을 맞추되, 개별 교과 단위에서 활용되는 경우와 대입 전형에서 활용되는 경우를 모두 포괄하는 의미로 쓴다.

따라서는 독점적으로 갖추어야 하는 고유한 자질이나 속성을 필요로 한다. 시가 시답기 위해서 운율이나 이미지를 갖추어야 하는 것과 같다. 그러나 논술은 아직 고유한 내적 장치나 규범을 지니고 있지 못하다. 그것은 탄생 이후의 세월이 짧은 탓도 있지만, 근본적으로는 입시라는 특정한 상황에서 평가 도구로만 활용되는 상황적 특수성에 기인한다. 즉 논술은 아직 일상적인 의사소통의 한 장르로 대접받지 못하고 실용성에 근거한 도구로만 존재할 따름인 것이다. 이를 글쓰기의 준비 과정에서 필수적으로 요구되는 수사론적 상황 분석의 준거를 적용해 보면 다음과 같이 정리된다. 즉, 현재의 논술이란 입시 관문을 통과해야 하는 '상황' 속에서, 출제자에 의해 일방적으로 부과된 '쟁점'에 대해, 채점자를 유일한 '대상(독자)'로 하여, 점수를 더 높게 받기 위한 '목적'으로 쓰는 것이다. 그러다보니 암묵적으로 인정된 몇 가지 형식적 요건에 초점을 맞추게 되고, 바로 이러한 사정으로 인해 논술은 박제화되어 가고 있는 것이 아닌가 한다.

만일 논술이 한 개인의 지식과 경험이 총동원된 사고력을 바탕으로 작성되는 글로서 그 가치를 인정할 수 있다면, 우선 논술을 제도적 도구의 굴레에서 해방시키는 것이 급선무이다. 그리하여 누구나 일상적으로 쓸 수 있고 또 써야 하는 한 장르로 성장해 나가도록 견인할 필요가 있다. 그러기 위해서는 아직도 미완의 상태인 논술의 장르적 문법을 개방적으로 구축해 나가야 한다. 현재 상태에서 암묵적으로 합의되고 있는 것은 논술이 논리적인 성격의 글로서 설득을 목적으로 하는 글 유형이라는 정도이다. 여기에 논술이 논술답기 위해서 어떠한 자질이나 속성을 가져야 하는가가 규범으로서 정립되어야 한다. 이 과정에서 문학을 활용한 논술이 어떤 역할을 할 수 있을 것으로 짐작된다.

(2) 논술에서 '나'는 무엇인가?

흔히 정보 전달을 목적으로 하는 글의 생명을 객관성에서 찾곤 한다. 전자 제품 사용 설명서 정도의 글에서는 객관이 미덕일 수 있다. 그러나 신문 기사 정도의 글만 하더라도 객관이란 하나의 허황된 신화에 불과하다. 있다면 거기에는 상호주관성이 있을 뿐이다. 하물며 한 개인 혹은 특정 집단의 주관적 입장이나 이해관계를 선명하게 드러내야 하는 설득적인 글에서 객관을 미덕으로 내세울 수는 없다. 그렇다면 당연히 논술에서 '나'의 존재는 필수불가결하다. 더욱이 모든 논술문을 떠받치는 주제의식의 출발점과 귀결점이 '나' 혹은 '우리'라면, 이를 배제한 논술은 애초에 성립 불가능하다.

논술에서는 대체로 인칭 대명사 '나'를 그대로 노출하지 않는다. '필자'라는 단어로 치환되어 나타날 수도 있다. 혹은 한국어 문형의 특성에 따라 자연스럽게 주어가 생략될 수도 있고, 글쓰기 주체를 지칭하는 어떤 단어도 의도적으로 은폐될 수 있다. 개인적 경험을 주장의 근거나 사례로 드는 것이 편벽될 수 있다는 우려에서 나온 암묵적 규범으로 판단된다. 객관적이고 보편적인 사례나 근거의 필요성은 누구도 부인하지 못한다. 그래서 그러한 우려는 타당하다고 본다.

그러나 문제는 '나'의 노출을 금기시한 결과 위장된 객관성만 강화하고 논술적 수사만 부풀리게 된다는 데 있다. '나'의 개인적 경험일지라도 그것이 논거로서 타당성을 지니고 사례로서 전형성을 지닌다면 충분히 서술에 포함될 수 있는 것이다. 오히려 '나'의 노출을 적극적으로 권장하고 '나'를 보여주도록 유도하는 것이 논술의 박제화를 막는 유력한 방안이 될 수도 있다. 논술 평가의 경험자들이 보고해 주고 있는 가장 흔한 문제점인 이른바 '천편일률적' 답안은 결국 '나'의 정체성이 제거된 답안과 다르지 않은 것이다.

이러한 입장에서 본다면, 상징성, 함축성, 전형성 등을 핵심 자질로 거느리는 문학 작품은 더더욱 중요한 논술 자료로 간주된다. 자료로 제시되는 문학 작품을 읽어내는 단계부터 논술 작성자 개개인의 '나'가 투영될 것이기 때문이다. 개성과 창의성의 미덕을 유독 강조하는 입장에서라면 더더욱 그 필요성이 커진다.

(3) 논술은 평가 도구일 뿐인가?

수학은 양식의 과학이라고 한다. 수학자들은 이 세계의 한 일정한 측면을 들여다보고 그 복잡성을 벗겨내어 그 안에 숨겨져 있는 골격을 드러내 보여준다. 이 과정에서 세상의 어떤 면을 보느냐에 따라 수학은 여러 분야로 갈라진다. 예를 들어 산술과 수론은 수와 셈의 양식, 기하학은 형태의 양식, 확률론은 우연의 양식 등에 초점을 맞추게 되는 것이다. 이와 같이 수학은 그 각각의 양식을 이용하여 우리로 하여금 미처 볼 수 없었던 것을 볼 수 있게 만들고 마침내 그것을 이해할 수 있게 만든다.

따라서 수학을 왜 배우는가 하는 질문에 대해 연산 능력의 실제적 필요성을 근거로 답하는 것은 소박하다 못해 빈곤하다. 수학은 그야말로 순정한 논리적 양식의 학문이라는 점, 그래서 수학 교육이 추구하는 목표가 단순 연상 능력이 아니라 논리적 사고력 함양에 있다는 점이 간과된 것이다. 연산은 그야말로 기계적인 것이어서 컴퓨터와 같은 기계가 훨씬 신속 정확하게 답을 가르쳐 준다. 그래서 외국의 경우 수학 교실에서 전자계산기를 활용하는 것을 허용하기도 한다고 한다.

논술의 정체성 또한 이와 유사한 맥락에서 접근해 볼 수 있다. 논술을 단지 도구적 관점에서만 보게 되면, 그것이 내재적으로 그리고 본질적으로 지니는 교육적 가치를 외면하게 된다. 그래서 결국 문항 구성 과정에서 집중적으로 따지는 것은, 답안 작성 방향이 지나치게 열려 있지는 않은가, 혹은 채점 과정에서 공정성과 객관성을 기할 수 있는가 하는 등등의 문제이다. 이러한 고민은 논술이 평가 도구인 한은 당연히 수반되어야 하겠지만, 학습자로서 왜 논술을 써야 하는가 하는 교육 내재적인 가치에 대한 질문을 망각하게 만들 수밖에 없다.

그렇다면 논술이 내재적으로 혹은 본질적으로 지니는 교육적 가치란 무엇인가? 다시 말해 논술 능력이란 본질적으로 무엇이어야 하는가? 논술이 글쓰기인 이상 논술 능력은 필연적으로 사고력의 문제로 귀속된다 할 것이다. 논술 능력이 단순히 문장을 매끄럽게 써내는 표현 능력을 넘어서는 지점에 위치해 있다면, 그것은 논술이 사고력을 요구하는 글쓰기이기 때문이다. 따라서 논술 교육은 학생을 평가하기 위한 도구로서가 아니라 학생의 사고력을 높이는 글쓰기 교육의 일환으로 자리매김해 둘 필요가 있다.3)

모든 언어활동은 사고력과 무관하지 않다. 그 중에서도 논술문은 특히 같고 다른 점을 근거로 대상들을 유형화하는 분석적 사고력, 하나의 사상(事象)으로부터 얻은 지적 결론을 다른 사상에 적용하거나 일반화시키는 유추적 사고력, 대상 혹은 현상의 시비와 정오, 진위와 선악을 평가하는 비판적 사고력, 인과 관계와 의미의 상하 관계 등에 근거한 논리적 사고력과 직접적으로 연관된다.

주목할 만한 사실은 이러한 모든 사고력이 문학 읽기 능력에서 출발할 수 있다는 점이다. 상호텍스트적 작품 읽기가 이루어질 경우 여러 작품에 등장하는 인물이나 시적 화자들, 그리고 그들이 겪고 있는 갈등은 결

---

3) 이 점에 관한 개괄적인 설명으로는 김대행(2006) 중 「사고력을 위한 문학교육」을 참조할 수 있다.

국 몇 가지 유형으로 나누어진다. 문학 감상을 통해 감동을 얻고 공감을 할 수 있는 것은 기본적으로 유추적 사고가 가능하기 때문이다. 인상적인 수준에서라도 비평이 이루어진다는 것은 비판적 사고력이 실현되고 있다는 증거이다. 그리고 이 모든 사고의 과정은 필연적으로 논리를 동반하게 된다. 문학 읽기가 이러한 것은 문학이 여타 장르의 글에 비해 훨씬 더 상징적이고 함축적이며 전형적이기 때문이다. 따라서 문학을 활용한 논술은 논술 쓰기의 본래적 목적인 사고력 향상에 가장 전면적으로 부합하는 문항 구성 전략이라 할 수 있겠다.

(4) 통합교과적이지 않은 논술의 주제가 있는가?

논술이 뜨거운 감자로 인식되고 있는 이유 중의 하나는 그 교육의 어려움 때문이라고 한다. 이른바 '통합교과형 논술'을 특정 교과를 담당하고 있는 교사 개인이 독자적으로 책임지는 것이 불가능하다는 것이다. 어떤 경우 '통합교과형'이라는 수식어의 규정력이 논술 교육 자체의 실현 가능성마저 차단하는 수준으로 커져 있는 것이다.

이에 독자적으로 성립된 교과, 독자적으로 실행되는 교과 교육이 과연 있는가 하는 질문을 던져볼 필요가 있다. 교과의 독자성 혹은 고유성은 경우에 따라 교과 교육의 전문성을 떠받치는 근거로도 활용된다. 그러나 그것은 지난 20세기 학문의 분과화가 초래한 특수한 현상이었을 따름이지, 교과 그 자체의 내재적 속성은 아니다.

무릇 하나의 학문이 독자적으로 성립되어 있음을 보여주는 것은 그 학문 자체의 내적 체계이고, 그것을 가시적으로 확인시켜 주는 것은 그 학문 고유의 전문 용어이다. 교과 또한 이에 준해서 독자적 성립 여부를 판가름할 수 있을 것이다. 교과란 곧 교육내용이라 할 수 있는데, 그것은 조직된 지식의 분야로도 설명되고, 교수 목적 달성을 위해 정비된 지식이나 기능의 범주로도 규정되며, 동질적 문화국면들의 논리적·체계적 조직 묶음으로도 정의된다. 결국 인류의 문화유산을 체계적이고 논리적으로 조직한 것이 교과라 할 수 있다.

그런데 이러저러한 교과 분화의 중심에는 결국 인간이 놓여 있다.4) 모든 분과 학문과 개별 교과란 인간의 관심사가 발현되는 특정한 국면인 것이다. 따라서 인간을 매개로 모든 개별 교과는 통섭적 연관망을 형성할 수밖에 없다. 그 통섭의 네트워크가 복합적인가 단순한가 하는 차이가 있을 따름이지 여타의 교과와 완전히 독립적으로 존속될 수 있는 교과란 있을 수 없는 것이다. 다시 말해 '통합교과형 논술'이란 논술 중의 어떤 한 종류를 지칭하는 개념이 아니라, 논술의 본래적 성격이나 취지를 드러낸 용어일 따름이다(김영정, 2005). 이런 관점에서 본다면, 이른바 '통합교과형 논술'은 불필요한 수식어를 달고 있는 새삼스러운 신조어로서 동어반복에 가깝다 할 것이다.

따라서 논술은 정규 교과 수업에 질곡으로 작용하는 것이 아니라 오히려 정규 교과 수업의 입체화와 활성화를 위해서 반드시 필요한 교수―학습 방법이자 평가 도구로 자리매김 되어야 한다. 이른바 'WYTIWYG 현상'마저도 이 차원에서는 긍정적으로 해석될 수 있다. 이 현상은 적어도 교육의 과정(process)을 기준으로 보면 자연스럽지 못하지만, 평가의 통제력을 적극적으로 활용할 수 있다는 점에서 통합교과형 논술을 전략적

---

4) 피닉스(P. H. Phenex)는 인간의 본성을 바탕으로 '의미의 영역'을 6가지로 구별하였고, 피터슨(A. D. C. Peterson)은 교육내용을 '지적 활동의 주양식(主樣式)'으로 규정하면서 네 가지 양식으로 나눔으로써 각각 학문 및 교과 구별의 체계를 제시했다. 피닉스의 '의미의 영역'은 ① 상징적 의미, ② 실험적 의미, ③ 심미적 의미, ④ 실재적 의미, ⑤ 윤리적 의미, ⑥ 총괄적 의미이고, 피터슨의 네 가지 양식은 ① 윤리적 양식, ② 실증적 양식, ③ 도덕적 양식, ④ 심미적 양식의 네 가지를 든다(이홍우, 2000 ; 5장 및 6장 참조).

으로 실천할 필요도 있는 것이다.

문학은 이 차원에서도 중핵적인 위치를 차지한다. 삼라만상 중에 문학 작품이 다루지 않는 것이 없기 때문이다. 분과 학문에서 다루는 모든 대상은 문학의 주요 소재 혹은 제재였다. 다만 거기에서는 대상들을 개념화하는 언어가 구사되는 반면, 문학에서는 그것을 형상화하는 방향으로 언어가 운용되는 차이가 있을 따름이다. 문학이 통합교과형 논술에서 그 통합의 중심축 혹은 교량으로 자리 잡을 수 있는 것은 이러한 이유 때문이다.

(5) 감화적 · 문학적 수사는 논술의 금기인가?

언어의 기능이나 용법은 여러 가지 기준에 따라 다양하게 나누어질 수 있지만, 정보 전달의 기능 · 용법과 심리 감화의 기능 · 용법이라는 오그덴과 리차즈(C. K. Ogden & I. A. Richards)의 이분법은 가장 흔하게 통용되는 구별법이다. 전자는 지시적, 전달적, 과학적 용법 등의 별칭을, 후자는 정서적, 감화적 용법 등의 별칭을 지닌다. 전자의 용례로 흔히 동원되는 것은 어떤 대상에 대한 사전식 설명이고, 후자의 용례로는 흔히 비유와 같은 문학적 표현을 든다.

일반적으로 설득을 목적으로 하는 논술의 언어는 이 중에서 전자의 기능에 기댄다. 이는 모호하지 않고 명료해야 하며, 장황하지 않고 간결해야 한다는 글쓰기의 원칙에서 파생된 것이다. 그러나 이러한 원칙은 모든 글쓰기에서 두루 적용되어야 마땅한 것이다. 물론 전략적으로 모호하게 혹은 장황하게 글을 쓰는 경우가 없지는 않지만, 불필요한 장식적 수사는 문학에서마저도 금기 사항이다.

문제는 논술의 언어가 주로 지시적 용법 혹은 전달적 기능을 발휘한다는 기술적(descriptive) 진단이, 논술에서는 언어의 정서적, 감화적 기능을 전적으로 배제해야 한다는 식의 규범적(prescriptive) 처방으로 곧장 치환된다는 점이다. 그러나 이는 별개의 차원이다. 언어의 두 가지 기능이나 용법이 선명하게 구별될 수도 없거니와, 설사 그렇다 하더라도 두 가지가 배타적일 수도 없다. 따라서 두 가지 용법을 구별하여 지시적, 과학적 기능을 절대적인 덕목으로 추구하는 것은, 무매개적 비약과 성급한 일반화의 결과일 따름이라 하겠다.

설복(說伏 / 說服)을 목적으로 하는 종교적 담론은 물론이고 사회적 이슈에 대한 신문사의 입장을 전파하는 신문 사설에서 속담이나 비유적 표현이 곧잘 등장하는 이유를 고려해 보면, 설득이 오직 근대적 이성의 영역이 전담하는 역할은 아님을 쉽게 수긍할 수 있다. 이성적 설득만이 가치를 갖는다는 합리주의적 신념은 이 점에서도 동의하기 어렵다. 다소 범박하게 말한다면, 논술이 텍스트의 목적상 설득 장르에 포함된다면, 설득에 기여할 수 있는 효과적인 글쓰기의 기법이나 장치는 모두 동원될 수도 있는 것이다. 논술이 '감동'을 목적으로 구성되는 글은 아니라 할지라도, 언어적 감화적 용법이 실현된다면 적어도 독자의 '공감'을 유도하는 데 지대한 역할을 할 수 있기 때문이다.

언어의 감화적 용법이 논술에서도 허용되고 장려되어야 하는 당위는 그것이 글을 쓰는 주체의 독창성과 개성을 드러낼 수 있는 유력한 단서라는 데서 찾을 수 있다. 가령 어떤 사태나 현상을 비유적으로 표현할 경우, 상투화된 비유를 예외로 하면, 그 표현에는 당연히 글을 쓰는 주체의 개성과 독창이 녹아들게 마련이다. 나아가 거기에는 대상을 바라보는 시각과 인식과 신념이 투영될 수밖에 없는 것이다.[5] 따라서 비유를 비롯

---

5) "은유는 가장 시적이면서 그래서 가장 위험한 것"이라는 명제(올리비에 르불, 1994 : 154)
   가 겨냥하는 바도 바로 이것이다.

한 감화적 표현이 단지 수사적인 효용만을 갖는다는 것도, 또 그것이 문학의 전유물이라는 것도 커다란 오해라 하겠다.

언어의 감화적 용법이 단지 수사적 효용의 울타리에 갇혀 있을 수 없다고 보는 것은, 결국 감화적 표현이 정의적 사고력을 밑받침으로 삼고 있기 때문이기도 하다. 운율, 반복, 과장, 대구, 위트나 유머 등이 연설에서도 자주 활용되는 이유도 메시지 전달의 감화적 효용성에 있다. 따라서 이러한 장치들을 문학적 기교로만 간주하면서 논술에서 이를 배제해야 한다고 하는 것은, 감화적 통달이라는 의사소통의 중요한 덕목을 간과하는 일이 아닐 수 없다.

3. 논술 문항 구성 전략의 변인

평가 도구로서의 논술 문항은 논술을 통해 측정하고자 하는 목표가 무엇인가에 따라 그 구성 전략이 달라진다. 배경 지식(절대적 양, 정확성, 활용 능력 등), 독서 체험, 독서 능력, 표현 능력(내용 조직 능력 포함), 사고력, 창의력 등 논술 작성에 필요조건으로 작용하는 요소는 무수히 많을 것이다. 평가의 목표는 곧 한 편의 논술을 작성하고자 할 때 동원되는 모든 요소 중 무엇에 초점을 맞출 것인가를 말한다.

일반적인 논술 문항은 주어진 텍스트(지문)를 읽고 발문에서 제시하는 화제에 초점을 맞추어 답안을 작성하라는 요구를 한다. 이때 주어진 지문은 내용 생성의 단서로 작용하기도 하고, 비판적 독서의 대상이 되기도 한다. 이에 주어진 텍스트에 대한 해석의 개방성을 어느 정도로 존중하는가 하는 점을 기준으로 삼아, 각각의 변인들이 작용하는 방향을 가늠해 보기로 한다. 이는 곧 텍스트의 원심력과 구심력 중 어느 방향의 힘을 더 강화할 것인가 하는 문제이기도 하다. 극단적인 경우 지문으로 주어지는 텍스트가 전혀 없는 상태에서 논제만 제시될 수도 있고, 오직 텍스트 자체의 해석과 비평만을 요구할 수도 있다. 논술 작성자들에 의해 주어진 텍스트가 어느 정도 자유롭게 해석될 수 있도록 열어 두면 텍스트의 원심력이, 발문에서 특정한 방향으로 해석을 유도하면 텍스트의 구심력이 강화되는 것이다.

해석의 개방성 정도는 결국 반응의 자유도와 직결될 것이다. 논술에서 반응의 자유도는 그 유형에 따라 연속적이지만, 관습적으로 논술의 유형은 응답 제한형(the restricted response type)과 응답 개방형(the extended response type) 두 가지로 나눈다(이삼형, 1994). 목적과 목표, 상황에 따라 선택되어야 하겠지만, 이왕 문학을 활용한 논술이라면 가급적 응답 개방형이 더 바람직할 것으로 보인다.

(1) 독서 체험, 독서 능력, 표현 능력

지문으로 주어진 문학 텍스트에 대한 해석의 결과가 논술 작성에 미치는 영향에 따라 독서 체험, 독서 능력(이해 능력), 표현 능력의 상대적 비중이 달라질 수 있다. 보통 논술 작성자는 일차적으로 지문을 읽는 데 지적 에너지를 투입하게 되는데, 지문의 오독은 곧 논술 내용상의 오류로 이어지기 십상이다. 이러한 일반적인 유형의 논술은 독해력을 포함한 독서 능력 평가도 겸하게 된다. 그것이 의도의 결과이든 그렇지 않든, 독서 능력이 논술 작성, 곧 쓰기 능력에 심대한 영향을 미치는 것은 당연하다.

그런가 하면 독서 능력을 최대한 배제하는 논술 능력도 상정해 볼 수 있다. 지문에 대한 다양한 해석 가능성을 최소화하도록 발문을 통해 지문 독서의 방침을 미리 정해주거나, 아예 지문을 제시하지 않은 채 화제만 제시하면서 논술을 요구하는 경우이다. 이 경우에는 주어진 지문을 독해하는 절차가 최소화되거나 생략되므로, 독서 능력에 대한 평가도 배제되는 결과를 낳는다.

물론 이 경우에도 기존의 독서 체험마저 아예 무관해지는 것은 아니다. 특히 논술의 내용 생성에 단서를 제공하는 지문이 배제된 경우에는, 기존의 독서 체험이 거의 유일한 내용 생성의 근거가 되고, 독서 능력이 아닌 독서 체험이 평가의 한 초점이 된다. 여기에 독서 체험을 명시적으로 포함시키도록 요구하는 논제일 경우, 독서 체험은 논술 능력에서 매우 큰 비중으로 자리하게 된다.

(2) 텍스트 완결성, 상호텍스트성

지문으로 주어지는 텍스트가 단수인가 복수인가도 해석의 개방성에 강력한 영향을 미치는 변인이다. 통상적으로 논술 문항에서는 지문이 복수로 제시되는데, 복수의 문학 텍스트, 복수의 비문학 텍스트, 문학과 비문학 텍스트 복합으로 구성된다. 이 중에서 복수의 비문학 텍스트 지문을 논외로 하면, 텍스트가 복수로 제시되면 단수로 제시될 때보다 해석의 개방성은 현저히 줄어든다. 공통으로 다루고 있는 화제 등 텍스트 상호 간 연결 고리를 발견해야 하기 때문이다.

그러나 문학 작품이 포함된 논제에서 제시문이 단수와 복수인 경우 중 어느 편이 더 바람직한가 하는 문제는 일괄적으로 규정하기 어렵다. 오직 출제 전략에 따른 선택일 따름이다. 단일 제시문이라고 해서 해석의 개방성이 무한정 보장되는 것도 아니고, 또 반드시 해석의 개방성 정도가 크다고 해서 바람직한 논제라 할 수 없기 때문이다.

(3) 문제 발견 능력, 문제 해결 능력

발문에서 논제를 제시할 때 화제를 어느 정도로 초점화하는가에 따라, 문제 발견 능력과 문제 해결 능력의 상대적 비중은 달라질 수 있다. 가령 발문에서 텍스트의 내용을 안내함으로써 독서 방향을 제시하는 경우와, 포괄적으로 지문에서 다루고 있는 문제를 스스로 찾아서 그와 관련된 논제를 정하라고 요구하는 경우를 상정해 볼 수 있다. 전자의 경우 논제를 출제진이 제시하고 논술 작성자는 이에 답하는 관계이므로 문제 해결 능력이 중심이 되고, 후자의 경우에는 논술 작성자 스스로 논제를 정하고 그에 대해 의견을 개진하는 절차를 밟으므로 문제 발견 능력이 중심이 된다.

일반적인 논술 문항에서는 문제 해결 능력을 중시한다. 발문을 통해 출제 의도를 뚜렷이 제시하는 것이다. 이는 논술 작성자가 논점을 정리하는 데 필요한 지적 부담을 줄여주는 미덕을 가진다. 그러나 논술 작성자의 문제 발견 능력을 평가하기는 어렵다. 사고력을 총체적으로 평가하는 데 한계를 갖는 것이다. 문학을 제시문으로 활용하는 논술이라면, 문제 발견 능력에 대한 평가도 아우르는 것이 문학 제재의 의의를 살리는 길이다.

4. 새로운 출제 전략 몇 가지

이제 앞에서 진술한 전제적 문답과 논술 출제 과정의 몇 가지 변인을 함께 고려하면서 구체적인 출제 방안을 제시하기로 한다. 그러나 여기에 소개하는 몇 가지 전략들은 필자의 독창적인 아이디어가 아니다. 논술 관련 경시대회나 신문 등을 통해 이미 활용된 경우도 있다. 다만 논술에서 문학을 활용하고자 할 때, 문학 작품이 제시문으로서 가지는 의의를 최대화하는 방향에서 나름대로 의미가 있다고 판단된 사례를 참조하여 구안해 본 것이다.

(1) 단서 최소화 전략

<예시 1-1>

※ 다음에 주어진 글의 어느 한 구절 혹은 문장을 첫 문장으로 삼아 글을 완성하시오.
＊시 한 편이나 소설의 한 대목을 지문으로 제시

<예시 1-2>

※ 다음에 주어진 문장을 첫 문장으로 삼아 글을 완성하시오.
＊시의 한 구절이나 소설 속 문장을 지문으로 제시

대부분의 논술 문항은 주어진 지문을 읽고 그 결과를 논의의 출발점이나 단서로 삼을 것을 요구하고 있다. 그렇게 되면 독서 능력 평가를 겸하는 문항으로서 지문의 구심력을 더 강화하게 된다. 이와는 반대로 문학을 지문으로 활용하되, 단서를 최소화하는 방향도 고려해 볼 만하다.

<예시 1-1>과 <예시 1-2>는 모두 논술문의 첫 문장을 문학 작품의 한 구절로 시작하라는 요구만 하고 있다. 서론을 작성하는 방법으로 자주 채택되는 인용의 전략을 논술 문항 자체가 흡수한 유형이라 할 수 있다. 이와 같은 문항에서 주어진 구절은 작품 전체의 맥락이나 주제로부터 자유로울 수 있다. 논술 작성자가 임의로 그 뜻을 해석하여 자신의 문제나 현대 사회의 문제와 연결시켜 논지를 전개할 수 있는 것이다.

(2) 문제 발견 능력 활성화 전략

<예시 2>

※ 다음에 주어진 시에서 시적 화자의 세계 인식 방법을 서술하고, 그것이 현대 사회의
어떤 문제를 해결하는 데 유용한지 그 미덕을 논술하시오.
＊시 한 편을 지문으로 제시

한 편의 문학 작품에서 시인 혹은 작가의 의도(intention)와 작품 자체가 지닌 의미(meaning)를 읽어내고 이를 자기화하여 그 의의(significance)를 발견하는 것은, 문학 읽기의 일반적 과정이다. <예시 2>는 일단 문학 평론가를 논술 작성자의 역할 모델로 상정하고 있다. 평론이 넓은 의미의 논술에 속한다는 점에서 충분히 성립 가능한 논제이다. 논술 작성자가 스스로 작품의 의도와 의미, 의의를 발견하도록 유도하면서 해석의 개방성을 최대한 보장한다는 취지에서 구안된 것이다. 작품에 대한 주관적 평가를 토대로 그것이 '지금-여기'의 시공간에서 어떤 의의를 지니는가를 요구하고 있다. 소설이나 다른 서사 장르의 작품을 제시문으로 활용할 수도 있다.

(3) 독서 체험 활성화 전략

<예시 3>

※ 발문
＊<조건> 1. 문학 작품의 구절을 직접 인용하거나 사례를 활용할 것

문학이 교육적으로 두루 가치 있는 이유 중의 하나는 독자로 하여금 이 세상의 질서와 삶의 섭리를 두루두루 경험하게 만든다는 데 있다. 그리고 문학을 통해 경험한 바는 하나의 전형으로 자신의 삶에 밀착해 들

어오게 된다. 삶의 특정한 국면에서 시의 한 구절, 소설 속 인물이나 서술자의 언어가 살아나게 되는 것이다.

<예시 3>이 겨냥하는 것은 논술 작성자가 문학 독서 체험을 얼마나 자신의 삶에 의미 있는 것으로 내면화하고 있는가를 평가하는 것이다. 본문 중에 자신의 독서 체험을 직접 끌어들여 자신의 주장을 뒷받침하는 사례나 논의의 단서로 활용하면, 내용을 풍부하게 함은 물론이고 논지 전개도 자연스러워질 수 있다. 인용하는 경우 그 단위는 구절 단위, 문장 단위, 이야기 단위 모두가 가능할 것이다.

(4) 요약 능력 연계 전략

> 〈예시 4〉
>
> ※ 다음에 주어진 이야기를 요약하고 이를 서론으로 삼아 …… 논술하시오.

<예시 3>의 독서 체험 활성화 전략에서는 기억력에 의존하는 인용을 요구하지만, <예시 4>는 요약 능력과 연계시킨 유형이다. 요약이 논술 자체는 아니지만, 경우에 따라 요약이 논술 문항과 함께 제시되기도 한다. 그러나 대부분 요약과 논술이 별도로 위치하는데, 두 가지 능력을 연계시키면 이와 같은 유형이 가능하다. 단 이 경우 요약의 대상이 되는 이야기는 자체로 완결성을 가져야 하므로, 비교적 분량이 적은 설화나 우화와 같은 서사 장르가 적절할 것이다.

(5) 자기 초점화 전략

> 〈예시 5〉
>
> ※ 다음에 주어진 세 작품에 등장하는 인물(혹은 화자)의 가치관을 비교하여 평가하고, 그중에서 자신과 가장 가까운 가치관을 가진 인물(혹은 화자)을 택해 그것이 현대 사회에서 지니는 의의에 대해 논술하시오.
> *두 개 이상의 복수 지문 제시

일반적으로 논술에서 글쓰기 주체를 직접적으로 드러내는 것은 금기시된다. 그러나 논술이 개인의 주체적인 판단과 태도를 겨냥하는 유형이라면, 논제 자체에서부터 글쓰기 주체의 노출을 유도해 볼 만하다. 모든 논술이 '지금-여기-우리'의 문제로 귀결되어야 하는 것이 공리인 이상 '나'의 존재를 글에 드러내도록 요구하자는 것이다.

<예시 5>는 이러한 취지에서 창안된 유형이다. 발문에서 '자신과 가장 가까운 가치관을 가진 인물'이라는 단서를 명시적으로 제시했으므로, 이를 고려하는 과정에서 논술 작성자는 필수적으로 '나'의 삶을 성찰하게 될 것이고, 그 결과 자기를 초점화한 논술을 작성하게 될 것이다.

(6) 범교과 연계 전략

문학은 삼라만상을 모두 다룬다. 인류가 보편적으로 겪어 왔던 사회 문제, 한 인간의 생애에서 필수적으로 나타나는 곡절들이 가장 빈번하게 등장하는 문학의 소재이다. 생로병사의 한 생애, 그 과정에서 겪게 되는 만남과 이별, 사랑과 미움, 투쟁과 좌절이 모두 문학의 가장 전통적인 레퍼토리이다. 분단과 통일, 민주주의, 양성 평등, 사회적 약자 혹은 소수자, 인권, 소외, 저출산 고령사회, 세대 간 단절, 생태 위기 등과 같은 시사적인 문제도 문학은 비껴가지 않는다. 오히려 문학은 어떤 분야보다 앞서서 인간의 문제를 제기할 정도로 촉수가 민감하다. 따라서 문학은 범교과적 차원에서 논술의 자료로 활용될 수 있고, 또 그렇게 되어야 한다.

5. 맺음말

논술이 평가 도구인 한, 논술을 통해 학습자의 능력을 측정하고 그 결과를 선발, 분류, 예언 등에 이용하는 것은 피할 수 없다. 그러나 다른 한편으로는 꼭 같은 이유로 그것은 또한 교육 목표 달성에 관한 증거로 이용되어야 마땅하다. 달리 말해, 논술이 단지 그 결과로서 작성자의 현재 위치를 알려주고 그것이 당연히 그의 미래까지 예언해 준다고 보는 대신, 그에게 필요한 학습 동기를 어떻게 촉진시킬 것인지, 그가 어떤 과정을 거쳐 어느 정도로 지적 성장을 해왔는지를 알려주는 단서로 활용되어야 한다는 것이다. 교육의 목표란 궁극적으로 한 개인의 성장에 놓여 있기 때문이다.

이 글에서 관심을 기울인 것도 논술이 평가 도구라는 실용적 목적을 떠나 한 개인의 성장에 기여할 수 있는 방법이 무엇인가 하는 점이었다. 그러기 위해서 논술은 정규 교과 시간의 정상적 진행을 방해하는 장애물이 아니라 오히려 정규 교과의 정상화를 위해 동원될 수 있는 유력한 기제여야 하고, 자신의 개성과 정체성을 드러내는 통로여야 하며, 사고력 발달을 촉진하는 직접적인 수행이어야 함을 밝혔다. 이를 토대로 논술에서 문학을 활용할 때, 문학의 교육적 가치와 의의를 살릴 수 있는 논제를 개발하는 데 필요한 몇몇 전략을 사례로 제시해 보았다.

거듭 말하거니와 논술이 교육적 가치를 회복하기 위해서는 우선 대입이라는 제도에 의해 덧씌워진 실용주의적·형식주의적 굴레를 벗어나야 한다. 선발과 분류라는 실용적 목적을 넘어 개인의 성장이라는 교육 본질적 목표가 전면에 포진해야 하고, 이에 따라 출제와 수행과 채점의 전 과정이 실행되어야 한다. 그리고 이에 대한 교육도 논술 텍스트의 형식적 요건에 집중하는 경향을 넘어, 역시 한 개인의 삶을 드러내도록 유도하는 수준에 이르러야 한다. 교육의 대상이 되는 무엇이든, 그것이 실용으로 치우치면 본질을 잃어버리게 되고, 형식으로 경도되면 삶을 놓쳐버리게 되는 결과를 낳게 되는 것이다.

공연 문학과 화법교육

공연 문학의 국어교육적 배치

1. 공연 문학의 개념과 논의의 범위

‘공연 문학’은 다소 낯선 개념이다. 그 개념과 내포와 외연에 가장 가까이 있는 것은 ‘구비 문학’이나 ‘연행 문학’이다. 연행 문학이라는 용어가 문학의 향유 방식에 초점을 두고 있는 데 비해, 구비 문학이라는 용어는 상대적으로 전승 방식에 더 초점을 맞추고 있는 점에서 둘은 서로 구별된다. 구비 문학의 일반적 성격인 이른바 적층성, 유동성 등은 엄밀히 말하면 존재 방식상의 특성보다는 전승 방식상의 특성에서 기인하는 바 크다. 그런데 언어적 장치나 그 효과, 그리고 구성적 자질이나 미적 특질 등 구비 텍스트의 본질적인 성격은 기본적으로 연행이라는 존재 방식 및 실현 방식에 의해 규정될 수밖에 없다(류수열, 2001 : 54). 연행 문학이란 구비 문학의 모든 장르가 실상 행동을 통해서 전달된다는 점을 드러내기 위해서 구성된 용어이다(전경욱, 1984). 이는 다시 ‘언술’, ‘곡조’,

‘동작’이라는 요소를 준거로 하여 구연 문학, 가창 문학, 연창 문학, 연희 문학으로 재범주화되기도 한다(박영주, 1998).[1]

　이 중에서 구연 문학과 가창 문학은 연행자와 관객이 일대일로 대면한 상태에서 연행될 수도 있는 반면, 연창 문학과 연희 문학은 다수의 관객을 상대로 연행된다는 점에서 성격이 달라진다. 공연(公演, public performance)의 사전적 의미를 ‘공개’나 ‘공중’에 초점을 맞춘다면, 구연 문학과 가창 문학이 반드시 공연의 형태로 연행되지는 않음을 알 수 있다. 당연히 연창 문학과 연희 문학은 연행을 위한 무대가 있고 그 연행을 수용하는 관객을 필수적인 조건으로 한다. 게다가 그 관객은 다수의 공중이다. 이렇게 보면 공연 문학은 연행 문학의 하위 개념에 해당된다고 볼 수 있다. 구비 문학이 문자 문학과 대비되면서 구두 언어라는 매체를 유표화(有標化)한다면, 공연 문학은 텍스트 자체보다 연행의 공적 특성을 부각시키는 개념이다. 이 글에서는 ‘공연 문학’을 ‘공연을 통해 실현되는 문학’이라는 의미로 쓴다.[2] 그러므로 판소리 사설이 아닌 판소리 그 자체가 하나의 공연 문학이고, 가면극에서 채록된 대사만이 아닌 가면극 자체가 하나의 공연 문학인 셈이다. 당연히 이 논리를 그대로 이어가면 오늘날 우리가 무대에서 접하고 있는 연극 또한 당연히 공연 문학, 더욱 구체적으로는 연희 문학에 포함된다.

　이 글은 이러한 논리의 연장선에서 공연 문학이 화법 능력 향상과 화

---

1) 각각의 하위 장르는 다음과 같다.
　　┌ 口演 문학 : 속담, 수수께끼, 설화 등
　　├ 歌唱 문학 : 민요를 위시한 고전시가 일반
　　├ 演唱 문학 : 무가, 판소리 등
　　└ 演戲 문학 : 무당굿놀이, 탈춤, 꼭두각시놀음 등
2) 이러한 정의가 필요한 이유는 공연 자체가 국어교육의 소관인가 아닌가 하는 불필요한 논란을 피하기 위해서이기도 하다. ‘언술’과 ‘동작’을 필수적인 요건으로 삼아 이루어지는 공연에서 ‘언술’만이 언어이므로 공연 자체를 국어교육의 소관으로 다루기는 어렵다는 논리는 순박하다. 이 점은 이후의 논의를 통해서 자연스럽게 밝혀질 것이다.

법교육 논의의 발전에 기여할 수 있는 구도를 그려내는 데 목표를 둔다. 언어 능력에 관하여 경험주의적 견해와 이성주의적 견해가 대립하고 있음에도 불구하고, 문학이 일상의 언어 능력 함양에 기여한다는 사실 자체는 부인되지 않는다. 경험주의적 입장에서 문학은 문학의 이해와 창작은 일상적 언어의 풍부한 용례이자 활동이고, 이성주의적 입장에서는 중요한 원리이자 방법을 제공해 준다. 그런 면에서도 문학은 국어교육의 중핵적인 자료이자 내용이라 할 수 있다(김대행 외, 2000 : 40). 공연 문학 또한 예외는 아닐 것이며, 공연 문학의 언어가 구두 언어인 이상 읽기나 쓰기보다는 말하기 혹은 화법과의 친연성이 훨씬 더 높을 것이므로, 초점을 여기에 두기로 한다.3)

공연 문학 중 국어교육적 관심의 대상이 가장 높았던 것은 단연 연극이다. 교육에서 연극은 대략 방법, 의사소통, 텍스트라는 세 가지 위상을 가진다(김대행, 1998). 이 중에서 방법으로서의 연극이란 범교과적으로 활용되는 교육 방법을 가리킨다. 일반적으로 '교육 연극'으로 통칭되는데, T.I.E(Theatre-in-Education)나 D.I.E.(Drama-in-Education), 역할극(Role Playing) 등이 대표적인 방법으로 꼽힌다(조병진, 1998 참조). 그러나 이는 범교과적으로도 활용되고 있으므로, 국어교육의 고유성이 발현되는 것은 접근은 의사소통으로서의 연극과 텍스트로서의 연극이라 할 수 있다.

연극을 의사소통으로 보는 관점에서는 연극이 학생들의 언어 소통 기능 발전에 강력하게 기여한다는 입장에서 연극이라는 형식에 담기는 의사의 교환 상황 자체가 지닌 효용성이 매우 크다는 점에 주목한다. 연극이 곧 극적 상황에서 창출되는 발화의 이해와 그에 대한 주체적 대응으로서의 말하기라는 점에 관심을 갖는 것이다. 연극이 텍스트라는 것은

---

3) 총체적 언어 교육 방법의 하나로 연극이 활용될 수 있는 여지가 큰 것도 동일한 논리의 연장선에서 이해할 수 있다. 이에 대해서는 황정현(1999) 참조.

읽기 영역에서 활용되는 감상의 자료라는 의미이다. 이는 우리가 국어교육에서 전통적으로 연극에 접근했던 방식이다.

이처럼 교육에서 연극에 접근해 왔던 시각은 여타의 공연 문학에도 여전히 유효하다. 물론 연극 고유의 특성이 있고, 장르 간의 차이가 있으므로 그대로 적용하기는 어려울 것이다. 그러나 각 장르의 특수성을 존중하는 방향으로 접근하면 국어교육에서 주목할 만한 시사점이 오히려 더 다채롭게 발견될 수 있을 것이다. 이 논리를 계속적으로 연장해 가면 공연 문학뿐만 아니라 문학 전체에도 적용 가능하다. 결국 이러한 논리는 문학을 예술의 한 하위 장르가 아닌 언어활동의 준거로 바라보는 관점(김대행, 1995 : 174~188)으로 이어진다.

이 글은 의사소통의 본질과 관련하여 화법교육에서 일어나고 있다고 판단되는 편향을 바로잡는 데 공연 문학이 기여할 수 있는 방안을 제시하는 것이 목표이다. 이를 위해 화법교육에 관한 기존의 논의를 비판적으로 성찰하면서 거기에서 간과하고 있는 몇 가지 요소를 드러내고, 각각의 국면에서 공연 문학을 활용하여 이에 대한 대안적 원리를 제시하거나 보완할 수 있는 길을 모색해 보기로 하겠다.

2. 공연 문학에 주목하는 이유

공연 문학은 일상적인 언어와는 다르다. 즉흥적이고 산만한 일상적 언어에 비하면 응집성이나 응결성 면에서 수준이 훨씬 더 높다. 정밀하고 세련되게 다듬어졌으며, 시작과 중간과 끝이라는 전체 구조 속에서 치밀하게 계산된 언어이다. 그런 면에서 일상어의 화법 능력에 초점을 맞추고 있는 화법교육에 어울리지 않는 자료일 수도 있다. 그러나 바로 그 이유 때문에 오히려 더 적절한 자료이기도 하다. 가장 모범적이고 전형적인 사례를 보여주는 자료인 것이다.

또한 공연 문학의 언어 자료는 일상적인 언어활동의 모든 양상을 두루 보여준다는 점에서 포괄성을 갖추고 있다는 장점도 있다. 의사소통의 목적을 기준으로 삼는다면, 공연 문학의 언어는 정보 전달, 설득, 친교, 정서 표현이라는 네 가지 분류를 두루 포괄한다. 로만 야콥슨의 설명에 따라 언어의 기능을 기준으로 삼는다면, 지시 기능, 감정 표시 기능, 능동적 기능, 친교적 기능, 메타언어적 기능, 시적 기능을 두루 보여준다는 점도 확인된다(김만수, 2007 참조). 거기에는 또한 부탁, 안내, 인사, 소개, 질책, 거절, 충고, 격려, 위로 등 모든 종류의 화행도 포함되어 있다.

이처럼 공연 문학의 언어가 일상생활의 언어를 골고루, 그것도 정제된 형태로 담아내고 있다는 점이 공연 문학에 주목하는 일차적이고도 중핵적인 이유이다. 이를 바탕으로 이제 화법교육에서 일어나고 있는 몇 가지 편향을 지적하면서, 공연 문학의 존재 양상을 통해 이러한 편향이 수정될 수 있는 가능성을 제시하기로 한다.

3. 공연 문학의 화법교육적 배치

(1) 음성 중심주의적 편향 극복

흔히 '문자 언어'에 대비되는 용어로 '음성 언어'를 쓴다. '음성 언어'란 말 그대로 음성으로 나타내는 언어이다. 몸짓이나 표정과 같은 비언어적 기호나 문자로써 하는 표현에 상대된다. 소리의 고저와 장단, 억양과 같은 반언어적 요소는 음성 언어에 자연스럽게 포함되지만, 비언어적 기호는 음성 언어가 필연적으로 동반하는 것은 아니다. 그럼에도 '음성 언어'가 개념상 비언어적 기호를 포괄한 채 '문자 언어'에 대비되어 쓰임으로 인해서 내포와 외연의 불일치를 드러내고 있는 것이다. '음성 언어' 대신 '구두 언어'가 더 적절한 용어라는 주장이 상대적으로 더 타당해 보이는 이유도 여기에 있다.

여기에서 흥미로운 것은, 그럼에도 불구하고 '음성 언어'의 의미적 쓰임새가 비교적 자연스럽게 인식된다는 점이다. 개념상 내포와 외연의 불일치를 인식하면서도 그것을 자연스럽게 써 왔다는 것은 관습적 쓰임새에 익숙해졌다는 뜻일 터이다. 그렇다면 그 관습의 실체란 무엇이겠는가? 이는 우리의 화법교육이 지나치게 음성이라는 물리적 실체에 중심을 두고 있었다는 것이다.

일상적인 언어생활에서 말[구두 언어]은 순수하게 음성으로만 실현되지 않는다. 구두 언어는 비언어적·반언어적 요소를 필수적으로 포함하고 있음은 물론 동작 혹은 행동과 밀접하게 결부되어 있다. 물론 교육과정이나 교재에서 비언어적 요소와 반언어적 요소는 어느 정도 배려되고 있는 것으로 보인다. 반면에 동작과 함께 일어나는 발화, 혹은 동작을 설명하는 발화가 흔하게 있다는 점, 가끔은 천 마디의 말보다 더 강렬한 힘을 발휘하는 침묵도 있다는 점 등은 상대적으로 배려가 부족하다고 판단된다. 또한 흔히 화법 논의에서 비언어적 요소로 몸짓이나 손짓 등을 언급하고 있지만, 그것은 '음성'에 부차적으로 부가되는 것 이상은 아니다. 그러나 동작이나 행동이 주가 되고 말이 이를 뒷받침하는 경우나 더 극단적으로는 몸짓만 있고 언어가 없는 경우도 흔하다는 점, 혹은 비언어적 요소만 있고 언어가 없는 침묵도 효과적인 의사소통의 전략이라는 점에서, 이러한 국면을 골고루 보여주고 있는 공연 문학에 주목해야 할 필요성이 생긴다.

최영후 그럼 송달지라구 이름꺼쩡 써 넣으시죠. 지금이 몇 시더라 다
      섯시 30분 시간꺼정 써 넣으십시오. 유서란 그래야 하는 법입
      니다.

이중생 (글을 쓰며) 유서 작정 날짜는 지금으로부터 멀찍이 3년전… 이
      면… 충분하겠지… 자살 집행은 오늘 다섯시 이십분.

송달지 살아남느냐 없어지느냐 그것이 문제로다.

이중생 그럼 제 2차루 들어가 자살허면 어떤 방법으로 헌다지.

최영후 (목을 싹둑 자르는 시늉을 하고) 물론 면도칼이 제일이죠. 할복
      은 머하고 (하주에게) 마님, 가족일동 다 나오시라구 하십쇼.

하주 안으로 들어간다. 극이 진행하는 동안에 우씨와 하주 그리고 훨씬
뒤떨어져 하연도 등장.

최영후 면도칼이 뒷탈두 없구 제일입니다. 해부할 필요도 없구. 자 이
      리 누십쇼. 면도칼을 오른손에 쥐시구, 인젠 이 순간부텀 영감
      님이 돌아가셨습니다. 유서는 이렇게 고스란히 문갑 위에 놓였
      구 방안은 온통 피바다 …… 붉은 잉크 없나? 없으면 씻쳐 버
      렸다 허구, 피비린 냄새가 코를 찌르는 피바닥이올씨다. 자, 그
      럼 여러분, 놀래서 뛰어 오십시오. 마님의 남편되시는 이, 아가
      씨의 아버지, 송선생의 장인, 아니 일찌기 우리 한국이 낳은 위
      대한 사업가 영웅 이중생씨의 최후올씨다.

우씨와 하주는 방안으로 송달지는 툇마루 앞에 엉거주춤하고 어쩔 줄
모른다.
                −오영진, <살아 있는 이중생 각하>(이근삼·서연호 편, 1989)

연극의 언어는 주텍스트(main text)와 부텍스트(subtext)로 구별되는데, 인
물들의 대사가 전자라면, 작가의 해설과 무대 및 동작 지시는 후자에 해
당된다. 위 인용문에서 우선 괄호로 처리된 '동작 지시(action direction)'를
보기로 하자. 이로부터 우리는 화법교육에 던지는 한 가지 시사점을 발

견할 수 있겠기 때문이다.

주지하듯, 우리의 일상적 언어 생활에서 언어가 독립적으로 발화되는 경우는 없다. 발화의 조건 혹은 환경에 가장 크게 작용하는 것은 상황 맥락이다(노은희, 1993 ; 이주섭, 2001). 상황 맥락 안에서 각각의 발화가 이루어지는 만큼 그 의미 또한 상황 맥락에 의해 규정된다. 상황 맥락을 시간적·공간적 장면 정도가 아닌, 언어적 메시지 또는 텍스트를 제외한 모든 의사소통 요소들을 통칭하는 개념으로 이해한다면, 여기에는 당연히 배우가 취하게 될 동작도 포함된다. 이 점에서 위 인용문 중에서 일단 주목되는 것은 "목을 싹둑 자르는 시늉"이라는 동작이다. 그러나 이것은 상황 맥락상 필연적인 동작은 아니다. 리얼리티를 살리는 효과는 있지만, 생략되어도 무방한 수준이다.

이보다 더 주목되는 것은 최 변호사의 대사이다. 사실 이 대사에는 생략된 동작이 무수히 많다. 그것은 '이리'나 '이렇게'와 같은 지시어와 나란히 수행되어야 할 동작들이다. 더욱이 최 변호사의 대사 중 "면도칼을 오른손에~씻쳐버렸다고 허구" 부분이 <인생차압>이라는 시나리오로 각색되는 과정에서는 생략되었다는 사실(김만수, 2001 : 91~92)은 최 변호사의 대사가 자신의 동작을 설명하는 데 핵심적인 기능이 있음을 말해준다. 말하자면 이 대사에는 단순히 언어에 결부된 행동이 나타나는 것이 아니라 자신의 행동을 설명하는 언어가 포함되어 있는 것이다.

이러한 현상에 화법론을 조회해 볼 경우에 우리는 화법론 혹은 화법교육론의 음성 중심주의[4]적 편향을 짐작해 볼 수 있다. 화법론이나 화법교육론에서 음성으로 발현되는 메시지에 초점을 맞추어 비언어적 요소까지는 포괄하고 있지만, 동작이 중심이 되고 음성이 이에 수반되는 경우

---

4) 이는 철학자 데리다가 문자 언어에 비해 음성이나 구두 언어가 더 우월한 것으로 인식하는 경향을 지칭한 음성 중심주의(phonocentrism)라는 술어와는 전혀 다른 차원이다.

에 대한 관심은 상대적으로 미약했다는 것이다.

만일 상황에 어울리는 비언어적 기호에 대해서 교육을 한다고 할 때, 그 대상 목록을 어디에서 구해야 할지도 쉽게 알 수 있다. 연극에서 연기하는 표정이나 동작은 상황이 규정해 주는 감정이나 행위를 가장 전형적으로 표현하는 것이어야 할 것이다. 그리고 그 전형은 실제의 말하기 양상으로부터 추출되는 것이다. 공연 문학의 비언어적 기호는 이미 여러 단계를 거쳐 형성된 전형이므로 실제 언어생활에서 요구되는 비언어적 기호의 보고라 하지 않을 수 없다.

이와 아울러 연극을 비롯한 공연 문학에서 두드러지게 나타나는 것은 침묵 혹은 휴지(pause)이다. 희곡이나 채록본에서 '……'로 표시되는 침묵이나 휴지는 그 자체로 다의적인 기호이다. 위 인용문에서 유서를 쓰면서 발화되는 이중생의 대사에 포함된 휴지는 심사숙고하는 내면을 보여주는 기호이다. 특히 사회언어학에서 밝히고 있듯이, 사람들이 만날 때에는 대화가 침묵보다 선호되기 때문에, 침묵에는 흔히 부정적인 해석이 부여된다. 상대의 침묵이 적개심, 경멸, 무관심, 또는 분노로 이해되는 것이다. 그러나 경우에 따라서는 심사숙고, 타인에 대한 존경, 충돌을 피하려는 욕구의 표시로 인지될 수도 있다. 어떻게 해석되느냐는 전적으로 맥락이나 참여자의 사회적, 성격적 특성에 달려 있다(Nancy Bonvillain, 한국사회언어학회 편, 2002 : 52~53). 이 또한 '음성 언어'가 개념적으로 포괄할 수 없는 말의 존재 조건이다.

이처럼 말이 가지는 입체성을 '음성 언어'라는 개념틀로 설명해 내는 것을 쉽지 않다는 점을 충분히 확인할 수 있다. 그러나 여기서 강조하고자 하는 '음성 언어'보다 '구두 언어'가 개념상 더 적절하므로 '구두 언어'로 대체하자는 주장이 아니다. 근본적으로는 말하기 교육 혹은 화법교육에서 '음성 언어' 자체보다는 '음성 언어'의 존재 조건에 주목해야 한다는 당위를 확인하고자 하는 것이다. 공연 문학의 실상이 이를 여실히 보여주고 있는 것이다.

(2) 언어활동에 대한 문화론적 관점의 확충

공연 문학이 화법의 한 모범적인 사례라 보는 이유는 그 문화적 자질에 있다. 공연 문학의 구두 언어는 일상적인 화법에 내재되어 있는 언어 문화적 자질을 생생하게 담고 있는 것이다. 민족지학이나 인류학에서 문자 언어가 아닌 주로 구두 언어를 연구 대상으로 삼는 이유는 언어 공동체 단위의 문화적 자질이 문자 언어에 비해 구두 언어에 훨씬 더 생생하고 강력하게 새겨져 있기 때문이다. 흔히 화법의 미덕으로 적절성(adequacy), 정상성(normality), 정확성(accuracy), 유창성(fluency) 등을 꼽고 있지만, 그 세부적인 내용은 언어 공동체마다 다를 수 있다. 경우에 따라서는 그것이 보편적인 미덕이 아닐 수도 있다. 그러한 차이들은 구두 언어가 그만큼 문화적 관습의 영향을 많이 받는 데서 비롯되는 것이다. 필자의 과문 탓이겠으나, 교육과정이나 교재에서도 역시 의사소통에 관여하는 문화적 요소에 대한 관심은 부족해 보인다. 이는 화법교육의 목표나 내용에 관한 진술이 언어의 도구성에 경도된 자연스러운 결과라 할 것이다. 한국어라는 개별 언어의 특수성에 대한 배려가 매우 부족한 상황인 것이다. 만일 국적을 가진 화법교육의 필요성이 부정될 수 없다면, 일상언어의 문화성을 집적하고 있는 공연 문학에 주목하지 않을 수 없는 것이다.

문화가 개념적으로 여러 갈래로 갈라지긴 하지만, 여기에서는 편의상 '공동체 구성원들이 공유하고 있는 의미 표상'이라는 의미로 쓰기로 한다. 공동체 구성원들은 다른 구성원들과 지식과 사고방식을 공유하며, 이는 곧 사회적 표상이 된다. 사회적 표상은 일종의 인지 체계이다. 이

인지 체계는 현실이나 사실을 넘어서는 지점에 위치해 있기도 한다. 가령 "해가 떠오른다."라는 진술이 과학적 사실과는 어긋나면서도 자연스럽게 인지되는 현상을 통해 확인할 수 있듯이, 이러한 인지 체계는 객관적 현실이나 학술적 설명과는 독립적으로 그 자체로서의 논리 체계와 언어적 표현 체계를 갖는 것이다. 사회적 표상을 공유하지 못한 사람들끼리는 일상적인 의사소통도 불가능하다.

이제 이 점을 다음 연극 대본에서 확인해 보기로 한다.

> 윤서기 (중략) 솔매 쪽으로 깊게 들어가서 문둥이 집이 한 채 있고 생배로 넘어가는 삼거리 채 못 가서, 거위를 기른다고 거위집이라고 하는디, 한씨여, 사람은 생불이구만, 안사람이 간질이 심해 갖고, 그래 남 뵈기 사납다고 외채로 지낸 것이 이십 년이 돼 가지, 아마. 집 뒤로 뭘 좀 심어 보겠다고, 그래 개간 허가 내는 일 좀 거들어 줬구만, 내가 토지를 어디서 떠다 준 줄 아는 모양이여, 나 보고 절하는 것이 이 사람 일과여. 저 보소. 야밤인디 목 빼물고 섰어.

> 탱자 울타리 너머로 상체를 내놓고 서 있던 한씨가 울타리를 돌아 나온다. 도시락만 한 꾸러미를 들었다. 그것을 윤서기의 자전거 뒤판에 묶는다.

> 윤서기 뭐라우?
> 한 씨 더덕 좀 캐 봤구만. 잘아서 젯상엔 오르지도 못하겠네.
> 윤서기 어허, 뇌물 받았다고 나 쫓겨나.
>
> — 오태석, <자전거>(1994)

위의 대화에서 우리는 명시적·암시적인 정보를 수없이 발견하고 추론할 수 있다. 존대법이 제대로 지켜지지 않는 것으로 보아 한씨와 윤서기가 친근한 관계라는 점, 한씨는 진심에서 우러나오는 감사의 마음을 표하고 있다는 점 등이 대표적이다. 그리고 우리의 전통적이면서도 보편적인 화법이라 할 만한 겸양 표현도 주목된다. 적어도 위의 인용문을 한 씨와 윤서기 사이에 오가는 사실적 정보의 전달과 수용에 초점을 맞추어 읽는다면 그것은 지나치게 순진한 독법이다.

여기에서 중요한 것은 표면적으로 드러난 객관적인 정보와는 달리 새로운 의미가 생산되고 교환된다는 점이다. 위의 상황에서 더덕은 식물학적 개념을 당연히 넘어선다. 그것은 '제수 용품'으로 표상되면서 '감사의 마음'이라는 의미를 새롭게 생성한 기호인 것이다. 또한 한씨가 표면적으로 자신의 선물을 격하하는 것도 언어문화라는 점에서 주목할 만하다. 보잘것없다는 것을 알면서도 이를 선물한다는 것은 논리적으로 설명되지 않는다. 문화적 맥락으로 미루어 보건대, 그 더덕은 결코 잘지 않았을 것이다. 그러나 그것이 선물과 관련된 문화적 문법이고 한씨는 이 문법을 충실히 준수하고 있는 것이다. 이에 대한 윤서기의 대응 또한 문화적 문법을 따르기는 마찬가지다. 표면적으로 선물을 받지 않겠다는 뜻을 드러내고는 있지만, 그것이 충분히 가치 있는 선물이므로 고맙게 받겠다는 의미를 숨기고 있는 것이다. 요컨대 두 사람은 언어를 쓰면서도 그 기표를 넘어서서 언어로써 전달하기 어려운 어떤 마음을 주고받고 있는 것이다. 이것이 가능했던 것은 더덕이 표상하는 바를 두 사람이 공유하고 있었고, 또 선물을 주고받을 때의 언어적 표현 체계를 공용할 수 있었기 때문이다.

만일 의사소통의 효율성과 정확성을 위해 두 사람의 대화를 다음과 같이 고쳐 썼다고 가정해 보자.

한　씨　더덕을 캤는데, 더덕이 너무 잘군요. 그러나 오늘이 당신 댁의 제삿날이라는 점을 기억하고 있으므로, 부족하나마 이것을 드리니 제사상에 올리시지요. 당신의 은덕에 대한 보답입니다.

윤서기　고맙지만, 조금 부담스럽군요.[5]

우리는 이러한 대화가 상황에 어울리지도 않을뿐더러 현실의 언어가 아니라는 것은 직감적으로 알 수 있다. 그 직감이야말로 문화적 유전자의 역할 때문이라 할 수 있을 터이다. 우리 또한 그러한 표상을 공유하고 언어적 표현 체계를 공유하고 있었던 결과인 것이다. 두 사람의 의사소통은 단지 어떤 정보를 정확하게 전달하는 것이 목적이 아니었다. 오히려 의미가 불투명할 뿐만 아니라 객관적 사실마저 왜곡한 정보를 담고 있는 언어적 표현을 통해 의사소통의 목적을 성공적으로 완수할 수 있었던 것이다.

이처럼 의사소통이란 의미의 전달일 뿐만 아니라 의미의 생산과 교환이기도 하다. 우리의 화법교육에서는 이 중에서 전자에 초점을 맞추고 있는 것으로 보인다. 그러다 보니 자연스럽게 의미 전달의 효율성과 정확성에 초점을 맞추게 된다. 이는 커뮤니케이션에 관한 과정학파(process school)의 입장과 상통한다. 그러나 의사소통에 간과할 수 없는 것은 의미의 생산과 교환을 위한 사회적 상호 작용이다. 기호학파(semiotic school)가 주목하는 커뮤니케이션의 국면도 바로 이것이다. 기호학파는 메시지 혹은 텍스트가 의미를 만들어내기 위하여 어떻게 화자 및 청자와 상호작용을 하는지에 관심을 둔다. 기호학파에서는 의미의 왜곡과 재수용을 통한 의미 생산과 교환을 일러 '의미 작용(significance)'이라 하며, 오해가 발생한 상황을 곧바로 의사소통의 실패로 규정하지는 않는다(존 피스크, 강태완 외 역, 2001 : 23).

일상적 언어생활에서도 언어는 끊임없이 일탈을 감행한다. 그러나 그것은 의도된 일탈인 경우가 많다. 의도적으로 사실을 왜곡하며 의도적으로 오해를 하고 의도적으로 실패와 파탄을 자초하기도 한다. 그러나 상

---

5) 김만수(2007 : 35)에서 연극 언어의 다층성과 다의성을 살피기 위한 사전 작업으로, 정확한 정보 전달을 위해 임의적으로 고쳐 써 본 것이다.

대방에 의해 그 의도가 감지되고 의미가 표상하는 바가 공유되면 그것으로 그 의사소통은 충분히 수행되는 것이다. 효율성과 정확성을 기준으로 본다면 실패라 단정할 만한 의사소통도, 의미의 생산과 교환이라는 의미 작용을 기준으로 보면 충분히 가치 있는 의사소통이 되는 셈이다. 일탈 인지의 여부, 실패인지의 여부에 대한 판단도 언어문화를 공유하고 있는 단위에 따라 달라지게 마련이다.

이런 관점에서는 만일 의사소통이 성공적이지 못한 경우가 있다 하더라도, 그 이유를 의미 전달의 효율성과 정확성 결여가 아니라 의미 표상의 공유 여부에서 찾게 될 것이다. 어떤 면에서 의사소통 능력에서 추구하는 효율성과 정확성은 신화에 불과할 수도 있다. 화법교육의 목표나 내용에 관한 진술은 국어뿐만 아니라 모든 언어 교육, 심지어 외국어 교육에서도 범용될 만한 수준에서 서술될 뿐이다. 이런 면에서도 이제 우리의 화법교육에는 과정학파적 접근법에 기호학파적 접근법이 부가됨으로써 문화론적 관점이 확충되고, 이를 통해 입체적인 화법교육 설계도 가능하게 될 것이다.

(3) 구체적인 화법 수행 원리의 확충

말하기 능력이나 듣기 능력이 말하기와 듣기에 대한 지식 그 자체가 아니라 말하기와 듣기를 수행하는 능력이기 때문에, 말하기나 듣기의 교수－학습 과정은 당연히 말하기와 듣기의 수행에 초점을 맞추어야 한다(전은주, 1999 : 193)는 당위적인 명제에 동의한다. 그리고 성공적인 수행이 여러 가지 지식의 적절한 적용을 통해 가능하다는 것도 타당한 진술이다. 문제는 성공적인 수행을 위해 적절하게 적용해야 할 지식을 어디에서 추출할 것인가 하는 점이다. 이 글에서는 감히 그 지식의 원류를 공연 문학의 언어에서 찾을 수 있다고 단언한다. 문학의 언어는 일상의 언어를 고도로 정련한 결과물이기에, 이를 다시 일상의 언어를 교육하는 국면에서 하나의 모범적 사례로 활용할 수 있다는 것이다.

지식의 종류를 구분하는 기준이 다양하긴 하지만, 크게 이론적 지식과 실제적 지식으로 나누어 보기로 하자. 혹은 명제적 지식과 방법적 지식으로 나누어 생각해도 무방하다. 보통 실제적 지식 혹은 방법적 지식은 수행, 기능, 전략, 원리 등등의 개념과 착종된다.[6] 이들을 선명하게 구별하는 것은 필자의 능력 밖의 일이므로 일단 다음과 같이 범박하게 그 관계를 정리해 두기로 한다. 즉, 글쓰기와 읽기, 듣기와 말하기가 인간 생활에서 수행되어야 할 과제라면, 그 수행을 실질적으로 가능하게 하는 것은 기능이나 전략이며, 기능과 전략의 세부적인 내용을 이루는 것이 원리이다. 그리고 구체적인 장면이나 상황에서 직접 이루어지는 수행의 세부적인 원리를 가리켜 '수행 원리'라 부르기로 한다. 그러니까 가령 '브레인스토밍'이 내용 생성을 위한 전략의 한 항목이고 '마인드 맵'이 내용 조직 전략의 하나라는 데서 알 수 있듯이 전략이 다소 포괄적이고 일반적인 수준에 위치해 있다면, '수행 원리'는 그보다 더 낮은 수준에서 실제적으로 발현되는 방법이라는 것이다.

그런데 문제는 실제로 적용해야 할 수행 원리는 과연 무엇인가 하는 점이다. 내용 선정에서 화제, 목적, 청자, 상황을 고려해야 한다는 점, 내용 조직에서는 시간적 방법, 공간적 방법, 논리적 방법 등등이 있음을 아는 것으로 수행은 이루어지지 않는다. 최소한 학습자가 모방이라도 할 수 있는 세부적인 수행의 원리가 요구되기 때문이다. 이것이 우리가 공연 문학에 주목해야 하는 이유 중의 하나이다.

---

6) 박종훈(2007 : 53~61)에서도 이와 관련된 논란을 정리하고 있지만, 합의되기 어려운 쟁점이 여전히 남아 있다.

토끼가 긔가 막혀 곰곰 싱각ᄒ되, 별안간 들고 쎄자 ᄒ야도 ᄉ면이 물일 ᄲ 안이라 강한지쟝(江漢之長)과 빅쳔지군(百天之君)과 허다 군병이 좌우에 슈직(守直)ᄒ얏스니 속슈무칙이라.

한 쬐를 싱각ᄒ고 복디ᄒ야 알외오되, ㉠[대왕은 슈궁 뎐하옵시고 쇼토ᄂ 인간미물이라 엇지 죽기를 사양ᄒ오릿가. 샹주(上奏)키 황송ᄒ오되 녯글을 싱각ᄒ온즉 녯적에 샹쥬(商紂) 포악ᄒ야 셩인의 심즁에 일곱 궁긔 잇다 ᄒ고 비간(比干)을 죽였더니 일곱 궁근 업ᄉ옵고 헛비만 갈낫스니 대왕씌셔도 간신의 말을 듯고 쇼토의 비를 갈낫다가 간이 잇스면 됴ᄒ려니와 업ᄉ옵고 보면 쇼토만 횡ᄉᄒ고 대왕병을 못 곳치면 그 안이 원통ᄒ오.]

룡왕이 하교ᄒ되, 간(肝)이라 ᄒᄂ 것은 오힝 즁 목궁(木宮) 소쇽이오 비(脾)라 ᄒᄂ 것은 오힝 즁 토궁(土宮) 쇼쇽이라. 비위슈병즉(脾胃受病則) 구불응식(口不應食)ᄒ고 간슈병즉(肝受病則) 목불능시(目不能視)ᄒᄂ니 네가 능히 시물(視物)을 ᄒ며 간이 엇지 업스리오. 어셔 밧비 비를 갈으라.

토끼 엿ᄌ오되, ㉡[대왕은 단지기일(但知其一)이오 미지기이(未知其二)로소이다. 텬싱만물이 한가지 리치오면 복희씨ᄂ 어이ᄒ야 ᄉ신인슈(蛇身人首) 되얏습고 신롱씨ᄂ 어이ᄒ야 인신우슈(人身牛首) 되얏습고 대왕은 엇지ᄒ야 ᄭ리가 뎌리 길고 왼 몸에 비눌이오 쇼토ᄂ 엇지ᄒ야 ᄭ리가 이리 몽톡ᄒ고 왼 몸에 털이 송송ᄒ오닛가? 쇼토의 간이 잇ᄉ오나 지금은 간이 업나이다.]

룡왕 왈, 그ᄂ 엇지ᄒ야 간이 업ᄂ고?

토끼 알외오되, ㉢[텬기어ᄌ(天開於子)ᄒ고 디벽어튝(地闢於丑)ᄒ야 만물이 강싱ᄒ올 젹에 동방에 월츌ᄒ니 묘(卯)ㅅᄌᄂ 토끼묘ㅅᄌ라 일월과 합이오 텬디간 비금쥬슈가 모다 비합(配合)이 잇ᄉ와도 토끼라 ᄒᄂ 것은 ᄌ고로 자웅이 업고 망월ᄒ야 삿기를 낫사옵기에 월륜졍신으로 션보름 도라오면 간이 졈졈 자라옵다가 보름이 다 되오면 완젼ᄒ게 다 싱기고 보름이 지나 금음이 도라오면 날마다 졈졈 쥬러가다가 아죠 흔젹도 업ᄂ이다.]

룡왕 가로되, 간이 엇지ᄒ야 됴흔 약지가 된다 ᄒᄂ고?

토끼 엿자오되, (중략) 그럼으로 쇼토의 간이 그 안이 당약이오닛가. 세샹 사ᄅᆷ들이 그 말 듯고 쇼토를 맛나면 간을 달나 보치옵기로 간을 보째니여 봉릭산 상상봉 셕각 감노슈에 치와 두고 도화류수 벽계변의 목욕ᄒ러 나려왓다가 의외에 별주부를 맛나 슈궁 풍경 됴타기로 완경츠로 ᄯ라

왓나이다. 이리 될 줄 알앗더면 간을 가져왓슬 것을 공교히 되얏슴니다.
㉣[원통ᄒ다! 즈라야, 미련ᄒ다.나를 속여 다려올 싱각 ᄒ지 말고 네 츙셩
으로 대왕의 환후 말슴 손톱만치만 ᄒ얏스면 듯는 내가 감동지심 업겟ᄂ
냐. 네 코구멍 좁은 것을 보니 미련ᄒ겟다. 그 말만 ᄒ얏스면 나는 안이
와도 간은 엇어다가 네가 만고츙신이 될 것을. 원통ᄒ다, 원통ᄒ다.]
—심정순・곽창기 구술 창본 <수궁가>(김진영 외 편, 1997)

수행은 지식이나 경험의 누적이 곧바로 언어를 수행하는 능력으로 전
이된다는 보장이 없기에 특별히 그 실천적 국면을 강조한 결과로서 설정
되는 범주이다. 서사의 원리에 따라 특정한 장르의 글쓰기를 한다든지
패러디를 통해 새로운 캐릭터를 창조한다든지 하는 학습 활동, 등장인물
의 말하기 방식을 규정하는 원리를 활용하여 자신의 말하기 능력을 향상
시키는 학습 활동이 이에 해당된다.

위의 인용문은 판소리 창본으로서, 수궁에 잡혀가 목숨을 위협받는 위
기에 빠진 토끼가 용왕을 상대로 위기 탈출을 시도하는 대목이다.[7] 간을
몸 밖으로 분리해 내어 다른 곳에 보관해 두고 있다는 불가능한 상황을
사실로서 믿게 해야 하는 상황이다. 자신을 도와줄 인물은 아무도 없으
며 오직 자신의 말로써 용왕과 그 주변 인물들을 설득해야 하는 상황이
다. 상황이 상황이니만큼 토끼의 열변 또한 표면상 진지하고도 장엄한
분위기를 형성하지 않을 수 없다.

그런데 이 과정에서 ㉠~㉣이 각각 흥미로운 수행 원리를 보여주고
있음이 주목된다. 우선 ㉠에서는 예상된 결과가 나오지 않을 때 받을 수
있는 불이익을 제시하고 있다는 점이 확인된다. 상주와 비간의 전고를

---

7) 신소설 '兎의 肝'은 이해조가 '수궁가'를 개작한 것으로 알려져 있으나, 실은 심정순과 곽
　창기의 구술 창본을 그대로 옮겨 매일신보에 연재한 것이다. 따라서 이 인용문 또한 소설
　이 아니라 공연 문학으로 귀결된다.

들어 배를 갈라서 간이 만일 없을 경우에 청자인 용왕이 난처한 상황에 처하게 될 것이라고 예고하고 있는 것이다. 이를 잠정적으로 '부정 조건 형성'이라는 수행 원리라고 해 둔다.

ⓛ에서는 화자와 청자가 공유하고 있거나 가시적으로 확인할 수 있는 구체적인 사례를 제시하고 있으며, ⓒ에서는 이와 반대로 직접 증명할 수 없는 일을 사실인 것처럼 확언하고 있다. ⓛ에서는 '복희씨'와 '신롱씨'라는 공유된 표상과 '너'와 '나'라는 구체적인 인물을 동원하여 자신의 논리를 변호하고 있으므로 '공유된 표상 제시(representation)'와 '구체적 현물 제시(presentation)'라는 수행 원리가 적용되었다고 볼 수 있다. 그런가 하면 ⓒ에서는 당장 증명 불가능하다는 이유로 어떤 일을 사실화시킨다는 점에서 '초논리적 신비화'라는 수행 원리가 적용된 것으로 판단된다.

한편 ⓔ에서는 책임을 제삼자에게 전가함으로써 의도를 실현하고 있다. 현재 사태의 책임을 청자도 화자도 아닌 약자인 자라에게 떠넘김으로써 자신은 물론이고 청자가 처할 수 있는 곤란한 상황을 미리 피할 수 있도록 길을 열어 둔 것이다. 이러한 수행 원리를 가리켜 우선 '책임 이양'이라 해 두기로 하자.

전체적인 서사적 흐름으로 보자면 토끼의 치밀한 논리는 경거망동하던 전반부와는 모순된다. 그러나 여기에서 관심은 서사적 흐름이나 인물의 성격이 아니라 말하기 방식 자체에 있으므로, 이에 관여할 필요는 없다. 위에서 제시된 토끼의 말하기는 해결해야 할 문제를 풀어가는 과제를 수행한 것이다. 그리고 각각의 설득 방식은 제각각 효과를 발휘하여 용왕이 토끼를 위해 잔치를 배설하기에 이른다.8)

---

8) 토끼의 말이 거짓이라는 점은 명백하다. 그러므로 일상적인 언어생활에 이 사태를 말하기 윤리라는 관점에서 적용한다면 토끼의 말하기 방식은 권장할 바가 아니다. 대화의 격률, 그중에서도 질의 격률을 명백하게 위반한 것이다. 그러나 그야말로 토끼가 처한 '상황 맥락'을 고려하면 이를 윤리적으로 비난할 수는 없다. 오히려 우리는 관객의 입장에서도 토

이와 같이 공연 문학에서 오가는 대사는 일상적 말하기 양식에서도 충분히 활용 가능하기에, 화법교육에 중요한 콘텐츠를 제공하는 보고라 할 만하다. 판소리 사설로부터 '결정 이양 원리'를 표현 방식으로 추출한 바 있는 한 연구(이성영, 1999)를 보더라도 이러한 시도의 가능성을 충분히 짐작할 만하다. 더 거슬러 올라가면 '불러들이기'와 '돌려세우기'라는 두 가지 간접화의 어법에 대한 설명(김대행, 1991)을 보면, 이들이 원래부터 고도의 문학적 장치로 고안된 것이 아니라 오히려 일상의 어법에서 정제되어 문학적 장치로 상승해 갔음을 알 수 있다. 이를 통해 보더라도 고도로 정련화된 문학적 수사나 장치가 결국에는 다시 일상적 언어 표현의 원리로 환원될 수 있는 가능성이 헛된 망상만은 아니라는 점을 알 수 있겠다.

(4) 언어활동의 본질에 대한 성찰적 시야 확보

전술한 대로 듣기나 말하기, 읽기나 쓰기 능력이 결국 수행으로 실현된다는 점은 주지의 사실이다. 그러나 전인적 인간의 양성이라는 교육적 이상을 염두에 둔다면, 화법교육이 수행 능력의 향상에만 몰두하는 것도 결코 바람직하지는 않다. 전인의 의미를 단일하게 확정하기란 어렵지만, 자신과 인간에 대한 합리적 이해는 전인 형성에서 필요불가결한 요소라 할 것이다. 그런 면에서 이상적인 화자는 자신의 말이 궁극적으로 인간 관계의 형성과 유지에 필수적인 사회적 상호 작용이고, 자아 정체성의 표현이라는 인식에도 이르러야 한다. 게다가 화법 능력이 기계적인 훈련을 통해 성취될 수 있는 것이 아니고, 인간에 대한 이해의 수준이 높을수록 점점 더 향상되어 가는 것이라면, 자신과 인간의 언어 행위를 보다

끼를 응원하고 그의 성공을 기원하는 편에 서게 된다.

상위의 수준에서 조망할 수 있는 안목이 요구된다.

사정이 이러하다면 공연 문학이 암시해 주고 있는 인간 혹은 의사소통의 본질은 무엇인지를 알아볼 필요가 있다. 공연 문학의 특징 중 하나는 무대 위에서 뚜렷한 의도를 계획적으로 연출해 간다는 것이다. 이러한 공개성, 계획성, 의도성을 고리로 삼아 의사소통의 본질을 탐구해 보면, 우리는 그 중에서도 의사소통의 연극성에 관심을 가지게 된다. 의사소통이 본질적으로 연극적이라는 것은, 일차적으로 우리의 언어 표현 활동에서 내용의 선정이나 조직, 그 표현이 모두 계획적이고 의도적으로 이루어진다는 것을 뜻한다. 심지어 과장된 위악이나 위선적 거짓말도 연극성의 한 모습으로 이해할 수 있다(김대행 외, 2000 : 31 참조).

여기서 한 걸음 더 나아가면 우리의 사회 생활이 결국 본질적으로는 하나의 연극이라는 인식에 이르게 된다. 커뮤니케이션을 통해 이루어지는 우리의 사회적 상호 작용을 연극으로 이해하고 있는 사회학자 어빙 고프만(Erving Goffman)은 자신의 저서 서두 부분에 사회학자 로버트 파크(Robert E. Park)의 다음과 같은 말을 앞세운다.

> 아마도 사람(person)이라는 단어가 그 첫 번째의 의미로서 가면(mask)이라는 뜻을 지녔음은 결코 단순한 역사적 우연만은 아닐 것이다. 오히려 모든 사람이 언제 어디서나, 그리고 다소 의식적으로 어떤 역할을 수행하고 있다는 사실에 대한 하나의 인식일 것이다. (…) 이러한 역할들 속에서 우리는 서로를 아는 것이며, 우리가 우리 자신을 아는 것도 바로 이러한 역할들 속에서이다.(어빙 고프만, 김병서 역, 1987 : 3)

고프만은 사회생활을 철저하게 연극의 정교한 한 형식으로 보고 인간은 모두가 자신의 특정한 이미지를 다른 사람들에게 연출하려고 애쓰는 배우로 본다. 그에게 생활은 모든 사람들이 배우로서 영구적인 연극에 참여한 하나의 극장이다. 그의 관점에 따르면 우리가 상황에 따라 목소리나 표정이나 이야기의 레퍼토리를 바꾸어 가는 것도 인간의 사회적 행위가 연극이기 때문이라는 설명에 수긍하게 된다. 초상집을 방문한 친척들이 곡소리의 크기로 슬픔의 정도를 드러내거나 긴요하지도 않은 일에 관심을 보이는 것으로 자신의 안타까운 마음을 상주에게 전하는 경우, 코미디언이 공연이나 방송 촬영에서와는 달리 기자와의 인터뷰에서 진지하고 근엄한 표정을 짓는 경우, 부모의 상을 당한 친구를 대상으로 평소와는 달리 농담이나 음담패설을 시도하지 않는 경우, 연인들이 과장된 표현으로 필요 이상의 찬사를 상대방에게 전하는 경우도 모두 연극성의 발현인 것이다.

판소리 <춘향가>에서 이몽룡 앞에 섰을 때와 변학도 앞에 선 춘향의 얼굴은 천양지차다. 같은 이몽룡 앞이라도 처음 만날 때와 한창 사랑이 무르익을 때와 이별을 고할 때, 그의 얼굴은 심하게 달라진다. <심청가>의 심봉사 또한 딸과 더불어 살 때와 뺑덕어멈을 만나 함께 살 때 전혀 다른 얼굴을 갖는다. 그것은 그들이 가면(persona)을 가진 사람(person)이기 때문이다. 만일 공연의 본능적 기원이 놀이(play)와 환상(fantasy), 모방(imitation) 등에 있다는 설명(글렌 윌슨, 김문환 역, 2000)에 기댄다면, 우리의 사회적 의사소통 행위도 그러한 본능의 사회적 실현에 다름 아닌 것이다. '연극성'이란 놀이, 환상, 모방을 총칭하는 개념으로 상용될 수 있기 때문이다.

고프만의 연극적 사회론이 사회 공동체에서 개인의 행동을 일종의 사교 전술로 간주한다는 비판을 받고 있는 것은 사실이다. 그러나 그의 주장 속에 담겨 있는 부정 못할 사실은, 인간의 그 어떤 상호 작용적 행동도 자제, 관리의 과정을 거쳐 이루어지고 있다는 점이다. 특히 체면, 의례, 정실주의, 권위주의, 형식주의의 제반 요소가 강한 우리 사회의 구성원들이 수행하는 일상적 발화를 분석하는 데도 매우 중요한 시사가 될 것으로 믿는다(어빙 고프만, 김병서 역, 1987 : 옮긴이의 말).

화법이 사회적 상호 작용의 일환으로서, 화자와 청자가 배우와 같은 특정한 역할을 수행하는 일이라면, 화법교육에서 학습자들이 자신들의 언어생활이 이와 같은 연극적 메커니즘의 지배를 받고 있음을 메타적으로 인식하도록 하는 것은 당연한 처사이다. 이는 문법 교육이 단지 일상 언어생활에서 지켜야 할 규범적인 문법을 숙지하도록 할 뿐만 아니라 문법의 존재에 대해서 메타적으로 인식하도록 하는 수준을 지향하는 것과 마찬가지이다. 이때 공연 문학의 존재는 언어생활의 연극적 메커니즘을 고스란히 보여주는 모범으로 활용되어야 마땅할 것이다.

4. 맺음말

이 글은 화법을 비롯한 의사소통 능력이 단순히 기계적인 훈련을 통해 도달할 수 있는 기능일 수 없다는 상식을 논의의 출발점으로 삼고 있다. 이 상식이 부정될 수 없다면 문학, 그중에서도 공연 문학이 화법교육에서 어떤 역할을 할 수 있으리라는 기대감을 가지고 그 구도를 구상해 본 것이다.

이를 위해 우선적으로 주목해 본 것은, 말하기에서 음성과 동반되는 여러 가지 요소들에 주목했다. 화법교육에서 표정이나 신체의 움직임이 음성 자체에 비해 부가적인 요소로 간주되고 있는 경향을 '음성 중심주의'로 보고, 이러한 편향을 바로잡을 수 있는 근거를 공연 문학의 실상에서부터 찾아보았다. 일상적인 말하기에서는 신체의 움직임이나 동작이 음성 언어를 보완하는 수준을 넘어 대체하는 경우나, 동작이 선행되고 음성 언어가 보조적으로 수반되는 경우도 많다는 점을 중시한 것이다.

또한 화법교육의 목표나 내용에 관한 진술이 언어의 도구성에 경도되어 한국어라는 개별 언어의 특수성에 대한 배려가 부족하다고 보아, 이에 대한 대안으로 공연 문학의 언어로부터 문화론적 관점을 확충할 필요성을 제기했다. 더불어 화법교육에서 요구되는 세부적인 수행 원리를 제공해 주는 원천으로서 공연 문학에 주목해야 할 필요성도 함께 제기했다.

또 다른 층위에서는 인간의 언어생활이 연극적 메커니즘 속에서 이루어지고 있다는 사회학적 관점에 기초하여, 화법교육의 학습자들이 자신들의 언어생활을 메타적으로 인식할 수 있는 근거를 공연 문학의 언어에서 발견할 수 있어야 한다는 당위적 명제도 제기했다.

2부 참고문헌

문학교육과 상상력   • • •

우한용(1999), 「문학언어의 논리와 아름다움」, 문학과문학교육연구소 편, 『문학의 이해』, 삼지원.
유종호(1989), 『문학이란 무엇인가』, 민음사.
Arthur Koestler(1967), *The Act of Creation : A Study of the Conscious and Unconscious in Science and Art*, A Laurel Edition.
Michael J. Toolan, 김병욱·오연희 역(1993), 『서사론 : 비평언어학 서설』, 형설출판사.
Seymour Chatman, 김경수 역(1990), 『영화와 소설의 서사구조』, 민음사.

문학교육과 사회성 발달   • • •

강등학(1988), 「정선아라리의 시단위 작시 공식」, 국어국문학회 편, 『민요·무가·탈춤 연구』, 태학사.
강진옥(2002), 「이야기판과 이야기, 그리고 민중」, 서대석 외, 『한국인의 삶과 구비문학』, 집문당.
고미숙(2002), 「인간교육을 위한 서사적 대화모형 연구」, 『교육문제연구』 제16집, 고려대 교육문제연구소.
김대행 외(2000), 『문학교육원론』, 서울대출판부.
김대행(2001), 「국문학의 문화론적 시각을 위하여」, 한국고전문학회, 『국문학과 문화』, 월인.
김성룡(1997), 「전범 학습과 중세의 문학교육」, 『문학교육학』 창간호, 한국문학교육학회.
김종철(1999), 「가치이월과 창조 잠재력을 위한 평가」, 계간 『문학과교육』 제9호, 1999 가을.
김중신(1997), 『문학교육의 이해』, 태학사.
김태훈(2002), 「공동체의 기본 요소들」, 정세구 외, 『공동체주의 교육』, 교육과학사.
서울대학교 교육연구소(1998), 『교육학 대백과사전』, 하우동설.
선주원(2002), 「대화적 관점에서의 소설교육 연구」, 한국교원대 박사논문.

윤재홍(2000), 「대화적 세계관의 인식론적 토대와 그 교육학적 의미」, 『연세교육연구』 제13권 제1호, 연세대학교 교육연구소.

이강옥(2002), 「사대부의 삶과 이야기문화」, 서대석, 『한국인의 삶과 구비문학』, 집문당.

이두헌(1994), 「대화 분석의 방법에 관한 연구」, 한국외국어대학교 박사학위 논문.

이삼형 외(2000), 『국어교육학』, 소명.

이영자(1988), 「사회성에 관한 연구」, 『논문집』 제20집, 성심여대.

조규형(1998), 「타자성의 논리와 윤리 : 열린 주체의 미학 서론」, 『영어영문학』 제44권 2호, 한국영어영문학회.

조화태(1994), 「포스트모더니즘과 교육이론」, 이돈희 외, 『현대사회와 교육의 이해』, 교육과학사.

조희정(2002), 「사회적 문해력으로서의 글쓰기 교육 연구」, 서울대 대학원 박사논문.

최상진(1990), 「사회적 표상 이론에 대한 한 고찰」, 『한국심리학회지』 제9권, 1호.

최인자(2000), 「대화주의 이론과 작문교육의 '문화생산' 모델」, 『국어교육연구』 제7집, 서울대 국어교육연구소.

한태선(1993), 『소통하는 시민사회의 탄생』, 경문사.

황규호(1986), 「교육내용 정당화와 지식의 사회성」, 『교육과정연구』 제5집, 교육과정 연구회.

황규호(1998), 「지식교육이 추구하는 앎의 상태에 대한 분석」, 『교육과정연구』 제16-2 집, 한국교육과정학회.

柄谷行人, 송태욱 역(1998), 송태욱 역, 『탐구 1 』, 새물결.

Anderson, B., 윤형숙 역(2002), 『상상의 공동체-민족주의의 기원과 전파에 대한 성찰』, 나남출판.

Bascom, William R., 'Four Function of Folklore'. In Alan Dundes (ed.), *The Study of Folklore*, Prentice-Hall, Engelwood Cliffs(David Buchan(1991), 'Flok Literature', In Martin Coyle (ed.), *Encyclopedia of Literature and Criticism*, Routledge).

Hamlyn, D. W., 이홍우 역(1990), 『경험과 이해의 성장』, 교육과학사.

Lakoff, George & Mark Turner, 이기우·양병호 역(1996), 『시와 인지』, 한국문화사.

MacIntyre, A.(1981), *After Virtue*, University of Notre Dame Press.

Moscovici, S.(1963), "Attitudes and Opinion", *Annual Review of Psychology*.

Tannen, D.(1982), The Oral/Literate Continuum in Discours, D. Tannen ed., *Speaking and Written Language*, ABLEX Publishing Corp.

문학과 논술 교육 •••

김대행(2006), 『문학교육 틀짜기』(개정판), 역락.

김영정(2005), 「논술의 개념과 특징(수정본)」, http://logic.snu.ac.kr(서울대 철학과 김영정 교수 강의 게시판)의 '자료실' 중 '비판 창의 자료' 게시판.

이삼형(1994), 「논술의 평가」, 『논술 지도의 실제』, 서울특별시교육연구원.

이홍우(2000), 『교육과정 탐구』(증보), 박영사.

최호성(1996), 「선택형 평가와 수행형 평가의 상호 관계에 관한 연구」, 『교육이론과 실천』 6집, 경남대 교육문제연구소.

올리비에 루불(1994), 홍재성·권오룡 역, 『언어와 이데올로기』, 역사비평사.

공연 문학과 화법교육 •••

김진영 외 편(1997), 『토끼전 전집 1』, 박이정.

오태석(1994), 『오태석 희곡집 1』, 평민사.

이근삼·서연호 편(1989), 『오영진 전집 1』, 범한서적.

김대행 외(2000), 『문학교육원론』, 서울대출판부.

김대행(1991), 「간접화의 시적 기능」, 『시가시학연구』, 이화여대출판부.

김대행(1995), 『국어교과학의 지평』, 서울대출판부.

김대행(1998), 「문학교육론의 시각」, 『문학교육학』 2, 한국문학교육학회, pp.143~175.

김만수(2001), 「희곡과 시나리오의 차이에 대한 사례 연구 : 오영진의 경우」, 『한국극예술연구』 13집, 한국극예술학회, pp.71~101.

김만수(2007), 「연극에서의 언어의 기능과 미학」, 『국어국문학』 145, 국어국문학회, pp.33~58.

노은희(1993) 「상황 맥락의 도입을 통한 말하기 지도 연구」, 서울대학교 석사논문.

류수열(2001), 『판소리와 매체언어의 국어교과학』, 역락.

박영주(1998), 「연행 문학의 장르수행 방식과 그 특징」, 『구비문학연구』 제7집, 한국구비문학회, pp.49~76.

박종훈(2007), 『국어 표현교육의 문제들』, 월인.

심영택(2005), 「화법교육의 발전 방향」, 한국어교육학회 편찬위원회 편, 『국어교육론 2』, 한국문화사.

유동엽(2005), 「화법교육 연구사」, 한국어교육학회 편찬위원회 편, 『국어교육론 2』, 한국문화사.

이성영(1999), 「국어 표현 방식 연구—결정 이양 원리를 중심으로」, 『선청어문』 제27집, 서울대 국어교육과, pp.799~830.

이주섭(2001) 「상황 맥락을 반영한 듣기 말하기 교육의 내용 구성에 관한 연구」, 한국교원대학교 대학원 박사논문.

전경욱(1984), 「탈춤과 판소리의 연행문학적 성격 비교」, 김동욱 외, 『문학연구』 3, 경원문화사.

전은주(1999), 『말하기·듣기 교육론』, 박이정.

전은주(2005), 「화법교육 변천사」, 한국어교육학회 편찬위원회 편, 『국어교육론 2』, 한국문화사.

조병진(1998), 「연극의 교육적 활용 : 그 가능성과 방향」, 『문학교육학』 제2호, 한국문학교육학회, pp.119~142.

황정현(1999), 「총체적 언어교육방법론으로서의 교육연극의 이해」, 『한국초등국어교육』 15호, 한국초등국어교육학회, pp.51~67.

Erving Goffman, 김병서 역(1987), 『자아 표현과 인상 관리 : 연극적 사회분석론』, 경문사.

Glenn Wilson, 김문환 역(2000), 『공연예술심리학』, 연극과인간.

John Fiske, 강태완·김선남 역(2001), 『커뮤니케이션학이란 무엇인가』, 커뮤니케이션북스.

Nancy Bonvillain, 한국사회언어학회 편(2002), 『문화와 의사소통의 사회언어학』, 한국문화사.

Ⅲ

문학과 미디어,
그리고 국어교육

TV 오락프로그램의 교육적 가능역

국어교육의 창에서 본 매체언어

1. TV에 관한 몇 가지 의문

몇 가지 의문으로 논의를 시작하고자 한다. 이 의문들은 대중문화의 시대를 맞이하여 '매체언어'와 관련하여 국어교육학계에서 진행되는 논의를 접하면서 가졌던 소박한 의문이다.

첫째, 텔레비전 리터러시(television literacy)[1]는 항상 방어적이어야 하는가? 지금까지 국어교육에서 매체언어 혹은 미디어를 수용하고 교육하는 차원의 관심사에서 끊임없이 제기되는 것은 수용자의 비판적 이해이다. 학생은 수용자로서 미디어를 이해하는 입장이며, 이 과정에서는 반드시 비판적 읽기가 필요하다는 것이다. 여기에는 미디어의 언어가 학생들의

---

1) 리터러시의 역어로는 문식성, 문식력, 문해력, 문변력 등으로 다양하다. 이 역어들의 차이에는 국어교육관의 차이가 개재되어 있다. 이 글에서는 현실적인 소통의 편의를 위해 가급적 원어 그대로 쓰기로 한다.

바람직한 성장을 도모하는 교육에 악영향을 끼친다고 보는 관점이 전제되어 있다. 그런데 한편으로 우리는 지나치게 텔레비전이 초래하는 폐해에 강박되어 있는 것은 아닌가 한다. 마치 그것을 피해 갈 수 없기에 어쩔 수 없이 이를 방어하기 위한 방편으로서 텔레비전 리터러시의 필요성을 역설하고 있는 것은 아닌가? 그렇다면 주체적이고 생산적인 개념으로 텔레비전 리터러시의 위상을 정립할 필요는 없겠는가?

둘째, 오락성은 오락 프로그램의 속성인가, 텔레비전 자체의 속성인가? 50년대 말 미국에서는 이른바 '퀴즈쇼 스캔들'이 있었다. 당시 많은 인기를 누리고 있었던 TV 퀴즈 프로그램들이 거의 모두 조작되었다는 사실이 폭로되었던 것이다. 이 사건은 당시 미국인들에게 커다란 충격을 안겨 주었으며, 심지어 대통령까지 분노했다고 한다. 그런데 이에 대해 어느 연출자는 다음과 같이 항변했다. "TV 프로그램은 오로지 오락적 가치에 의해서만 판단되어야 한다." 시청자들이 정보나 지식을 얻기 위해 텔레비전을 시청하는 경우가 없지 않겠지만, 대부분의 시청자들은 대부분의 경우 안락한 즐거움과 위로를 얻기 위해 텔레비전을 켤 것이다. 실제로 오늘날의 텔레비전 프로그램들은 장르를 불문하고 오락화 경향에 가속도를 붙여가고 있다. 전통적으로 오락프로그램으로 분류되는 코미디, 게임·퀴즈쇼, 음악쇼, 토크쇼, 시트콤은 물론이고 진지한 것으로 알려진 드라마와 다큐멘터리마저 오락성을 점점 더 가미해가고 있는 실정이다. 그렇다면 오락성은 오락 프로그램의 속성인가, 텔레비전 자체의 속성인가?

셋째, 텔레비전 오락 프로그램에 대한 미적인 접근은 왜 원활하지 못한가? 판소리나 탈춤을 비롯한 과거의 오락물에 대해서는 미적 기준으로 접근하고 평가하는 것이 일반적이다. 그런데 오늘날의 대표적인 오락물인 텔레비전의 오락프로그램에 대해서는 미적 기준 대신 도덕적 기준을

들이댄다. 그 결과는 비난에 가까운 비판이며, 한때의 바람에 그치긴 했지만, 'TV 끄기 운동'처럼 TV가 차라리 세상에서 떠나 주기를 바라는 시청자 운동으로 번져가기도 했다. 항상 목격하는 일이지만, 신문 매체를 통해 생산되고 있는 미디어비평에서는 물론 방송사가 자체적으로 구성하는 옴부즈맨 프로그램에서도 가장 만만한 상대로 등장하는 장르는 텔레비전의 연예·오락프로그램이다. 과거의 문화적 유산인 탈춤이나 판소리, 그리고 현재의 텔레비전 오락프로그램은 모두 대중문화의 영역에 귀속되고 있다는 점에서는 동일하다. 그리고 양자가 모두 대중적 흥행을 추구한다는 점에서도 그 동질성을 인정할 수 있다. 과거의 대중문화와 현재의 대중문화에 대한 접근 경로가 각기 다르고 평가 준거가 서로 다른 것은 왜인가?

　넷째, 오락프로그램의 언어는 왜 항상 문제적인가? 방송의 언어, 특히 오락프로그램의 언어에 대한 관심에서 가장 뚜렷하게 두각을 나타내고 있는 것은 언어의 오용과 일탈이다. 방송이 제도화된 이후 언어학자를 포함한 지식인들의 비판은 주로 잘못된 언어를 구사하는 출연자들의 자질에 집중되었다. 발음, 어휘, 문장 수준에서 규범을 지키지 못하고 있다거나, 비속어·은어·유행어·욕설·신조어 등 비표준어가 아닌 말이나 외래어와 외국어를 무절제하게 구사한다거나, 저속하고 선정적인 언어를 남발한다거나 하는 지적은 방송 언어의 문제점을 논할 때마다 빠지지 않는 단골 레퍼토리이다. 말하자면 방송 언어가 지닌 문제점의 역사는 방송의 역사와 거의 나란히 출발한 셈이다. 그런데도 여전히 그 문제점이 해결되지 않고 있는 것은 무엇 때문이겠는가가 궁금해지지 않을 수 없다. 이것은 방송 제작자 및 출연자의 자질 부족 때문인가, 아니면 오락프로그램 언어의 내재적 속성인가?

　이 글은 이러한 몇 가지 의문을 문학교육의 외연 확장을 통해 해결해 보고자 하는 시도로서 작성된 것이다. 매체언어를 국어교육의 장에 끌어들여야 한다는 논리는 당위의 차원에서도 정책의 차원에서도 어느 정도 폭넓은 공감대를 형성해 가고 있는 것으로 보인다. 국어교육의 장에 새로운 대상 혹은 내용이 편입될 때, 그러한 교육적 재편에는 특정한 준거가 필수적이다. 이 글에서는 문학교육의 외연을 준거로 삼아, 매체언어, 특히 텔레비전 오락프로그램의 언어를 전략적으로 배치할 수 있는 가능성을 모색해 보고자 하는 것이다.

2. 미디어 리터러시의 자장

리터러시(literacy)는 일차적으로 문자를 읽고 쓰는 능력을 의미하는 개념(functional literacy)에서 비롯되었으나, 지금은 그 개념의 폭이 한층 넓어져 인간의 의사소통 자체는 물론 이를 둘러싼 사회·문화적 환경에 대한 앎과 행위 전반을 아우르고 있다. 문화적 리터러시(cultural literacy), 미디어 리터러시(media literacy), 비판적 리터러시(critical literacy) 등의 용례가 이를 뒷받침한다.2)

국어교육에서 오락프로그램에 관심을 두는 이론적 근거는 바로 이러한 광의의 리터러시 개념에 있을 것이다. 음성언어와 문자언어의 소통 능력에 국한되던 국어교육의 관심사가 TV를 비롯한 미디어를 통하여 이루어지는 사회적 커뮤니케이션 전반으로 넓어졌다는 점, 그리고 오락프로그램이 텔레비전 방송 문화의 주요한 거점으로 자리하고 있다는 점이 적극적으로 고려된 결과라고 보는 것이다. 따라서 오락프로그램 그 자체

---

2) 국어교육의 목표와 관련하여 리터러시 개념의 변화 과정과 그 함의를 검토한 최근의 논의로는 최인자(2001)를 들 수 있다.

를 초점에 두고 논의를 하기 이전에, 먼저 미디어 리터러시와 관련된 일
련의 논의를 검토하는 절차를 밟고 이를 통해 오락프로그램과 국어교육
의 관련을 살피는 것이 순서일 것이다.

  미디어 리터러시를 국어교육과 관련시키는 핵심적인 고리는 무엇보다
미디어 교육에 관한 논의에서 제시되어 있다. 이에 미디어 교육의 목표
에서나, 미디어 교육의 관점을 통해 미디어 리터러시의 자리를 확인해
보기로 한다. 단 아래에 나열된 목표들은 순차적이지도 않고, 또 특정한
연역적 체계를 갖추고 있는 것도 아님을 전제로 이해되어야 한다.

〈미디어 교육의 목표〉(은혜정, 1998 : v)
  ① 이해력, 비판력, 식별력을 갖춘 수용자
  ② 각종 대중매체의 역사적 발전 과정을 포괄적으로 이해
  ③ 대중매체의 정보 제공 기능과 오락 제공 기능이란 양면 이해
  ④ 현실 세계와 대중매체에 의해 구성된 세계와의 차이 및 판단력
  ⑤ 언론인의 책임과 그들에 대한 정치, 경제, 조직, 기술, 사회, 문화적
     통제 요인
  ⑥ 여론 형성 또는 여론 조작에 미치는 매체에 대항할 수 있는 수용자
     의 힘
  ⑦ 대중매체의 내용물을 미학적, 윤리적 기준에 의해서 관찰, 해석, 평
     가할 수 있는 방법
  ⑧ 지식 전파, 문화 전승, 규범 형성 등과 같은 대중매체의 기능과 역할
     에 관한 이해
  ⑨ 대중매체 내용의 평가 및 선별 능력을 길러 실제 생활에 활용 및 적용
  ⑩ 대중 매체를 이용해서 수용자 자신들의 의견을 개진할 수 있는 기회
     와 능력 제고

  여기에서 우리가 주목해야 하는 것은 이상의 목표들이 지금껏 우리가
문자언어를 중심에 두고 사유해 왔던 국어교육 혹은 문학교육의 목표와

크게 다를 바 없다는 점이다. 다만 차이가 있다면 활자매체 혹은 인쇄매체라는 말이 들어갈 자리에 대중매체가 대입되어 있다는 정도이다.

①에서 요구하는 능력은 국어교육에서 전통적으로 추구해 왔던 것이다. ②는 대중매체의 기술적 요소만 보면 국어교육과 다소 거리가 있지만, 음성언어와 문자언어를 하나의 미디어로 간주하고, 대중매체의 언어를 언어의 새로운 모습으로 파악함으로써 그 거리를 충분히 좁힐 수 있다. ③에서 말하는 두 가지 기능은 언어와 문학의 기능을 보는 안목으로도 충분히 포괄할 수 있다. ④ 또한 문학의 세계와 현실 세계의 관계를 설명하는 논리는 물론이고 현실과 언어 혹은 현실과 기호의 관계와 출발점을 공유하고 있다. ⑤의 '언론인'은 글쓰기에서의 필자 혹은 작가, 말하기에서의 화자 요소의 연장선상에 있다고 할 수 있으며, ⑥과 ⑦은 비판적 읽기 능력의 핵심이다. ⑧은 독서와 관련한 일반적인 상식의 연장선상에서 이해할 수 있으며, ⑨는 이른바 '실용적인 글'이나 '문학적인 글'을 읽는 목적과 크게 다르지 않다. ⑩ 또한 글쓰기 교육 혹은 창작 교육의 연장선상에서 충분히 언급될 수 있는 사항이다.3)

따라서 위에서 제시된 모든 미디어 교육의 목표를 포괄하는 개념이 미디어 리터러시라면, 이는 곧 국어교육이 본래적으로 추구해 왔던 목표에 특별한 가감 없이 부합한다고 볼 수 있겠다. 그렇다면 미디어 리터러시가 국어교육의 주요한 영역 혹은 내용이 되어야 하는가에 대한 논란은 더 이상 필요가 없는 셈이다. 문학을 비롯한 언어 자료를 통찰할 수 있는 안목이 갖추어지면, 그 연장선상에서 미디어 리터러시의 함양도 어렵지 않게 도모할 수 있을 것이기 때문이다.4)

---

3) 텔레비전이나 여타의 미디어가 언어 외에 음향이나 영상을 동반하기 때문에 국어교육에서는 그것을 전폭적으로 수용하기 어렵고, 문자 언어 혹은 음성 언어만을 취해야 한다는 식의 인식은 소박하므로 상론은 생략한다.

4) Goodwyn의 다음과 같은 진술도 이와 같은 맥락에서 나온 것으로 보인다. "영어 시간에

중요한 것은 미디어의 무엇을, 그리고 어떻게 교육해야 하는가가 생산적인 논의를 위한 방향이라 할 것이다. 이때 중요하게 대두되는 것은 미디어 교육의 관점이다. 미디어 교육에서 관점이 중요시되는 이유는 그것이 결국 미디어 리터러시의 주요한 내용을 결정할 것이기 때문이다. 미디어 교육의 관점은 크게 미디어의 사회적 기능에 대한 관점, 수용자의 역할과 능력에 대한 관점에 의해 결정된다고 본다. 아래에 제시한 네 가지 관점을 검토하면서 미디어 리터러시와 국어교육의 관련에 한발 더 접근해 보기로 한다.

〈미디어 교육의 관점〉(강내원, 2001 : 46~47)

① 보호주의적 혹은 접종주의적 접근 : 해롭고도 강력한 미디어의 영향으로부터 어린이와 청소년들을 보호하여야 한다는 입장

② 텍스트 중심주의에 입각한 비판적 접근 : 대중매체에 나타나는 텍스트 자체에 의미가 저장되어 있고, 수용자는 그 의미를 수동적으로 받아들이는 것이라는 가정 하에, 대중매체가 그러한 텍스트를 통해 지배 이데올로기를 생산하고 유통시킨다고 보는 입장

③ 문화연구적 접근 : 대중매체에 나타나는 텍스트의 의미는 텍스트에 내재해 있는 것이 아니라 텍스트와 수용자가 만나는 관계 속에서 생산된다고 보면서, 수용자가 지닌 사회 문화적 경험과 맥락이 텍스트의 의미와 가치를 판단하는 데 있어 매우 중요한 영향을 미친다고 보는 입장

④ 성찰적 접근 : 직접 프로그램을 제작해 봄으로써 자신이 미디어를 어떻게 수용하고 있으며 미디어를 통해 자기도 모르게 갖게 된 사회 문화적 가정과 관습들은 어떤 것들인지에 대해 비판적으로 성찰할 수 있는 기회를 제공해 주어야 함을 강조하는 입장[5]

미디어 교육을 하는 것이 아이들에게 커뮤니케이션 수용자에 대한 이해를 확장시킬 수 있는 가장 좋은 기회이며, 때로는 수용자에 대한 개념을 가르쳐 줄 수 있는 최적의 장소", "미디어 교육의 교차—교육과정(cross-curriculum)으로서 미디어 효과와수용자에 대한 이해 및 의식화된 수용자로 교육하기가 가장 용이한 과목은 영어 영역일 것". A. Goodwyn (1992 : 53) 참조.

이상의 네 가지 관점의 순차적 배열은 미디어 교육의 역사적 변화를 반영하고 있는 것으로 보인다. 이 배열 순서에 따르면, 수용자의 능동성과 생산 능력에 대한 신뢰가 점증되고 있는 형국을 이루고 있음을 알 수 있다. 미디어 교육에 대한 초기의 관심은 미디어의 폐해를 지적하는 목소리와 함께 촉발되었다. '예방 접종'이라는 별칭이 암시하듯, 미디어는 청소년의 사고와 생활을 오염시키는 병원균과 같은 존재로 취급되었던 것으로 보인다. ②의 텍스트 중심주의에 입각한 비판적 접근의 대두는 텔레비전의 사회적 기능을 이데올로기 차원에서 인식한 결과이며, ③은 수용자의 능동성 혹은 자율성을 대폭 승인한 결과이다. 여기에 더하여 ④에 이르러서는 수용자를 소비자로 바라보는 시각에서 벗어나 생산자로 자리매김함으로써 수용자의 운신의 폭을 훨씬 높여 놓았다.

그런데 우리가 경계해야 할 것은 선택의 유혹이다. 아무리 ④의 관점이 진보된 것이라 하더라도, 나머지 관점에 대해 배타적일 필요는 없는 것이다. 오히려 관점의 포괄성이나 통합성, 그리고 교육 내용의 풍부화를 위해서라도 모든 관점을 골고루 승인하는 것이 더 바람직하다 하겠다.

3. 오락프로그램의 언어 사태에 대한 국어교육의 관점

(1) 대항하며 읽기와 조망하며 읽기

미디어 교육의 목표와 관점을 검토하는 과정에서 확인할 수 있었던 것은, 이제 수용자는 단순히 메시지를 소비하는 위치에 머물러 있는 수동

---

5) 한편 김택환 외(2000 : 20~31)에서는 미디어 교육관의 변화를 예방접종론, 선전·선동론, 자율보호론, 정치적 해방론, 기술 공학론, 행동참여론, 생활 세계론, 멀티미디어론 등의 미디어 이론에 기대어 설명하고 있다.

적 존재가 아니라는 점이다. 그러나 여기에 대해서 전폭적인 신뢰를 보낼 수 있는 것은 아니다. 여전히 TV의 수용자는 모니터에 오감을 맡기고 몰입해 있는 형상으로 다가서기 때문이다.

신뢰감이 인색해지는 데는 이보다 더 큰 현실적인 이유가 있다. 그것은 TV 자체의 위력 때문이다. 특히 오락프로그램은 거의 예외 없이 규범상 부적절한 언어 사용으로 일관하고, 이데올로기적으로도 편향된 가치를 전달하기에 여념이 없다. 아무리 수용자의 능동적·주체적 역할을 승인한다고 하더라도, TV 오락프로그램의 일탈은 그것을 압도하고도 남을 정도로 심각하게 일어나고 있는 것이다.

이에 실증적 분석의 결과를 참조로 삼기로 한다. 다만 논의의 산만함을 피하기 위해 프로그램의 포맷이나 카메라 앵글 등 기술적인 영역에 대한 고려는 생략하고 언어 문제에 초점을 맞추어 보기로 하겠다. 그렇게 하더라도 오락프로그램의 '병폐'를 확인하는 데는 모자람이 없을 줄로 안다.

- **순정성 위배**: 영어자모, 외래어·외국어, 기타 외국어식 표현, 은어·비어·속어·비격식적 표현, 조어·어려운 약어, 표준말에 어긋난 틀린 표현
- **공식성 위배**: 사람을 차별하는 부적절한 호칭, 시청자를 고려하지 않는 친근한 호칭, 지나친 과장, 공식화한 표현 및 상투적 표현, 선정적 표현·성적 표현
- **공손성 위배**: 출연자간 비난 및 품위 손상, 출연자간 신체 및 외모 조롱, 대관객 자화자찬 및 관객 무시
- **공정성 위배**: 남녀 차별, 세대 차별, 지역 차별, 계층 차별, 인종 차별, 기타 집단 차별 및 정치적 불공정, 권위주의적 언어
- **세련성 위배**: 부적절한 어휘, 문법에 어긋난 표현
- **일상성 위배**: 어려운 한자, 어색한 명사화·복잡한 명사구(방송위원회, 2001 : 138~141)

이상의 지적은 전술한 네 가지 관점 중 보호주의적 입장과 비판적 입장에 의해 두루두루 포섭된다. 이 중에서 공정성을 위반하는 언어 사례는 대중매체가 텍스트를 통해 지배 이데올로기를 생산하고 유통시킨다고 보는 비판적 입장의 이론적 근거가 되고, 나머지 사례들은 적어도 언어교육적 관심사에서는 보호주의적 입장의 경험적 근거로서 부족함이 없다.

이러한 사정을 염두에 둔 대응 방안은 크게 두 가지로 제시되고 있는 것으로 보인다. 먼저 언어 규범을 내세워 오용된 언어 사례를 지적하고 이의 시정을 촉구하는 방법이다. 이 방법이 반드시 교육적 관점을 표나게 내세우지는 않는다 하더라도, 여기에는 궁극적으로는 올바른 방송 언어에서 언어 사용의 모범을 구하고 이것이 자연스럽게 언어교육의 장이 될 수 있기를 바라는 소망이 전제되어 있다.6) 이러한 언어 사례들이 문제적인 것은 규범을 위반하면서 언어 질서를 교란시키고, 언중들의 언어를 심각하게 오염시키기 때문이다. 따라서 언어 정책의 차원에서든 언어교육의 차원에서든 이러한 방법론은 지속될 필요가 있다고 본다.

또 다른 방안은 비판적 읽기를 통하여 매체 경험을 통해 스스로 성장해 나갈 수 있는 방안이다. 실제로 국어교육의 자장 내에서 미디어 혹은 매체언어를 분석하거나 설계한 대부분의 논의는 '예방 접종'의 관점이나 거리두기를 통한 비판적 접근을 교육적 처방의 중심으로 삼고 있는 바, 이는 방송의 현실적 영향력을 감안하면 절실한 요청에 부응하는 연구 경향이라 할 것이다.

그러나 이러한 방안 제시의 한계는, 여전히 수용자의 방어적인 반응에 편향되어 있다는 점이다. 그것은 대체로 이러한 논의들이 '어떻게' 읽을

---

6) 지속적이고 일관되게 방송 언어의 문제점을 지적한 박갑수(1996)은 이러한 관점의 소산이다.

것인가 하는 비판적 읽기의 방법에 집중되어 있고, '무엇'에 해당되는 교육 내용은 여전히 불모지처럼 황량하다는 점이다.[7] 이것이 하나의 문제인 이유는, 비판적 읽기의 방법이 대상의 해로움으로부터 멀어지게 하거나 피해갈 수 있는 길을 제시할지언정, 그것이 왜 그러한가에 대한 통찰의 안목을 제시해 주지는 못하기 때문이다. 요컨대 '어떻게'에 대한 관심은 필연적으로 텍스트에 대항하며 읽기(reading-against)의 방법 제시에 머무를 수 있는 것이다. 따라서 방어적인 태도에서 벗어나 적극적으로 대응할 수 있는 능력을 함양하기 위해서는 텍스트를 조망하며 읽기(reading-beyond)에 필요한 안목을 갖추게 하는 일이 필수적이다. 이런 안목은 방법적 지식을 통해 획득된 '기능'을 넘어서는 자리에 위치하게 될 것이다.

이러한 방향은 교육철학적인 차원에서도 정당성을 갖는다. 지식을 편의상 실제적 지식과 이론적 지식으로 양분한다면, 실제적 능력은 개인이 맞닥뜨린 문제 사태를 해결해 나가는 데 도움을 주며, 이론적 지식은 어떤 상황에 대해 스스로 문제를 제기하도록 하는 문제 발견 능력을 신장시켜 준다(이홍우, 1995 : 121~142 참조). 텔레비전의 오락프로그램이 이미 자연화(naturalization)되어 학생들의 생활 환경이자 생활 문화로 자리 잡고 있는 이상, 그 프로그램이 스스로 문제 사태를 인지하도록 자신을 노출시키지는 않을 것이다. 그렇다면 문제 사태를 발견하는 능력과 그러한 안목을 형성하도록 도모해 주는 이론적 지식이야말로 고급스런 그 '무엇'이 아니겠는가? 이로써 우리는 서두에서 제기한 첫 번째 의문을 해결한 셈이 된다.

그렇다면 매체언어 현상을 거시적으로 조망할 수 있는 방법론이 요청

---

7) 이런 현상은 국어교육 과정 자체가 방법이나 기능에 편향되어 왔었던 사정과 무관하지 않을 터이다. 미디어 텍스트의 교육과 관련하여 소략하나마 이에 대한 반성적 지적이 있었던 것은 고무적이다. 박인기 외(2000 : 17~18) 참조.

된다. 이에 문화론적 시각에 의거한 접근법이 이러한 요구를 충족시킬 하나의 방법론이 될 가능성을 검토해 보기로 한다. 방송언어문화의 세 국면을 언어 체계, 사고 형성, 사회적 작용으로 설정하여 방송언어를 분석한 연구 결과에 따르면, 상기한 언어 오용 사례로 인해 일어날 수 있는 문화적 사태와 그 의미는 다음의 표와 같이 재정리된다.

방송언어 문화의 국면	현 상	문화론적 의미
언어체계	언어질서 파괴 : 발음 오류, 표준어 규정에 어긋나는 말, 부정확한 어휘와 억지 조어	언어상의 오류를 개인의 정체성의 표상으로 인식하는 경향
	정체성 상실 : 외국어 어휘, 외국어 문장, 외국어 제명	외국어 사용을 차별화의 전략으로 인식하는 경향
	언어의 과대화 : 과장 표현, 상투적 비유, 관용적 극대화	사실보다 표현을 더욱 강하게 하려는 언어의 극대화 경향
	언어의 천박화 : 품위를 손상하는 말, 은어·비속어, 신조·유행어의 사용, 컴퓨터 통신 언어	개인 정체성의 표상으로 인식하는 경향. 무리짓기에 의한 차별화
사고형성	주체적 판단 저해 : 자막 사용, 피동 표현, 추측 표현	책임 소재를 분명하게 하지 않으려는 의도의 소산
	내용의 쇄말화 : 사소한 화제, 내용 없는 방담, 사생활 중심의 화제	삶의 가치를 말초적 흥미로 옮기게 되는 경향
	고정 관념 형성 : 주종 관계의 언어, 방언의 이중성, 언어의 남용	정체성의 차별화와 사회적 조정 유도
	비논리적 사고 조장 : 성급한 일반화, 흑백논리, 논리적 합리성 결여	사회의 비합리화 조장
사회적 작용	언어생활 변화 : 언어의 과격화, 극대화한 표현, 일탈된 표현	부자연스러운 언어 변화 초래
	무리짓기에 의한 사회 분열 : 젊은이 대 노인의 구분, 서울 대 지방의 구분, 남자와 여자의 구분	사회적 무리짓기 유도
	사회 권력 형성 : 여론 주도층, 대중문화 주도층, 상대적 우월 계층	권력구조의 관념화

〈방송언어의 문화론적 분석 결과〉(김대행, 2002)[8]

---

8) 이 분석의 시각에서 우리는 기의(signified)와 레퍼런트(referent)가 기표(signifier)의 유희에

표에서 알 수 있듯이, 각 항목의 문화론적 의미는 중복되는 면도 있다. 그러나 이는 표면적으로 드러난 다양한 현상들이 결국 하나의 본질에서 비롯된다는 뜻으로 이해하면 될 것이다. 이 연구는 장르를 초월하여 모든 텔레비전 프로그램을 대상으로 자료를 수집한 결과이긴 하나, 이러한 언어 사례를 보여주는 대표적인 장르가 오락프로그램이라는 점에서 우리의 관심사에 커다란 시사점을 보여준다.

방송이 거듭된 경고에도 불구하고 여전히 그 언어적 폐해를 안고 가는 데는 그만한 이유가 있었을 것이라고 가정해 볼 수 있다. 또한 여기에서 우리는 오락프로그램의 오락 지향성이 여타 장르의 프로그램을 오락성으로 견인해 간 것임도 암시적으로나마 이해할 수 있다. 오락프로그램은 방송언어의 사회적 기능을 첨예하게 수행해 가면서, 여타 장르의 프로그램으로 하여금 그 흥행 성공의 전철을 따르도록 유인해 간 것이다. 요컨대 오락프로그램의 언어는 텔레비전의 언어 일반(一般)을 압축적으로 보여주는 일반(一斑)이라 할 것이다. 이로써 두 번째 의문에 대해서도 답을 한 셈이 된다.

문화분석 능력의 함양이 오늘날 국어교육 목표 중의 하나로 자리 잡게 된 데는 다음과 같은 국어교육관의 영향이 크게 작용하고 있다.

> "학생들이 자신이 살아가고 있는 세계와 문화적 환경에 대하여 비판적으로 이해할 수 있는 능력을 강조한다. 학생들은 의미가 전달되는 과정과, 인쇄물이나 여러 가지 매체가 가치를 전이시키는 방식에 대하여 알아야 한다."(Brian Cox, 1991 : 21~22)

농락당하고 함몰당했다는 보드리야르(J. Baudrillard)의 통찰을 읽을 수 있다. 그는 자본주의는 기표와 기의의 관계를 격리시켜 기표 그 자체가 기의 및 레퍼런트가 되게 만들고 기호(기표+기의)는 이제 더 이상 아무것도 가리키지 않는다고 한다. 그런 만큼 이 연구는 얼마간은 사회학적인 관심으로 옮겨간 것이라 할 수 있다.

이 진술에서는 학생들이 매체를 능동적으로 수용하도록 하는 능력을 강조하고 있으며, 이를 위해 의미 전달 과정, 매체의 가치 전이 방식에 대한 앎의 필요성을 부각시키고 있다. 표에서 제시된 바 각 언어 사태의 문화론적 의미는 고스란히 이 '앎'의 구체적인 내용 항목이 될 수 있을 것이다.

이러한 시각의 의의는 언어를 규범의 체계로 한정하여 바라보는 시각과 대비해 보면 더욱 선명해진다. 언어를 규범의 체계로 바라볼 경우 오락프로그램의 그릇된 언어 사태를 지적하거나, 학생들로 하여금 규범의 체계를 익혀 그 잘잘못을 판단하도록 하는 데 머무를 수 있다. 그러나 문화론적 시각은 그것이 왜 그러한가, 그것이 무슨 의미를 함축하고 있는가를 조망하는 안목을 제공해 주는 수준까지 나아갈 수 있는 것이다.

(2) 텔레비전 읽기와 텔레비전 쓰기

현재 우리 사회의 주된 흐름을 특징짓는 코드는 '가벼움'의 코드이다. 이 흐름에는 나름의 역사적 배경이 있다. 외형적인 경제적 풍요의 확대, 디지털 인터넷 문화와 같은 하드웨어적인 배경도 지적될 수 있고, 포스트모더니즘의 이성주의 비판이라는 소프트웨어적 요소도 그 배경으로 거론할 만하다. 그리하여 이성보다는 감성, 성찰보다는 느낌, 합리성보다는 감각성이 더 높은 가치를 가진다는 것이 암묵적 동의를 얻어가고, 이성주의적 진지함과 엄숙함은 권위주의의 망령으로 치부되기도 한다. 물론 감성, 느낌, 감각은 억압되어서도 안 되고 자유롭게 분출될 만한 가치가 있다.

문제는 그것이 급격하게 기울어져 편향이 일어날 때 생겨난다. 이성, 성찰, 합리가 그 반대쪽에서 나란히 균형을 맞추어야 할 이유가 여기에 있다. 감각의 창은 컴퓨터의 모니터나 휴대전화의 화면처럼 대다수의 사람들에게 열려 있다. 그러나 감각의 창 너머의 기획과 조정은 지식 창조자, 과학 발명자, 정보 제공자의 몫이다.9) 이들의 안목은 대체로 문제를 해결하는 방법적 지식보다 문제를 발견하는 이론적 지식에 바탕을 둔다. 오락프로그램도 감각의 창으로서는 매우 훌륭한 자격을 갖추고 있는 바, 그 프로그램의 제작자는 일종의 창조자이다. 따라서 이제 국어교육은 텔레비전 오락프로그램의 읽기 못지않게 오락프로그램을 창조적으로 쓰는/만드는 능력에 대한 적극적인 배려도 필요할 것이다.

텔레비전을 보는 것은 즐겁다. 그러나 텔레비전을 읽는 즐거움도 있다. 또 다른 한편에는 텔레비전을 쓰는/만드는 즐거움도 있다. 다만 텔레비전을 쓰는/만드는 즐거움은 창조의 고통을 수반하는 '무거운' 즐거움이므로, 여기에 대해서는 특별한 교육적 배려가 필요하다.

텔레비전 쓰기는 문학교육에서 수행되어 온 교수—학습 방법론의 틀을 준용하면 다음의 세 가지 차원에서 접근해 볼 수 있겠다. 텔레비전'으로' 쓰기, 텔레비전'을' 쓰기, 텔레비전'에 대해' 쓰기가 그것이다. 텔레비전'으로' 쓰기는 텔레비전의 각종 포맷(format)을 글쓰기와 말하기 활동의 각종 형식으로 차용하는 것이고, 텔레비전'을' 쓰기는 텔레비전의 프로그램을 직접 구성해 보는 것이다. 그리고 텔레비전'에 대해' 쓰기는 텔레비전 경험에서 얻은 즐거움과 만족감, 혹은 이와 상반된 불쾌감을 대화나 토론을 통해 다른 사람에게 말해보고 글로 써 보는 것이다. 앞에서 살펴 본 바대로 규범에 어긋난 언어 구사를 지적하면서 규범의 준수를 강조하는 것이 보호주의적 관점의 소산이라면, 텔레비전'으로' 쓰기와 텔레비전'을' 쓰기는 성찰적 접근법과 연결될 수 있고, 텔레비전'에 대

---

9) 이 점에 대해서는 김용석(2002)에서 포괄적으로 다루고 있다.

해' 쓰기는 텍스트 중심주의와 문화연구적 접근과 맥락적으로 상통할 수 있을 것이다.

이러한 학습 활동을 통해 매체 경험은 더욱 깊어지거나 넓어질 수 있고, 궁극적으로는 그 매체 경험의 의미화 혹은 자기화를 이루어 낼 수 있는 것이다. 또한 이러한 언어적 수행은 이차적 구술성의 자장에 놓여 있는 미디어 문화의 감각적 직접성을 극복하는 계기로 작용할 수 있다는 점에서도 특히 주목되어야 한다.[10] 요컨대 텔레비전 쓰기는 텔레비전의 언어를 언어 수행의 자료로 활용한다는 점에서 국어교육의 방법이 되고, 경험과 수행, 태도를 두루 포괄한다는 점에서 국어교육의 내용으로 자리 잡을 수 있는 것이다.

물론 이들 세 차원이 엄밀히 구별되는 것은 아니다. 텔레비전 프로그램의 포맷을 도구로 활용하느냐, 그 자체로 완결된 학습 활동으로 설정하느냐의 차이일 뿐이다. 이러한 차이에도 불구하고, 학습의 효과를 높여 줄 것이라는 점은 공통된다. 텔레비전 텍스트가 이미 잘 맥락화되어 있고, 특정 형태의 프로그램으로 포맷화되어 있으므로, 이를 통한 언어적 경험을 국어교재화하고, 수업활동화하는 것이 더 효과적인 경우가 많기 때문이다(박인기 외, 2000 : 16). 이 경우 특히 오락프로그램은 더욱 큰 효과를 발휘할 수 있을 것이다. 대부분의 학생들에게 가장 친숙한 장르가 오락프로그램이기 때문이다.

가령 우리는 시의 화자나 소설의 등장인물을 토크쇼의 게스트로 초청할 수 있으며, 여기에서 그에게 던질 질문과 이에 대한 대답을 상상적으로 구성해 볼 수 있다. 골계적인 민담이나 소설 작품은 코미디나 시트콤의 포맷으로 전환해 볼 수도 있다. 물론 반드시 문학 작품을 토대로 할 필요는 없다. 자신의 실제적인 경험을 소재로 삼을 수도 있을 것이다. 오

---

10) 이 중에서 세 번째 차원은 김성진(1998)에서 강조된 바 있다.

랜 시간 동안 만나지 못한 그리운 지인과의 추억을, 유명 인사들의 기억 속에 숨어 있는 인물을 찾아 주는 프로그램의 포맷을 활용하여 구성해 볼 수 있는 것이다.

그러나 이러한 사례들은 교수–학습의 방법이나 수행 평가의 도구라는 제한적 의미만을 가질 수 있다. 그리고 친숙한 장르이고 선호도가 높은 장르라는 사실이 국어교재화와 수업활동화의 유일한 이유라면, 그것은 곧 기능주의적 편향에 기울어지고 말 것이다.

이러한 난점을 해결하기 위해서는 이러한 수행 경험을 통해 좀 더 근원적이고 본질적인 인식에 이르도록 배려하는 일이 요구된다. 근원적이고 본질적인 인식이란 무엇인가? 그것은 이러한 장르의 원리나 규칙에 대한 지식이다. 오락프로그램의 포맷을 활용하든, 혹은 오락프로그램을 구성하든, 이것이 가능하기 위해서는 먼저 오락프로그램의 장르적 원리에 대한 앎, 곧 장르 리터러시(generic literacy)가 있어야 한다. 그것은 물론 일방적인 전달에 의해서 얻을 수도 있겠지만, 수행을 통해 경험적으로 깨달아 나가도록 하는 것이 바람직할 것이다. 이렇게 하여 수행, 경험, 태도 범주에 지식 범주까지 갖춰지면, 국어교육의 네 가지 내용 범주를 모두 충족시키게 되는 것이다.

오락프로그램의 장르적 리터러시를 계발하는 과정에서 궁극적으로 만나게 되는 것은 오락이 왜 인간에게 필요한가, 오락은 어떤 메커니즘으로 인간의 필요를 충족시키는가 하는 질문이다. 이들 질문에 대한 앎(지식)은 다시 필연적으로 오락프로그램을 조망하는 안목으로 실현될 것이다.[11]

오락은 고대의 의식(儀式)에서 비롯된 것으로 보며, 이것이 문화의 전

---

11) 그렇다고 해서 오락프로그램을 읽기 위해 이러한 앎이 별도로 제시되어야 한다는 것은 아니다. 이하의 논의에서 확인할 수 있겠지만, 민속문학을 설명하는 지식 체계로도 이에 대한 준비는 충분하다는 것이 이 글의 기본적인 관점이다.

개와 더불어 진지성과 성스러움을 제거하고 세속화, 형식화된 것이다. 대체로는 쾌락과 감동, 재미 등의 요소로 이루어지며, 이성이나 논리, 질서보다는 감성, 소란과 무질서에 그 기능의 원천을 둔다. 오락은 또한 인간 사회 내부의 혼란을 야기하고자 하는 무의식적 욕망에 기초하고 있다고 한다. 다만 사회 변화에 따라 그 내용과 형식, 참여폭 등이 바뀌어 왔을 따름이다. 이 점에서 오락은 놀이와 특별히 구분되지 않는다. 탈춤이나 판소리 등 전통적인 민속 예술에서 확인할 수 있듯이, 사회의 지배적 가치가 지닌 무거움을 가볍게 웃어넘길 수 있는 유쾌함이 오락의 핵심이라 할 것이다. 이를 위해 필연적으로 불순하고 불손하며, 비공식적이고 선정적이며, 세련되지 못한 언어가 동원될 수밖에 없다. 순정하고 공손한 언어, 공식적이고 온건한 언어, 그리고 세련된 언어는 본래 무겁고 논리적인 데다 지배적 질서의 표지(標識)로 기능하기 때문이다.

이러한 오락의 본질적 성격은 오락프로그램에서 극대화되어 나타난다. 적어도 형식의 측면에서 본다면 텔레비전 오락프로그램은 인간의 원초적 쾌락 본능을 정공법적으로 충족시키는 역사적 오락 장르인 셈이다. 실제로 오락프로그램의 포맷은 아곤(Agōn ; 경쟁), 알레아(Alea ; 운), 미미크리(Mimicry ; 환상 또는 모의), 일링크스(Ilinx ; 현기증)의 네 가지 기본적인 놀이 종류(Roger Caillois, 이상률 역, 1994 : 39~57)에 거의 모두 포괄될 수 있다. 뿐만 아니라 오락프로그램은 인류가 창안해 왔던 웃음의 창출 방식을 골고루 활용하기도 한다. 그 방식은 소화(笑話) 등의 장르 차원, 모방담과 형식담, 경쟁담 등의 형식적 유형 차원, 속고 속이기, 공모 등의 장치 차원, 똑똑한 바보 등의 인물 유형 차원, 언어유희(pun) 등의 언어적 원리 차원 등등에서 모두 포괄될 수 있다. 실제로 오락프로그램의 고질적인 병폐로 지적되곤 하는 선정성만 하더라도 판소리와 탈춤에서 어렵지 않게 발견되곤 한다. 오히려 방송에서보다 더 직설적이고 노골적인 경우도 있다. 뿐만 아니라 민담, 민요, 속담, 민속 제의 등 민속 문화에서도 선정적인 요소는 두루 발견된다. 양반들이 즐기고 양반들이 채집한 이야기들 중에서도 '육담(肉談)'으로 분류되는 선정적인 이야기는 주요 레퍼토리로 자리하고 있다.

텔레비전 오락의 가치는 본래 가벼움과 웃음의 자유를 통해 당연시된 가치와 권위를 쉽게 흔들어버릴 수 있다는 점에서, 그리하여 기존의 지배적인 배치로부터 가볍고 쉽게 떠날 수 있게 한다는 점에서 막대한 미덕을 갖는다(이진경, 1998 : 179). 그러나 텔레비전의 오락프로그램은 하나의 상품으로 생산되면서 오락의 본질 일부를 잃어버렸다. 그것은 '웃음을 위한 웃음'에 모든 관심의 초점이 놓여 있는 데 원인이 있다. 가벼움의 너머에 있는 무거움, 무질서의 이면에 놓여 있는 질서, 웃음의 뒤편에 있는 울음을 보지 못하고, 가볍고 무질서한 웃음만을 강요하고 있는 것이다. 불순하고 불손하며, 비공식적이고 선정적이며, 세련되지 못한 언어를 동원은 하되, 그 본성을 살리지는 못하고 있는 것이다.[12]

여기에서 서두에 제기했던 세 번째와 네 번째 의문에 대한 대답의 단서가 나온다. 세 번째 의문이란 현대의 대중문화 장르에 대해 과거의 대중문화 장르에서처럼 미적인 기준을 적용하지 않는 이유는 무엇인가 하는 것이었다. 이에 대해 엄밀히 말하면 우리가 오락프로그램에 미적인 기준을 적용하지 않는 것이 아니라, 오락프로그램이 이미 미적으로 실패했다는 선험적 판단을 작동시키고 있는 것이다. 기실 오락프로그램의 언어 사태에서 제시된 사항들은 여타 장르에 비해 오락프로그램에서 더욱

---

12) 대중문화를 '문화 산업'으로 규정하면서 이를 간파한 사람은 호르크하이머와 아도르노였다. 이들은 문화 산업이 수천 년 간 지속되어 온 고급문화와 저급문화의 경계를 허물었으나, 결국은 두 문화의 장점마저도 모두 무화시켰다고 본다. 고급 예술의 진지함과 엄숙성이 희생됨은 물론 대중 예술이 지닌 자생력과 저항력마저 상실되었다는 것이다. M. Horkheimer & T. W. Adorno, 김유동 외 역(1995) 참조.

두드러지게 나타나고 있으며, 이 중 일부는 '배삼룡 시대'에도 단골로 거론되곤 했던 문제점들이다. 아주 오랜 시간 동안, 아주 두드러지게 이러한 경향을 보여 왔다면, 오락프로그램의 언어 문제는 아주 두꺼운 누적을 통해 아주 견고하게 형성된 장르적 관습으로 보아도 무방할 것이다. 장르의 관습이 그러하므로, 여기에 미적인 기준을 들이대지 않는 것은 우리의 습관이다.

판소리와 탈춤을 미적으로 접근하는 습관에는 물론 이들 장르들이 본래 불특정 다수의 참여로 이루어지는 소박한 민속 예술에서 출발하여 뚜렷한 민족 예술로 상승해 간 역사적 경과가 잠복해 있다. 더하여 여기에는 민족 문화의 우수성을 드러내고자 하는 민족주의적 기획도 숨어 있다. 그렇다고 하더라도, 이들 장르들이 공연을 통해 대중적 흥행을 추구하는 대중문화(popular culture)라는 점은 부인할 수 없다. 텔레비전의 오락 프로그램 또한 대중 매체에 실려 전파된다는 의미의 대중문화(mass culture)이긴 해도, 흥행을 추구하는 대중문화임은 자명한 사실이다.

거꾸로 판소리와 탈춤이 처음부터 예술적 성취의 결과로 이루어진 것인가 하는 반문도 던져 볼 수 있다. 결코 그렇지 않다. 다만 거기에서 민족문화적 자질이나 민중예술의 정체성을 보고자 했기 때문에 그러한 시각이 성립되었을 따름이다. 판소리나 탈춤의 미적 성취도가 관심인 이상은 그것을 완결된 텍스트로 간주할 수밖에 없었던 것이다. 그렇다면 이제 텔레비전의 오락 프로그램에 대해서도 미적 기준으로 접근할 수는 없겠는가? 오락프로그램이 텔레비전 텍스트인 한, 그렇게 못할 이유는 없다. 다만 우리의 문화적 엄숙주의가 이를 가로막고 있을 뿐이다.

오락프로그램을 미적 기준으로 접근할 수 있다면 자연스럽게 네 번째 의문도 해결된다. 언어의 오용과 일탈은 일차적으로 제작자 및 진행자와 출연자들의 자질 부족에 원인이 있다 하더라도, 그것은 오락이 본질적으로 내재하고 있는 언어적 속성이다. 다만 미적으로 완결되지 못하고 채워지지 못했을 따름이다. 그렇다면 우리가 비난해야 하는 것은 그러한 언어 사용 자체가 아니라, 그러한 언어를 동원하면서도 미적 완성도를 보여주지 못하는 미숙함이어야 할 것이다.[13)]

4. 남는 문제들

미디어 리터러시의 함양을 위해 국어교육에서 '보기(viewing)'라는 영역을 하나 더 만들어야 한다는 주장이 있다. 물론 이러한 주장의 이면에는 국어교육에서 미디어를 본격적으로 다루어야 한다는 현실론적 당위가 자리하고 있고, 그만큼 타당성도 지니고 있다.

그러나 지금까지의 논의를 통해서 확인한 바로도, 이는 피상적 기능론에 뿌리를 대고 있는 것이 아닌가 한다. 표나게 강조하지는 않았지만, 미디어 리터러시에 대한 접근에 필요한 기초적인 안목은 언어와 문학이 내재하고 있는 요소와 속성으로부터 비롯된다는 것을 확인할 수 있었다. 커뮤니케이션학, 방송학 관련 논의에서 고유한 방법론이 없는 대신 언어학과 서사학 등이 자주 원용되고 있는 것도 이런 사정과 무관하지 않을 것이다. 따라서 미디어 리터러시를 위해 별도의 지식 항목을 수립할 필요가 없다면, 별도의 영역을 만들 필요도 없을 것이다. 오락프로그램을 조망하며 읽기 위해 필요한 안목이 민속적인 대중 문학을 설명하는 지식 체계로서도 충분히 확보될 수 있을 것임은 앞에서 입증해 보인 바 있다.

---

13) 이런 점에서 텔레비전 오락의 잠재성을 무시한 채 지배 이데올로기에 근거하여 거의 맹목적으로 오락프로그램을 재단하는 신문 매체의 담론을 분석한 전규찬(2002)이 특히 주목된다.

한편 '보기' 영역을 설정할 경우 이에 대응되는 '그리기' 혹은 '만들기' 영역도 함께 만들어져야 할 터인데, 이것이 과연 타당한가 하는 의문을 가질 수 있다. 언어활동의 양상을 전체적으로 이해와 표현 영역으로 포괄한다면 논의는 달라진다. 그러나 듣기·말하기·읽기·쓰기와 동일한 위상으로 '보기' 영역을 별도로 만든다면, 체계성을 위해서라도 '그리기' 혹은 '만들기' 영역도 함께 수립되어야 마땅하다. 따라서 '읽기'의 외연을 넓히면서 미디어 리터러시도 이 영역으로 포섭해 오는 것이 현실적이면서도 타당한 처방이 아닐까 한다. 물론 이때 이해 교육은 언어의 뜻을 파악하고 수용한다는 'comprehension'을 넘어, 통찰과 깨달음을 내포하는 'understanding'으로 나아가야 할 것이다.

실제로 '읽기(reading)'라는 말은 얼마나 광범위한 외연을 지니고 있는가? 다소 장황하고 수다스럽지만, 그 사례를 드는 것으로 글을 마치고자 한다.

더 이상 존재하지 않는 별들의 천체도를 읽는 천문학자, 집을 지을 때 악귀를 물리치기 위해 집터를 읽는 일본인 건축가, 숲 속에서 동물들의 발자국을 읽는 동물학자, 자신의 승리의 패를 내놓기 전에 상대방의 제스처를 읽는 도박꾼, 안무가의 메모나 기호를 해석해 내는 무용가, 무대 위에서 공연 중인 무용가의 동작을 읽는 관중, 한창 짜 내려가고 있는 카펫의 난해한 디자인을 읽어 내는 직공, 오케스트라용으로 작곡된 난해한 악보를 해독하는 오르간 연주자, 아기의 얼굴만 보고도 기뻐하는지 놀라고 있는지 아니면 감탄하고 있는지를 눈치 채는 부모, 거북의 등딱지에 나타난 모양새를 보고 길흉을 점치는 중국 점쟁이, 밤에 침대 시트 아래에서 사랑하는 사람의 육체를 읽는 연인, 환자들을 상담하여 뒤숭숭한 꿈을 풀이하도록 돕는 정신과 의사, 바닷물에 손을 담가 보고 바닷물의 흐름을 읽어 내는 하와이의 어부, 하늘을 보고 날씨를 예견하는 농부……. 이들 모두는 기호를 판독하고 해석하는 기교를 독서가들과 공유하고 있다(A. Manguel, 정명진 역, 2000 : 14~15).

구비문학과 하이퍼텍스트, 그리고 국어교육

구비문학의 생리를 통해 본 국어교육의 방향

1. 하이퍼텍스트를 보는 시각

월드와이드웹(world wide web) 혹은 웹(web)은 인터넷상의 광대한 시스템을 간단하고 체계적인 인터페이스를 이용하여 상호 연결시킨 것으로서, 멀티미디어 매체를 활용하여 하이퍼미디어 환경을 제공하는 일종의 인터넷 서비스이다.[1]

하이퍼텍스트는 인터넷에서 이용되는 HTML(Hyper Text Markup Language)로 이루어진 웹문서 형식으로서, 웹상에서 거의 모든 정보는 바로 이 하이퍼텍스트로 처리된다. 하이퍼텍스트는 형식적으로는 활자가 인쇄된 기존의 문서(text)와 유사하다. 그러나 지면에 인쇄된 문서는 인쇄기라는 기

---

[1] 인터넷은 세계에 걸쳐 있는 수많은 네트워크들이 연결되어 이루어진 하나의 거대한 통합 네트워크를 지칭한다. 엄밀히 말하면 웹은 인터넷 서비스의 다양한 정보 제공 방법 중의 하나이지만, 현재 인터넷과 웹은 거의 유사한 범주로 인식된다. 최영(1995) 참조

계를 떠나 홀로 서게 되지만, 하이퍼텍스트는 기계와 더불어 존재한다는 점에서도 커다란 차이를 가진다. 그리하여 인쇄된 문서는 종이라는 물질 위에 고형화된 활자로 존재하지만, 하이퍼텍스트는 끊임없이 몸 바꾸기를 시도하는 유동성을 가지고 있다.

물론 하이퍼텍스트의 출현은 과학 기술의 진보가 낳은 산물이다. 주지하듯 하이퍼텍스트의 출현은 오늘날 우리의 의사소통 체계 전반을 가히 혁명적으로 변화시키고 있다. 미디어 자체가 중립적이지 않고 인간의 사고방식과 생활양식을 변화시키는 직접적인 동인이 된다는 뜻으로 맥루한이 정립한 명제, '미디어는 메시지이다'에 기대지 않더라도, 그 변화의 편폭을 실감하고 있다.

이에 따라 인간의 언어활동의 양상과 그것을 보는 시각에도 커다란 변화가 일고 있다. 문자 텍스트가 순전히 시각에 의존하여 생성된다면, 하이퍼텍스트는 이미지를 중심으로 시각 경험과 청각 경험이 동시적으로 극대화되는 방향으로 구성된다. 또한 문자 텍스트가 논리적인 연쇄를 지닌 직선의 흐름을 가진다면, 하이퍼텍스트는 멀티미디어적 성격으로 인하여 다방향적인 흐름을 지닌다. 문자 텍스트에서의 쓰기가 작가의 고독한 창조 행위였다면, 하이퍼텍스트를 만드는 일은 차라리 제작 행위로 간주된다. 이전의 인쇄 텍스트에서는 글자의 배열 순서에 따른 시각의 이동이 읽기의 기초적인 행위였고, 그 방향이 쓰기만큼 선적이었던 반면, 하이퍼텍스트에서는 시각과 청각의 동시 운용을 통해 순간적인 이미지를 인지하는 것이 읽기[2]의 중핵적인 과정이 되고, 이는 시선이 끊임없이 탈주하는 과정이기도 하다.[3]

---

[2] 이하 하이퍼텍스트와 관련하여 서술한 '읽기'라는 말에는 '보기'와 '듣기' 등이 모두 포괄되어 있다.

[3] 이와 관련하여 텍스트의 개념 자체도 달라지고 있음을 본다. 그리하여 본디 인쇄된 문서만을 지칭하던 텍스트라는 말은 이제 기호화된 모든 장면을 가리키는 말로 확장되었다.

그러나 한편으로 이를 새롭게 발명된 매체의 출현으로 간주하고 있는 것은 아닌가, 그리고 그만큼 이러한 변화에 대해 지나치게 커다란 의미를 부여하고 있는 것은 아닌가 하는 의구심을 갖는다. 왜냐하면 이것이 변화인 것은 분명하다 하더라도 완전히 새로운 매체의 출현이라고 보기는 어렵기 때문이고, 따라서 그것은 인간에게 어느 정도 낯익은 의사소통 매체로 보이기 때문이다.

이 글에서는 그 소통 방식이나 향유 방식의 근원적 유사성을 구술 문학의 존재에서 확인하고자 한다. 다시 말해 언어활동으로서의 구술 문학이 하이퍼텍스트의 원형질(原形質)을 함축하고 있었다고 보는 것이다. 다만 그것은 문자 문화 시대에 어떤 권위에 억압당한 채 잠복되어 있다가 미디어의 활성화와 더불어 표면화된 것으로 본다.

이를 구체적으로 확인하기 위해 구술 문학 중에서도 판소리를 택하여 논하기로 한다.4) 하이퍼텍스트의 과거적 모습을 살피고자 하는 이 논의에서, 하필 판소리를 자료로 삼은 것은 양적인 풍부함과 다양함에 그 일차적인 이유가 있다. 판소리는 구술문학이면서도 오늘날의 우리에게 그 연행의 현장성과 변화의 흔적을 고스란히 보여주고 있으며, 그 변화와 변이의 스펙트럼이 다채로운 점도 증거로서의 가치를 드높이고 있는 것이다. 더욱이 판소리가 하나의 서사물이라는 점도 하이퍼텍스트적 성격을 강하게 드러낼 수밖에 없었던 조건이라고 본다. 이처럼 판소리는 하이퍼텍스트적 면모를 확인하는 데 여러 모로 유용한 자료라 할 수 있다.

이 글의 목적은 하이퍼텍스트의 과거성을 통하여 현재성과 미래성을

실제로 우리는 '구술 텍스트'나 '영상 텍스트', 혹은 '영화 텍스트'라는 말을 어렵지 않게 접하고 산다. 물론 이러한 변화는, 행위의 주체가 스스로 선택한 것이라기보다는 하이퍼텍스트의 존재 방식 자체가 필수적으로 요구하는 변화라 할 것이다.

4) 여기에서 말하는 '판소리'에는 창으로 불리는 것만이 아니라 판소리계 소설까지 모두 포함된다.

살피는 계기를 마련하는 데 있다. 나아가 현재 우리가 일반적으로 가지고 있는 언어활동과 문학에 대한 관점을 이에 조회하여 미디어 시대에 국어교육이 갈 길의 한 방향을 가늠해 보는 데 최종적인 목적을 둔다.

2. 하이퍼텍스트, 어떻게 살고 있는가?

웹이 라디오와 텔레비전을 구매체(old media)로 밀어내고 신매체(new media)로 자리 잡을 수 있었던 것은 일차적으로 기술의 획기적인 발전에 말미암는다. 웹은 모든 정보를 아날로그적으로 처리하던 구매체와 달리, 이를 디지털 형태로 처리, 축적, 가공, 편집, 전송한다. 하이퍼텍스트는 이러한 웹의 특성이 가장 압축적으로 응결된 텍스트 양식이라 할 수 있다. 따라서 웹의 모든 특성은 하이퍼텍스트에서도 그대로 실현된다고 보아 무방하다.

이렇게 볼 때 하이퍼텍스트의 특징은 일단은 기술적인 차원에서 접근해 볼 수 있다. 하이퍼텍스트가 기술 발전의 소산이라는 점을 고려하면, 그 특징은 물론 일차적으로 기술적인 차원에서 접근되어야 할 필요는 충분하다. 그렇게 되면 우리는 하이퍼텍스트를 하나의 텍스트적인 매체(media)로 보게 될 것이다.

이러한 견지에서는 '링크', '네비게이션', '브라우저', '노드', '인터페이스', '멀티미디어' 등등의 기능에 대한 관심으로 달려가게 된다. 이러한 미디어 자체의 기술적 요소에 따라 하이퍼텍스트는 몇몇 유형으로 나누어진다. 인쇄된 텍스트처럼 문자가 배열되어 있고, 중간에 몇몇 단어가 링크로 연결되어 정보를 추가적으로 제공하는 가장 고전적인 형태의 하이퍼텍스트가 있고, 이미지와 프레젠테이션에 더욱 높은 비중을 두어 그림과 사진, 음향과 음성 등의 요소가 추가된 멀티미디어적인 하이퍼텍스트, 즉 하이퍼미디어가 있다.

그러나 여기서 주의할 것은 하이퍼텍스트가 실체적인 텍스트 매체의 하나임에는 분명하지만, 우리의 관심은 그 텍스트적 양식(mode)에도 동시에 집중되어야 한다는 점이다. 왜냐하면 서두에서 밝혔듯이 미디어가 그 자체로 어떤 내용을 가지고 있음이 명백한 이상, 이 문제는 필연적으로 인식론적 차원의 접근을 요구하기 때문이다. 그렇게 되면 자연스럽게 하이퍼텍스트의 어떠한 속성들이 인간의 의사소통 행위 혹은 언어활동을 어떠한 방향으로 변화시키는가 하는 문제로 관심사가 집중될 수 있을 것이다. 여기에서 매체와 양식을 굳이 구분하는 것은 물질적인 수단의 선택보다 어떤 언어 형식을 선택하는지가 그 텍스트의 성격을 규정하는 데 결정적으로 기여하기 때문이다.[5]

이와 같은 견지에서 하이퍼텍스트의 양식적 속성으로 먼저 비선형성(non-linearity)을 들 수 있다. 하이퍼텍스트는 형식적으로는 활자가 인쇄된 기존의 문서와 유사하지만, 특정하게 정해진 순서에 따라 선형적으로 읽어나가지 않고 여러 가지의 경로를 선택해서 읽어나가는 '비선형적 텍스트'라는 점에서 인쇄매체와는 구별된다. 그리고 하이퍼텍스트는 커뮤니케이션의 작용 방향이 일방향적이던 아날로그적 대중매체와 다르게 쌍방향 커뮤니케이션을 통한 상호작용의 요소가 매우 강하다. 그리고 모든 정보는 끊임없이 착종되고 융합되어 그 출처 혹은 기원에 대한 감각은 망실된다. 여기에 더하여 하이퍼텍스트는 독자 스스로 행로를 선택할 수 있는 자율성이 있다.[6]

---

5) 매체가 송신자가 자료의 집합체를 전달하는 언어의 물리적 속성에 바탕을 둔 기준이라면, 양식은 메시지를 음성언어나 문자언어 등 특정한 언어 형식의 특질로 생산해 내려는 송신자의 선택을 가리킨다.

6) 하이퍼텍스트의 성격 규정은 여전히 분분하다. 그러나 여기에서 서술된 속성들은 하이퍼

이상에서 살핀 대로, 비선형성, 상호작용성, 상호텍스트성, 행로의 개방성 등으로 요약되는 하이퍼텍스트의 속성은 독자의 역할을 월등하게 증가시키는 방향으로 작용하고 있음을 알 수 있다. 수용자에 머물던 인쇄 문화 시대의 독자는 이제 하이퍼텍스트를 앞에 두고 적극적이고도 능동적인 역할을 수행하지 않으면 안 된다. 심지어 그 역할이 극대화되면 독자는 이제 작가의 역할을 수행하게 되고, 작가-독자의 평면적 관계는 무너지게 된다. 따라서 이들 속성들은 하이퍼텍스트를 읽어가는 행위의 속성일 뿐만 아니라, 하이퍼텍스트를 쓰는 / 제작하는 / 조작하는 / 창조하는 행위의 속성이기도 하다.

3. 하이퍼텍스트, 어떻게 살고 있었는가?

앞에서 살핀 대로, 하이퍼텍스트는 그 속성상 독자의 역할이 매우 활성화되어 있다. 이것은 독자의 태도가 능동적이고 적극적으로 변화한 결과가 아니라, 텍스트의 성격 자체가 독자로 하여금 그 역할을 요구하기 때문이다. 그러한 역할을 수행하지 못하는 독자는 하이퍼텍스트를 제대로 연행할 수 없는 것이다. 오히려 독자는 그 역할 수행을 임무가 아닌 권리로 받아들여 기꺼이 그 향유에 동참하는 것이 일반적이다.

이러한 현상은 인쇄문화에 익숙해져 있는 독자의 입장에서는 매우 생소해 보인다. 인쇄가 폐쇄의 감각을 부추긴다는 옹의 통찰(Walter J. Ong, 이기우·임명진 역, 1995 : 199~204)도 있었지만, 인쇄된 텍스트에서는 필자

텍스트의 대체적인 성격으로서 거의 모든 논자들이 동의하고 있는 바이다. 그러나 이들 특성은 어디까지나 잠재적인 것이어서 반드시 예외 없이 실현되는 것은 아니다. 그 속성의 실현 여부마저 사용자의 판단에 의해 임의적으로 선택될 뿐이다. 그 내용은 아래의 글들을 참조하여 정리한 것이다. S. Cicconi(1999) ; 최혜실(2000) ; 권오현(2000).

나 작가가 정해 놓은 경로를 순서대로 '천착(穿鑿)'하는 것이 독자의 유일한 역할이었기 때문이다. 그것이 논리적 순서이든 시간적 순서이든 일탈은 허용되지 않았다. 작가는 그 자체로 권위였고, 그 의도에 가까이 가는 것이 우수한 독자의 능력이었던 것이다. 그러니 텍스트의 출처나 기원에 대한 감각은 거의 사라지고, 오히려 독자가 작가의 권위를 해체하는 방향으로 운동을 하는 현상은 생소할 수밖에 없는 것이다.

그러나 우리가 과거를 되짚어보면, 독자의 역할에 관한 한 그것이 결코 완전히 새로운 발명이 아님을 알 수 있다. 이에 대한 가장 구체적이고 명백한 증거가 바로 판소리이다. 역사적 실체인 판소리의 존재 방식을 통해 우리는 하이퍼텍스트가 언어 그 자체의 속성이기도 하다는 점을 확인해 볼 수 있으리라 본다.

논의의 편의를 위해 먼저 하이퍼텍스트의 두 가지 양식을 나누어 보고, 이 구분에 따라 판소리의 존재 방식을 구체적으로 살펴보기로 한다. 하이퍼텍스트는 작동 방식에 따라 두 가지로 나누어진다. 하나는 제작자(작가)가 미리 정해놓은 몇 가지 가능성 중의 하나를 선택하는 수준에서 독자의 자율성이 발휘되는 탐색적 하이퍼텍스트(explorative hypertext)로서, 서사적인 성격을 갖게 되는 하이퍼픽션(hyperfiction)이 전형적인 사례이다. 다른 하나는 순전히 독자의 자율적인 결정으로 텍스트를 선택하고, 기존 텍스트를 독자 자신의 활동으로 변형하고 가공하는 구성적 하이퍼텍스트(constructive hypertext)가 그것이다. 곳곳에서 이야기의 형식과 흥미 요소를 빌어와서 만들어지는 각종 시리즈 유머가 대표적인 구성적 하이퍼텍스트이다. 당연히 구성적 하이퍼텍스트에서는 독자의 자율성이 탐색적 하이퍼텍스트에서보다 더 높고, 독자가 작가로서의 역할을 수행한다(윤미정, 1997 ; 류현주, 2000).[7]

(1) 구성적 하이퍼텍스트 : 사설 형성의 측면

구성적 하이퍼텍스트는 비선형성, 상호작용성, 상호텍스트성이라는 속성을 모두 갖추고 있다. 독자의 자율적인 결정으로 텍스트를 선택한다는 점에서 선적으로 진행되지 않음을 알 수 있고, 기존 텍스트를 독자 자신의 활동으로 변형하고 가공한다는 점에서 상호텍스트성을 인정할 수 있으며, 이것이 모두 독자가 수행하는 작가적 역할이라는 점에서 상호작용성을 확인할 수 있다.

먼저, 상호텍스트성과 관련된 사항을 살펴보기로 한다. 서사물인 판소리가 다종다양한 설화를 모태로 하여 생성되었음은 주지의 사실이다. 가령 <춘향가>는 열녀 설화, 신원 설화, 암행어사 설화, 염정 설화, 관탈민녀형 설화 등이 서사의 골격을 이루고, 여기에 몽상(夢祥) 설화와 신물교환 설화, 수기(手記) 설화가 부차적으로 결합되어 있다. 일일이 예거할 필요도 없이 <심청가>나 <흥보가>, <수궁가>는 모두 갖가지 설화들을 모태로 하고 있는 것으로 인정되고 있고, <적벽가> 또한 『삼국지연의』에 원천을 두고 있음은 널리 알려진 사실이다.

이처럼 각종 설화들이 교직되어 서사의 골격을 이루고 있는 판소리에는 다른 갈래의 시가와 이야기는 물론, 속담과 고사성어, 유교 경전과 불경, 역사서 등도 총체적으로 결합되어 있어, 가히 각종 담화의 저수지를 이루고 있기도 하다. 심지어는 서로 다른 판소리 작품들이 동일하거나 유사한 사설을 공유하고 있는 경우도 있다.

이러한 상호텍스트성은 당대 언어 공동체가 공유하는 가장 익숙한 코드를 활용하여 연행의 유창성을 보장받는 한편, 즉각적인 공감을 얻을

---

7) 이러한 차이에도 불구하고 이들 두 가지가 항상 변별되는 것은 아니며, 하나의 하이퍼텍스트가 두 가지 속성을 다 갖추고 있는 경우도 있다.

목적으로 적극적으로 활성화되었다. 이는 오늘날의 하이퍼텍스트가 자기 복제를 통하여 조금씩 몸을 바꾸어 가는 현상과 거의 같은 맥락이라 할 수 있다. '최불암 시리즈'에 나왔던 이야기가 '사오정 시리즈'로 재구성 된다거나, 혹은 웹에서 변형을 거듭하면서 떠돌던 이야기가 텔레비전 드 라마로 만들어지는 경우가 이에 해당된다.

한편 판소리에서 상호작용성이 가장 명확하게 드러날 때는 창자의 임 기응변이 실현되는 경우이다. 명창 고수관이 대구 감영에서 <춘향가>의 '기생점고' 대목을 부를 때, 그 자리에 있는 기생의 이름으로 새롭게 시 를 지어 사설을 바꾸었다는 일화나, 어전에서 창을 하던 최낭청(崔郎廳)이 "王孫이 歸不歸"를 즉석에서 "王孫이 歸不歸하랴."로 바꾸어 불렀다는 일화(정노식, 1940 : 32 및 47)[8]가 전해지는 바, 이는 판소리사에서 확인할 수 있는 임기응변의 가장 대표적인 사례라 할 만하다. 판소리의 사설은 거의 창자의 머릿속에 견고하게 저장되어 있긴 하지만, 연행의 현장이 지니는 특수성을 반영하여 즉흥적으로 변개되기도 한다. 연행하는 지역 의 산 이름을 사설 속에 용해하기도 하고, 청관중의 기대감을 반영하여 즉흥적으로 사설을 창작하기도 하며, 청관중과 직접 대화를 주고받기도 한다. 그리고 이 모든 것은 그 자체로 하나의 연행 텍스트로 존재하게 된다. 이는 수용자로서의 창자가 자신의 판단에 따라 작가로서의 역할을 충실히 수행하고 있는 하나의 국면이라 할 수 있다.

그러나 진정한 상호작용성의 진가는 더늠의 창조에 있다. 본래 구전심 수(口傳心授)로 전승되는 판소리에서는 사승(師承) 관계가 엄격하여 스승의 사설을 그대로 전수받는 것이 제자의 도리였다. 그러나 판소리사에 남을 만한 명창들은 공통적으로 자기만의 개성이 들어간 더늠을 창조해 왔다.

---

8) 고수관의 사례를 비롯하여 판소리에서 임기응변이 지니는 의미는 유영대(1998)을 참조할 수 있다.

말하자면 제자로서의 수용자 혹은 독자가 스스로 작가가 되어 새로운 사설을 만들어내게 되는 것이다. 판소리사가 더늠의 생성과 나란히 전개되어 왔다는 점에서, 더늠의 창조에 관여하는 상호작용성이 얼마나 커다란 미덕을 가지고 있는지를 확인할 수 있다.

혹 더늠을 만들어내는 정도는 아니라 하더라도, 판소리 사설이 끊임없이 변화하는 것은 본질적으로 창조의 기미를 안고 있다 하겠다.

> 이 대문에 토끼가 나오다가 이비와 삼여대부를 만났다 허나 옛날 명창으로 독보이셨든 고창 신호장 재효씨 선생님 말씀에도 김생과 김생끼리 사람말을 빌어다가 문답은 헐지언정 사람이야 김생보고 무슨 말을 허였으랴 허셨기땀에 이렇게 경치만 이르게 헌 것이었다.
>
> ─<수궁가>(김연수 창본)

'이 대문'이란 '혼령 상봉 대목'을 가리킨다. 본래 <심청가>에서 심청의 억울함과 슬픔을 위로하고, 심청에게 죽음을 확인시키면서도 환생을 암시하는 기능을 가진 '혼령 상봉 대목'은 <수궁가>로 수용되면서 토끼가 귀환하는 부분에 삽입되어 대부분의 창본에 두루 전승되고 있다. 그러나 신재효가 개작한 <토별가>와 그 영향을 많이 받은 김연수 창본에서는 이 대목이 빠져 있다. 과연 이 대목 대신에 삽입되는 장황한 풍경 치레는 적어도 토끼가 생사를 건 모험을 하고 귀환하는 사건에 관한 한 '혼령 상봉 대목'에 비해 훨씬 더 자연스럽게 어울리는 것으로 보인다.9) 따라서 인용문은 이 혼령 상봉 대목이 빠지게 된 연유를 설명하는 또 하나의 하이퍼텍스트이기도 하지만, 판소리의 전승 과정에서 일어나는 사

---

9) 이 부분의 변개는 신재효의 개작이 이른바 '합리성'을 지향하고 있다는 점과 연관된다. 그러나 판소리의 사설은 합리성의 반대 방향을 지향하기도 하므로, 이 변개를 판소리 일반의 문법으로 규정하기는 어렵다.

설의 변개가 수용자의 판단에 따라 새롭게 구성되어 가는 모습을 발견할 수 있는 단서이기도 하다.

이와 같은 상호작용성은 판소리의 연행에 창자의 개성을 부여하는 연행적 효과를 낳기도 하고, 그 결과 통시적으로 다채로운 이본과 각편이 동시적으로 발전해 오게 했던 동인이라 할 만하다. 창자가 오직 스승의 사설을 전수받아서 다시 제자에게 고스란히 물려주는 식으로 전승의 문법이 경직되었다면, 판소리 자체의 발전도 더뎠을 뿐 아니라 판소리가 생명력을 확보하는 일도 쉽지는 않았으리라 생각된다.[10]

한편 구성적 하이퍼텍스트의 속성으로서 인쇄 텍스트와 가장 표나게 구별되는 특성은 읽기 과정의 비선형성이라 할 수 있다. 비선형성은 판소리 연행에서 서사적 경과의 외부로 일탈하는 경우에 해당된다. 판소리 서사의 서술자, 혹은 창자는 정보를 제시하면서 사건의 전개에 따른 긴장감을 불러일으키면서도, 한편에서는 이와 무관하게 오락을 제공하여 청관중의 긴장을 이완시켜 주는 역할도 맡고 있다. 오락의 형태는 다양하지만, 예컨대 다음과 같은 재담은 광대 스스로 일탈임을 주지시키고 있어 연행의 비선형성을 증거해 주는 명백한 표지로 보인다.

> 통인이 들어가 그대로 여쭈오니 사또 물색 모르시고 도련님 글공부 힘써 하신 줄만 짐작하고 웃음 한 번을 웃는데, 탕건 벗어지는 줄도 모르고 스물 네 꼭지를 넘기는데, '흐흐 허허 하하' 웃으시며, …… 사또께옵서 너무 좋아라고 흐흐 웃으시며, "정승이야 어찌 바라겠나마는 내 생전에 급제는 쉽게 할 듯하네. 급제만 쉽게 하면 출육이야 번연히 시키겠나."
> 【"아니오. 그 애가 정승을 못하면 장승을 하여도 하기는 꼭 하오리다."

---

10) 판소리에서 상호작용성은 연행(performance) 현장에서 일어나는 창자—청관중의 관계적 특성을 지칭하는 것이 일반적이다. 그러나 이 글에서는 전승(transmission) 과정에서 전달자—수용자 사이에 일어나는 변화와, 그 변화를 초래하는 새로운 작시 구성(composition)에 주목한다.

사또 화를 내어, "이 사람, 자네 뉘 말로 알고 대답을 그 따위로 하나."
"내 여태 대답은 하였으나, 뉘 말인 줄은 몰랐소."】

　㉠이런다 하였으나 무슨 그럴 리가 있으리오. 이 때에 도련님은 퇴령
놓기를 기다릴 제, 울적한 마음을 참지 못하여, "이 애, 방자야. 상방에 불
껐나 보아라." "불 아니 껐나이다." 【도련님 답답하여 사또의 취침하심을
알려 하고, 신 벗어 양 소매에 넣고, 옷자락을 걷어 안고, 자취없이 가만
가만 들어가 상방 영창을 침 발라 구녁을 뚫고 가만히 들여다보니, 사또
눈에다 오수경을 쓰고 안석에 기대어 이만하고 누었거늘, 영창을 가만히
열고, 사또 옆으로 가만히 들어가 사또를 물끄러미 보더니 속눈을 떴는지
감았는지 알 수 없어 손가락으로 사또 눈을 요롱요롱하니, 사또께서, "네
이게 웬 짓이니?"

　나무래시는 게 아니라, "야가 이러다 내 속눈을 찌르지."】㉡이랬다 하
되 광대 망설이었다. 일껏 있더니, "급창!" "예." "하인 물리고 등 물려라."
퇴령 소리 길게 나니 도련님이 좋아라고…

－<춘향가>(장자백 창본)

　㉠과 ㉡은 창자가 지금까지 전달한 대화와 행위가 서사 세계의 사건
이 아니라 자신이 재미삼아 꾸며본 일종의 희담(戲談)이었음을 자백하는
말이다. 실제로 수령과 서리 사이에 이런 식의 대화가 오갔을 리도 없고,
양반 자제 이도령이 이런 식의 희화화된 행위를 할 리도 없다. 오직 재
미를 위해서 삽입된 이야기일 뿐이니 그 진위에 의심을 품을 필요가 없
다고 말하는 것이다. 따라서 【　】 내의 이야기는 선적인 읽기의 과정에
서 일탈하여 돌출된 것으로서, 하이퍼텍스트의 비선형성을 적실하게 보
여준다. 실제로 이 대목이 여타의 창본에 두루 편재하지 않는다는 사실
로부터도 그 일탈성은 충분히 입증된다.

　다만 판소리 연행에서는 무제한적이고 무경계적으로 일탈해 가지는
않으므로, 비선형성을 어느 정도 제한적으로 이해될 필요가 있다. 그러
나 그것은 하이퍼텍스트성이 제대로 실현되지 못하는 국면이 아니라, 서

사적인 성격의 하이퍼텍스트로서는 지극히 필연적이고도 자연스러운 국면으로 보는 것이 타당하다 하겠다.

이상에서 판소리의 구성적 하이퍼텍스트적 성격을 상호텍스트성과 상호작용성, 그리고 비선형성이라는 속성들을 중심으로 살펴보았다. 물론 이와 같은 판소리의 면모는 현대적 의미의 하이퍼텍스트와 완전히 일치하는 것은 아니다. 그러나 판소리가 연행되고 전승되는 모든 국면에서 하이퍼텍스트의 속성이 실현되고 있다는 점은 분명해 보인다.

(2) 탐색적 하이퍼텍스트 : 이본 파생의 측면

탐색적 하이퍼텍스트는 본디 독자를 등장인물의 위치에 둔다. 이러한 특성이 가장 잘 드러나는 유형은 게임이라 할 수 있다. 다양한 선택의 경로를 제시해 두고 독자의 자율적인 선택을 최대한 존중한다. 독자는 일종의 게이머로서 가상적 장면에 참여하여 수수께끼를 풀듯이 자신의 행로를 개척해 나가는 것이다. 이 점은 탐색적 하이퍼텍스트가 서사적인 양식을 취하고 있다는 사실과 깊이 연관된다.

물론 하이퍼텍스트가 실제로는 작가 / 제작자에 의해 프로그래밍된 것이며 독자는 단지 경우의 수를 즐기는 것일 뿐이라는 비판(정과리, 2000)도 있을 수 있다. 그러나 다중결말 구조를 취하는 이 비선형적 서사 양식은 문학의 외형을 변화시키는 주요한 동인으로 작용하고 있다는 점은 분명해 보인다(Delany Paul & George P. Landrow(ed.), 1991). 그러나 결말 부분만이 다중적이지는 않다. 발단 부분에서도 몇 가지 경로가 동시에 제시될 수도 있고, 서사적 흐름의 중간 중간에서도 다중적인 경로가 설정되기도 한다.

주지하듯 100편이 넘는 이본군을 가진 <춘향가>를 비롯하여, 모든 판소리는 매우 다채로운 이본과 각편을 가지고 있다. 이들 각 이본군들은 나름대로 고유한 서사적 질서를 유지하고 있으며, 그 질서의 유사성과 근친성을 근거로 계열화되기도 한다. 말하자면 <춘향가>나 <심청가> 등 판소리의 각편을 지칭하는 제목들은 각이한 이야기 구조를 지닌 여러 작품들의 총합을 가리키고 있는 셈이다.

판소리의 이와 같은 실상은 탐색적 하이퍼텍스트로서의 가능성을 보여주는 단면이다. 근원설화를 핵심적인 서사 구조로 삼되, 세부적인 사건의 연쇄에 있어서는 각각의 고유한 행로를 가지고 있는 것이다. 사건의 행로에서만이 아니라, 결말의 단위에 있어서도 다양한 차이를 보여준다. 특정한 사건이 마무리되면서 서사 전체가 끝나는 경우가 있는가 하면, 이 사건을 이어서 새로운 사건이 지속적으로 전개되기도 하는 것이다.

다만 하이퍼텍스트의 작동 방식은 몇 가지 가능성이 동시적으로 제시되는 데 비해, 판소리 이본은 역사적인 격차를 두고 파생되었다는 점에서 차이가 있다. 즉 판소리 이본의 파생은 통시적인 관점에서 이해되는 것이 일반적이다. 따라서 구술문학으로서의 판소리가 지닌 하이퍼텍스트적 성격을 고찰해 보고자 한다면, 이본 파생 현상에 대해서는 한 가지 전제를 내세울 필요가 있다. 그것은 판소리를 통시적인 변화의 축에서 공시적인 변이의 축으로 투사해서 바라보아야 한다는 것이다. 그렇게 되면 판소리 이본군의 존재는 거의 그대로 하이퍼텍스트의 성격을 보여주는 데 손색이 없게 된다.

이제 이 점을 전제로 하여 이본 파생을 통하여 판소리의 하이퍼텍스적 성격을 확인해 보되, 논의의 번거로움을 피하기 위해 <수궁가>를 중심으로 이에 접근해 보기로 한다.

<수궁가>는 용왕이 득병을 하는 발단 단계에서부터 많은 차이를 보여준다. 영덕전 낙성연에서 병을 얻기도 하고, 황주땅에 비를 주러 갔다

가 병을 얻기도 하며, 주색을 즐긴 대가로 병을 얻기도 한다. 그런가 하면, 득병의 원인이 나타나 있지 않고 '우연 득병'으로 제시되기도 한다. 또한 '어족회의'에서 토끼의 간을 구하러 갈 사신을 택출하는 방법도 이본에 따라 여러 가지로 나타난다. 별주부가 자원하기도 하고, 도사의 지명으로 선택되기도 하며, 문어와의 대결을 통해 별주부가 선발되기도 한다. 별주부가 자원을 하되, 여러 논란을 거친 후에 그렇게 결단하는 경우가 있는가 하면, 특별한 논란 없이 별주부가 자원을 하는 경우도 있다.

　한편 토끼의 육지 생환 이후 벌어지는 사건들의 면모는, <수궁가>가 판소리의 다른 각편들과 구별되는 근거 중의 하나일 정도로 매우 다종다기하다. 크게는 용왕이 결국 죽게 되는 이본과 살아나는 이본으로 크게 나누어지고, 그 각각의 이본들도 죽게 되는 이유와 살게 되는 이유가 천차만별로 다르게 제시된다. 뿐만 아니라 토끼가 육지로 생환한 후 그물에 걸리거나 독수리를 만나 위기에 처하는 계열도 있고, 수궁의 기획에 의해 다시 포획되는 계열도 있다.11)

　<수궁가> 이본의 이와 같은 실상은 작가가 치밀하게 기획한 시간적 인과에 따라 사건의 시종이 일이관지(一以貫之)로 흘러가는 문자문화 시대의 소설과는 커다란 차이를 갖는다. 무엇보다 다양한 이본 계열을 파생시킨 주역들은 애초에 판소리의 수용자들이었다. 그러나 그들은 의사소통에서 수용으로서 자신의 역할을 마무리하지 않았고, 새로운 생산으로 나아간 것이다.

　이처럼 탐색적 하이퍼텍스트에서도 구성적 하이퍼텍스트에서와 마찬가지로 독자의 위상은 격상되어 있으며, 그만큼 독자는 자발적으로 흐름의 가능성을 선택해서 능동적으로 읽기의 과정에 참여할 수 있다. 더욱

---

11) <수궁가> 및 <토끼전>의 다양한 이본 양상은 김동건(2001)과 최광석(2001)에서 포괄적으로 정리되어 있다.

이 탐색적 하이퍼텍스트에서는 독자가 제작자가 프로그래밍한 몇 가지 가능성 중에서 하나를 선택하는 데서 나아가 스스로 다른 가능성을 프로그래밍하는 경우까지 고려하면, 그 위상은 한층 더 높아지고 그 역할의 중요도 또한 커짐을 알 수 있다.

4. 하이퍼텍스트, 어떻게 살아가게 할 것인가?

하이퍼텍스트가 등장한 후 국어교육의 관심사는 한동안 어떻게 이들 새로운 매체들을 잘 활용해서 교육의 효과를 높일 수 있을까 하는 효용론적 교수 공학에 가 있었다. 그리고 이러한 과제는 교수−학습 방법의 측면에서는 매우 중대한 가치를 가지는 일이기도 하다. 학습의 효과를 높일 수 있다는 것은 그만큼 학습 목표를 달성하는 데 유리하기 때문이다.

그러나 그것이 활용의 대상인 한은 어디까지나 도구적 위상을 벗어나지 못한다. 새로운 매체 환경에 손쉽게 적응하고, 그 매체를 즐기며 살아가는 학생들의 일상 경험을 고려하면, 효용론적 관심사는 장기적인 안목을 제공해 주지는 않음을 알 수 있다. 학생들은 이제 매체를 활용해서 살아가는 것이 아니라 매체와 더불어 살아가기 때문이다.

따라서 이제 하이퍼텍스트는 새로운 의사소통의 장르로 파악되어야 하고, 따라서 국어교육의 관심사는 미디어 문식성(media literacy)으로 확장될 필요가 있다. 이제 국어교육이 미디어 문식성의 향상에 기여할 수 있는 방안을 적극적으로 개척해야 하는 것이다. 요컨대 국어교육에서 중요한 것은 하이퍼텍스트 활용하기가 아니라 하이퍼텍스트로 놀고, 하이퍼텍스트로 쓰고, 하이퍼텍스트로 살기이다.

이 논의 또한 이러한 목표를 두고 출발하였지만, 공교롭게도 과거로 거슬러 올라가는 경로를 택했다. 그것이 현안이 되고 있는 미디어 문식성의 향상을 위한 국어교육의 설계에 주요한 준거와 관점을 제공해 줄 수 있으리라는 판단에서였다. 이제 그 판단을 바탕으로 하고 그간의 작업에 근거를 두면서, 앞으로의 국어교육을 설계하는 데 요구되는 사항을 몇 가지로 제시하기로 한다.

판소리를 하이퍼텍스트의 견지에서 살피면서 확인할 수 있었던 것은, 문학을 포함한 인간의 언어활동이 매우 적극적이면서도 자발적으로 이루어져 왔다는 점이다. 그러나 동시에 문자문화 시대에 인간의 의사소통 욕망, 특히 글쓰기의 욕망은 매우 억압되어 왔다는 점도 확인할 수 있었다. 그것은 글쓰기 능력이 장기간에 걸친 학습의 결과로서 함양될 수 있는 일종의 문화자본이었기 때문이었고, 글이 규칙과 규범의 지배를 받는 권위적인 양식이었기 때문이었다. 의사소통의 욕망은 자유롭게 운동하는 데 반해, 의사소통의 규칙은 경직되어 있었던 것이다.

같은 맥락에서 또 하나 우리가 확인할 수 있었던 것은, 오늘날의 미디어 텍스트에서 활성화되고 있는 언어활동의 특성들이 단지 미디어 자체가 보장해 주는 것이 아니라는 점이다. 오히려 이들 특성들은 인간의 언어활동이 본질로서 지니고 있었던 것이었던 바, 문자문화 속에서 억압당하면서 잠복되어 있다가 디지털 미디어의 출현이라는 새로운 환경 속에서 표면으로 현재화(顯在化)된 것으로 보인다.[12) 요컨대 하이퍼텍스트의 속성들은 구술문화적 자질들의 이형질(異形質)임을 확인한 셈이다.[13)

---

12) 데리다는 기호의 의미가 기표들 사이의 차이의 유희 속에서 생성된다는 점과, 기호의 의미는 확정되기를 미룬다는 점을 동시에 의미하는 말로 'différance(差延 / 差移)'라는 신조어를 제시하였다. 다소의 유보 조건은 필요하지만, 기호가 의미의 확정을 끊임없이 지연시킨다는 점은 하이퍼텍스트의 가장 표나는 특성 중의 하나로 볼 수 있겠다.

13) 이를 옹이 규정한 '이차적 구술성'으로 곧바로 연결시키는 데는 어려움이 있다. 그가 '이차적 구술성'을 '일차적 구술성'과 구별한 것은, 미디어에 의한 구술성이 쓰기에 기반하여 실현되고 있다는 점에 주목했기 때문이었다. 이때 '쓰기'의 의미는 문자를 적는 행위

그렇다면 인간의 언어활동을 하이퍼텍스트의 견지에서 바라보는 데 따른 이점은 무엇인가? 그것은 무엇보다 인간의 자발성을 존중하고 확장시켜 갈 수 있다는 점이다. 디지털미디어의 영역에서는 의사소통의 욕망이 거의 무제한적으로 실현될 수 있다. 그것이 자발적으로 이루어지기 때문이다. 그리하여 의사소통은 다양한 방식으로 표출된다.

물론 양적으로 풍부하다는 조건이 질적인 우수성을 보장해 주지는 못한다. 그러나 이것은 미디어 문화에서만 그러한 것이 아니라, 문자 문화에서도 마찬가지이다. 규방가사나 기행가사의 존재에서 이를 알 수 있다. 그러나 많이 써보지 않고서 좋은 글을 쓰기는 어렵다는 점에서, 그것은 수준을 높여가는 과정이기도 하며, 결국에는 그중에서 가치를 인정받는 글이 나오게 될 것이다. 오늘날 우리가 접하고 있는 판소리도 생성 당시에는 숱하게 명멸한 작품들 중의 하나에 불과한 것이었다.

또한 국어교육은 계획성과 의도성을 전제로 한 의식적인 기획이기에, 양적인 풍부함과 더불어 질적인 우수성을 보장하는 방향으로 이끌어 갈 책임이 있다. 자발성은 무조건적으로 미덕이기만 한 것은 아니기 때문이다. 그리하여 하이퍼텍스트를 포함한 매체 경험이 의사소통, 혹은 언어활동의 생산적이고 건설적인 양식으로 체화되도록 하는 것이 미디어 리터러시 향상의 한 방향이 될 것이다.14)

또한 하이퍼텍스트가 독자의 자발성을 바탕으로 작동된다는 것은 그것이 일종의 놀이라는 점과 무관하지 않다. 하이퍼텍스트에 관한 한 거기에 참가하는 사람은 독자(reader)라기보다는 게이머(gamer)에 가깝다. 물

자체가 아니라 말하기가 스크립트에 따라 이루어진다는 뜻의 '계획성'에 핵심이 있다. Walter J. Ong, 이기우 · 임명진 역(1995 : 205~208).

14) 김종철(1999)에서 판소리 이본의 파생을 통해 창작 교육의 한 방향을 제시한 일이나, 김동환(2001)에서 디지털 미디어 시대에 고전의 (재)창조 작업이 필요한 이유를 밝힌 것도 이와 같은 맥락에서 이해될 수 있겠다.

론 놀이를 통해 얻을 수 있는 가시적인 성과는 없다. 그러나 문학 행위가 그러하듯이 무상성(無償性)이야말로 의사소통의 이상이기도 하다. 무엇보다 놀이는 제약, 창의, 자유의 관념들을 결합시키기 때문이다. 그리고 그것은 사회의 새로운 문화를 만들어 가는 힘이 될 것이다(최혜실, 2000 : 242).

　그것은 곧 '문학을 쓰는[書] 교육'(정재찬, 2003 : 356~360)이 실현되는 국면이기도 할 것이다. 왜냐하면 놀이란 항상 창조의 기미를 안고 있기 때문이다. 마치 레고를 가지고 이렇게 저렇게 놀다가 우연히 어떤 형상을 완성했을 때 그것을 하나의 창조로 허용할 수 있듯이, 놀이는 창조의 계기를 이루는 것이다. 한치의 오류를 허용하지 않는 키트를 조립할 때의 긴장감이 완성의 기쁨을 가져다준다면, 자유로운 조합과 구성이 허용되는 레고는 창조의 즐거움을 가져다준다고 보아도 무방하다.

　이런 점에서 언어활동을 하이퍼텍스트의 속성으로 이해하고 이를 국어교육의 한 방향으로 설계하기 위해서는 인간의 자발성에 대한 존중과, 놀이의 창조성을 허용하는 관대한 태도가 전제되어야 함을 알 수 있겠다.

구비서사의 디지털적 변환 모색

하이퍼픽션 〈별주부전〉의 교육적 설계

1. 로그인

이 글은 다양한 이본군(異本群)을 형성하고 있는 판소리 및 판소리계 소설 〈별주부전〉(〈토끼전〉, 〈수궁가〉 포함)을 뉴미디어 시대의 새로운 장르로 부각되고 있는 하이퍼픽션(hyper-fiction)으로 구축하는 원리와 방안을 탐구하는 데 목적을 둔다. 이는 하이퍼픽션을 실험적으로 실현하는 바탕이 될 것이다.

이러한 목적을 내세운 이유는, 고전 문학의 교육적 체험을 위해서는 무엇보다 학습자의 취향을 존중하고 이에 따라 매체적 여건을 개선해야 할 필요가 있다고 판단하기 때문이다. 고전 문학 교육의 당위성은 민족 문화의 전수, 개인적 삶의 성장, 공동체적 문화 공유 등등의 측면에서 두루 인정받고 있는 바이므로 새삼스럽게 논할 필요가 없다. 문제는 이런 당위가 실제의 교수―학습 과정에서도 그대로 승인되지 않는다는 데 있다. 이런 상황이 초래된 이유는 다각도로 밝혀져야 하겠지만, 그 중의 하나는 비주얼(visual) 세대 혹은 이미지 세대라 일컫는 학습자들의 취향과 고풍스러운 고전 문학의 아우라(aura) 사이에 존재하는 거리감일 것이다. 이 거리를 조금이라도 줄이기 위한 방법으로서, 우리는 고전 문학 작품을 실현하는 물리적 조건으로서 매체의 변환을 상정해 볼 수 있다. 이 경우 자연스럽게 웹(web) 공간에서 실현되고 있는 하이퍼텍스트, 특히 하이퍼픽션 혹은 디지털 스토리텔링의 가능성에 주목하게 된다.

널리 알려진 대로, 월드와이드웹(world wide web)은 인터넷상의 광대한 시스템을 간단하고 체계적인 인터페이스를 이용하여 그물처럼 상호 연결시킨 것이다. 문자와 그림, 동영상 등을 포함한 멀티미디어 매체를 활용하여 하이퍼미디어 환경을 제공한다. 하이퍼텍스트는 HTML(Hyper Text Markup Language)로 이루어진 웹문서 형식으로서, 하이퍼텍스트는 웹에서 이용되는 언어 혹은 문서 중에서 가장 큰 비중을 차지한다. 하이퍼텍스트는 엄밀하게 보면 컴퓨터 기술과 연관된 개념으로, 비연속적으로 서로 연결될 수 있는 노드(node)들로 구성된 전자적 텍스트이다. 노드는 정보의 구성단위를 뜻하는데, 이 노드의 내용 안의 한 영역을 앵커(anchor)라고 한다. 앵커는 강조된 부분으로서 마우스로 클릭할 수 있는 부분이다. 그리고 앵커와 앵커 사이의 연결을 링크라고 한다. 따라서 웹은 링크들에 의해 상호 연결된 일련의 노드들을 뜻한다.

하이퍼텍스트는 소리, 그래픽, 동영상 등을 포용함으로써 단순히 교육 자료의 다각적인 정리와 수록을 위한 수단에 그치지 않고, 하이퍼미디어가 되어 입체적이고 역동적인 문화 콘텐츠 생산의 도구로서 새로운 가능성을 보여주고 있다. 특히 하이퍼텍스트 픽션 혹은 하이퍼픽션은 기존의 활자매체로 구성된 문학, 즉 단선적이고 선조적인 진행 방향에 토대를 둔 문학 형식들에 대한 일종의 도전이 되고 있다.

하이퍼텍스트로 구현된 문학 환경에서는 이야기의 단위들이 비선형적으로 연결된다. 수용자 입장에서는 기계적 조작과 수행에 따라 텍스트 및 미디어를 새롭게 변화시키는 경험을 통해 또 다른 미적 체험이 가능하다. 따라서 하이퍼텍스트라는 용어의 개념 안에는 '상호 텍스트'라는 의미와 '비주류 텍스트'[1]라는 의미를 동시에 지닐 수밖에 없게 된다.

인터넷을 이용하는 사람들은 정보를 찾아갈 때 적절히 자신이 필요한 앵커를 찾아 새로운 링크를 시도하는 방식, 즉 하이퍼링크에 의해 문서를 읽는다. 마찬가지로 하이퍼텍스트를 기반으로 하는 사이버 문학의 독자들 역시 하이퍼링크에 의해 작품을 선택해가며 읽는다. 또 창작을 할 경우에도 하이퍼텍스트 기능을 이용하여 자신의 의식의 흐름에 따라 한 주제에서 다른 주제로 링크를 이용하여 자연스럽게 넘어가는 글쓰기를 할 수 있다.

하이퍼텍스트는 모니터라는 공간에서 실현되는데, 형식적인 면에서 문자언어가 활자화되어 지면에 인쇄된 기존의 문서와 흡사해 보인다. 그러나 하이퍼텍스트는 지면에 인쇄된 텍스트와 현격한 차이를 보여준다. 하이퍼텍스트는 종이라는 물리적 대상에 고형적으로 부착된 문자 텍스트와 달리, 끊임없이 자신의 정체를 변화시키고 모습을 변형시키는 가소성(可塑性) 혹은 유동성을 지니는 한편, 스스로 다른 텍스트와 소통하는 자가 확장성 혹은 상호 의존성을 가진다.

하이퍼텍스트의 출현으로 인간의 언어 활동은 여러 모로 변화를 겪고 있다. 지면 위의 문자 텍스트를 인지하는 유일한 감각의 창이 시각이었다면, 하이퍼텍스트는 시각과 청각의 동시적 발동에 의해 인지되며, 여

---

1) 기존 인쇄물에서의 언어적 텍스트가 지배적 형태로서 주류를 형성한다고 본다. 따라서 동영상과 음향을 포함한 멀티미디어적 텍스트는 비주류 텍스트인 것이다(류현주, 2000 : 125).

기에 촉각까지 동원되는 경우도 있다. 문자 텍스트는 시작 지점과 끝 지점이 고정되어 있고, 그것을 읽는 행위가 시작 지점에서 끝 지점에 이르기까지 선적으로 연속되는 시선의 이동이라면, 하이퍼텍스트에서는 시작과 끝의 개념이 아예 성립되지 않고, 그것을 읽고 듣는 시각과 청각은 비선형적이고 다방향적인 동선을 그린다. 그런가 하면 쓰기 활동에도 커다란 변화가 초래되었다. 문자 텍스트에서의 쓰기가 작가의 고독한 창조 행위였다면, 하이퍼텍스트를 만드는 일은 차라리 제작 행위로 간주된다.

하이퍼텍스트가 등장한 후 이에 대한 교육적 관심사의 상당 부분은 그것을 활용하여 교육의 효율을 높이기 위한 방책에 기울어져 있었다. 이를 일러 교육공학적 관심사로 일컬어도 무방할 것이다. 그러나 이것이 새로운 의사소통의 유력한 통로로 자리를 잡은 이상 적어도 문학교육의 관심사는 새로운 차원으로 도약할 필요가 있다고 본다. 문학이 무수히 많은 텍스트 중의 하나이고 하이퍼텍스트의 출현 또한 문학의 존재 방식에 급격한 변화를 초래하고 있기 때문이다. 따라서 그 새로운 차원이란 자연스럽게 문학의 존재 방식이라는 차원을 뜻하게 된다. 물론 이것이 교육공학적 관심사와 동떨어진 별도의 문제는 아니며, 오히려 가르치는 대상 혹은 자료와 그것을 가르치는 방법이 하나로 결합되어 있는 구도라 할 수 있다.

이러한 문제의식을 바탕에 깔고 본 연구는 고전문학을 하이퍼텍스트로 실현하는 한 방안으로, 이본이 다양한 <별주부전>을 하이퍼픽션으로 구축하는 실험에 필요한 자료를 정리하고 원리를 탐색해 보고자 한다. <별주부전>은 판소리 <수궁가>에서 파생되어 문자로 정착된 판소리계 소설이지만, 다른 판소리계 소설에 비해 이본 간 스토리 라인이 뚜렷이 구별되는 특성을 지니고 있다.[2] 바로 이 특성이 <별주부전>이 하이퍼픽션으로 전환될 수 있는 가능성을 직접적으로 보여준다.

2. 하이퍼픽션과 〈별주부전〉 이본군의 상동성

하이퍼텍스트는 크게 구성적(constructive) 하이퍼텍스트와 탐색적(explorative) 하이퍼텍스트로 나누어진다. 구성적 하이퍼텍스트는 독자가 자율적으로 텍스트를 선택하고 기존 텍스트를 독자 자신의 활동으로 변형하고 가공하는 하이퍼텍스트이고, 탐색적 하이퍼텍스트는 제작자(작가)가 미리 정해놓은 몇 가지 가능성 중의 하나를 독자가 선택해서 읽어나가는 하이퍼텍스트이다.

하이퍼픽션은 하이퍼텍스트 픽션의 약칭으로, 당연히 탐색적 하이퍼텍스트 전형적인 보기이다. 이는 곧 하이퍼텍스트로 구현된 서사 양식을 뜻한다.[3] 각각의 서사 단락은 다중적으로 구성되어 있으며, 그 연결 또한 다중적인 경로로 이루어질 수 있다. 결말 부분도 여러 가지로 나누어져 있을 수 있고(multi-ending), 심지어 결말 부분이 생략되어 있는 구조를 취하기도 한다(open ending). 독자는 프로그래밍 되어 있는 다수의 가능성 중에서 분절마다 어느 한 경로를 선택하면서 서사 전개를 따라 가게 된다. 이를 일러 비선형적(nonlinear) 읽기라 할 수 있을 것이며, 경우에 따라서 이는 다선형적(multi-linear) 읽기를 가능하게 하는 구조로 전환될 수 있다.

그러나 텍스트(지면)로 구현된 서사와 하이퍼텍스트로 구현된 서사의 차이는 단지 그 매체의 차이에 국한되지 않는다. 앞에서 잠깐 언급한 대

---

2) 이 글에서는 각각이 판소리 사설인지 소설인지의 구별이 중요하지 않으므로, 이하에서는 판소리와 판소리계 소설을 혼용해서 쓰기로 한다. 경우에 따라서는 판소리 서사로 통칭하기도 하겠다. 〈별주부전〉이라는 작품 명칭 또한 판소리 〈수궁가〉와 그 계열의 소설을 대표하는 이름으로 쓴다.

3) 사이버텍스트 소설(cybertext fiction), 상호 작용 서사(interactive narrative), 나무 구조 소설(tree novel), 디지털 서사(digital narrative), 모자이크 서사(mosaic narrative), 짜깁기 서사(patching(piecing) together narrative), 비연속적 글쓰기(non-sequential writing) 등이 유사한 의미를 지닌 용어로 쓰이고 있다. 이 밖에도 컴퓨터를 이용한 다양한 문학의 명칭은 최혜실(1999)을 참조할 수 있다.

로, 하이퍼텍스트는 다른 텍스트와의 링크를 통해 끊임없이 자신의 몸을 바꾸어 가는 가소성(可塑性) 텍스트이다. 하이퍼텍스트 문학 또한 마찬가지이다. 새로운 이야기 단위가 첨가 혹은 탈락되기도 하고, 특정한 이야기 단위에서 다른 양식의 하이퍼텍스트로 탈선해 나가기도 하며, 특정한 단락에서는 멀티미디어로 변신하기도 한다. 이처럼 하이퍼텍스트 문학은 그 존재 양식에서도 커다란 변화를 보여준다. 매체(media)의 차이가 양식(mode)의 차이4)로 이어진 것이다.

이러한 차이가 나타나게 된 것이 디지털 기술의 진화에 바탕을 두고 있다는 점은 분명해 보인다. 그러나 엄밀하게 말해 디지털 기술의 진화 그 자체가 하이퍼텍스트를 탄생시킨 것은 아니다. 이미 소설의 위기를 감지한 포스트모더니즘 소설가들이, 소설의 가능성을 부단히 모색하던 과정에서 종이 위에 하이퍼텍스트적인 내러티브를 실험한 역사가 있기 때문이다(정형철, 1998 ; 박인찬, 2002). 그것이 전면적으로 현실화되어 뿌리를 깊이 내리지는 못했을지언정, 서사는 선형적이라는 상식에 균열을 가했다는 역사적 의의는 충분히 인정할 수 있을 것이다. 더 거슬러 올라가면 기억에 의존하여 문학이 향유되었던 구술 문화 시대의 서사 텍스트도 하이퍼텍스트성(hypertextuality)을 이미 갖추고 있었다. 개별 구비 서사 텍스트의 형성과 전승이 하이퍼텍스트적 운동 과정을 밟아가고 있었던 것이다. 어떤 면에서 포스트모더니즘 소설가들의 실험은 기껏해야 고대인들의 구술 문화 향유 양식을 모방했을 따름이지, 그 자체가 새로운 발명은 아니었던 셈이다.

이처럼 구술문화 시대에서부터 인쇄문화 시대를 거쳐 디지털 문화 시

---

4) 매체는 주로 물리적 성질을 기준으로, 양식은 주로 속성이나 본질을 기준으로 구별된다. 가령 말을 하듯이 쓴 글은 매체로서는 문자 언어에 속하나 양식으로는 음성 언어에 속하게 된다.

대에 이르기까지 존재 양식의 차이에도 불구하고 하이퍼텍스트성이 지속적으로 존속했다면, 그것을 꿰뚫는 하이퍼텍스트 서사의 핵심적인 속성은 무엇이겠는가? 그것은 당연히 스토리텔링이라 할 수 있다. 스토리텔링은 구술문화 시대의 서사시(epic)에서부터 문자문화 시대의 소설(novel)을 거쳐 현대의 하이퍼픽션으로 그 생명을 이어가고 있는 것이다. 최근의 하이퍼픽션은 스토리텔링이 디지털 방식으로 전개되면서, 그 생태가 이전 시대에 비해 훨씬 더 입체적이고 다면적으로 활성화되고 있는 것이다.

이제 구술문화의 한 사례인 판소리 및 판소리계 소설과 최근의 디지털 기술에 기반한 하이퍼픽션의 생리적 상동성을 간략하게 비교해 보기로 한다.5)

탐색적 하이퍼텍스트의 기본적인 속성은 서사적 경로가 단일하지 않고 다중적인 구조를 취하고 있다는 점이다. 이를 가장 적실하게 보여주는 사례가 어드벤처(adventure) 게임이다. 이런 게임에서는 목표 지점에 이르는 다양한 경로가 미리 제시되어 있고, 게이머는 자신의 선택에 따라 행로를 개척해 나가는 것이다. 이 점은 물론 탐색적 하이퍼텍스트가 서사적인 양식을 취하고 있다는 사실과 깊은 연관을 맺고 있다. 각각의 서사 단락이 다중적인 구조를 지님으로 인해, 하이퍼텍스트의 독자는 단지 작가에 의해 주어진 경로를 선형적으로 좇을 수밖에 없는 문자 문화 시대의 소설 독자와는 다른 역할을 수행하게 된다. '오로지 독자'로서의 역할에서 벗어나 자신의 역할을 스스로 조절하게 되는 일종의 게이머가 되는 것이다.

이본이 100편을 넘는 춘향전군(春香傳群)을 비롯하여 모든 판소리 서사물은 전승 과정에서 각편이 매우 다채롭게 파생되었다. 이들 각 이본군

---

5) 텍스트의 형성－향유－전승 과정의 측면에서 구성적 하이퍼텍스트와 판소리가 지니는 상동성에 대해서는 바로 앞의 글 참조.

들은 나름대로 고유한 서사적 질서를 유지하고 있으며, 그 질서의 유사성과 근친성을 근거로 계열화되기도 한다. 바로 이 점이 판소리 서사를 하이퍼픽션으로 구성할 수 있는 단서이다. 근원설화를 핵심적인 서사 구조로 삼되, 세부적인 사건의 연쇄에 있어서는 각각의 고유한 행로를 가지고 있는 것이다. 사건의 행로만이 아니라, 결말의 단위도 넓은 편차를 보여준다. 특정한 사건이 마무리되면서 서사 전체가 끝나는 경우가 있는가 하면, 이 사건을 이어서 새로운 사건이 지속적으로 전개되기도 하는 것이다.

이를 가장 전형적으로 보여주는 것이 <별주부전>이다.6) <별주부전>군은 특히 각편에 따른 결말 구조의 차이가 다른 판소리 서사에 비해 훨씬 두드러진다. 다음 장에서 이를 상세히 다루겠지만, 토끼의 생환 이후 벌어지는 사건만 해도 매우 다채로운 변이를 보여준다. 크게는 용왕이 결국 죽게 되는 이본과 살아나는 이본으로 크게 나누어지고, 그 각각의 이본들도 죽게 되는 이유와 살게 되는 이유가 천차만별로 다르게 제시된다. 뿐만 아니라 토끼가 육지로 생환한 후 그물에 걸리거나 독수리를 만나 위기에 처하는 계열도 있고, 수궁의 기획에 의해 다시 포획되는 계열도 있다. 적어도 결말 구조만 놓고 본다면 여타의 판소리 서사는 오히려 단일하다고 할 만큼 단조롭다. 이 점에서 <별주부전> 서사는 다선형 구조를 취하는 하이퍼픽션의 생리에 가장 잘 부합하는 작품군이라 할 수 있겠다.

---

6) 김종철(1999)에서는 이본 파생 현상을 참조하여 창작교육의 한 방향을 제시한 바 있는데, 이 글에서 소개하는 기획의 기본적인 착상도 여기에 잇닿아 있다.

3. 단락별 스토리 라인의 구조화

이제 <별주부전> 이본군의 계열별 정리를 통한 스토리 라인을 확정해 보기로 한다. 앞서 언급한 대로 <별주부전>의 이본군은 그 스토리 라인이 계열에 따라 달라지는 정도가 여타의 판소리계 소설 이본군보다 훨씬 두드러진다. 이처럼 다종다기한 스토리라인은 하이퍼픽션의 설계에서 필수적으로 요구되는 일종의 수형도로 구체화될 것이다. 수형도는 스토리라인의 전개를 한 눈에 보여주기 위해 제작되는 것으로, 하이퍼텍스트로 구성될 각 서사 단락과 서사적 경로를 나타낸다. 이를 위해 각종 이본에 대한 실증적인 선행 연구 결과를 취합하는 방법을 동원하되, 최종적으로는 4~5개 정도의 스토리 라인을 확정하게 될 것이다.

일찍이 인권환(1968)에서는 내용 대비와 성립 연대 추정을 통해 활자본 계열, 판소리본 계열, 소설본 계열, 기타 계열로 나누었고, 이후 인권환(1991)에서는 결말 부분을 주된 기준으로 삼아 토생전계, 수궁가계, 별토가계, 한문본계로 계열을 구분한 바 있다. 정출헌(1998)은 이를 이어받아 결말 부분의 양상을 '용왕과 토끼의 맞섬과 성패', '용왕과 별주부의 어울림과 어긋남', '토끼와 별주부의 맞섬과 어울림'이라는 세 유형을 추려 냈다. 그런가 하면 민찬(1994)에서는 특정한 화소(motif)의 공유 여부에 따라 이본을 계열화하는 방법을 택하여 새로운 계열을 구축한 바 있고, 김동건(2001 ; 2003)에서는 서사 단락 중에서 공통 단락과 고유 단락이라는 이원적 기준을 내세워 이본군을 치밀하게 분석한 결과, 가람본별토가 계열, 신재효토별가 계열, 수궁가 계열, 경판토생전 계열, 중산망월전 계열, 가람본토끼전 계열로 나누었다. 이에 더하여 최광석(2001)에서는 '연행물 / 독서물'과 '육지 위기 / 토끼 포획'의 두 가지 계열 구분 기준을 설정하여, '연행물-육지 위기' 계열, '독서물-육지 위기' 계열, '독서물-토끼 포획' 계열, '독서물－토끼 포획' 계열로 나눈 바 있다.

이들 연구들은 한결같이 <별주부전>의 이본들이 서사 단락의 유무에 따라 독자적인 구조를 가지고 있음을 전제로 하고 있다. 위의 연구 성과 중 본고에서는 최광석(2001)과 김동건(2003)을 토대로 몇 개의 서사 단락을 구성하기로 하겠다. 이를 위해 각 서사 단락별, 이본별 주요 사건을 구조화해 보기로 한다.

대단락	소단락 (주요 사건 수)	이본별 주요 사건			
1.용왕이 병에 걸리다	① 용왕 득병 (4)	영덕전 낙성연으로 인한 득병	우연 득병	황주 땅에 비 주러 갔다가 득병	주야 미색으로 즐기다가 득병
	② 용왕 탄식				
2. 토끼 간을 먹으라는 지시를 받다	③ 명의 등장 (4)	풍편에 용왕 득병 소식을 듣고 옴	북두성군의 지시를 받고 옴	광연왕에게 위중하다는 말을 듣고 옴	용왕의 초청으로 오게 됨
	④ 명약 지시				
	⑤ 어족 회의 ⑥ 별주부 자원(3)	천거, 자원, 지명	도사의 평가		문어와 별주부의 지원
3. 별주부가 토끼 간을 구하러 육지로 가다	⑦ 별주부 전송(2)	노모/아내의 만류		노모/아내의 호응	
	⑧ 별주부 상륙(3)	고고천변	명산가	육지 풍경	
	⑨ 모족 회의 (3)	두꺼비 상좌	호랑이 상좌	두더지 별좌	
	⑩ 산군 횡포				
	⑪ 별주부 호난 극복				
4. 별주부가 토끼를 유혹하여 수궁으로 데려오다	⑫ 별주부 토끼 유혹				
	⑬ 방해자 등장(2)	너구리의 만류		여우의 만류	
	⑭ 토끼 수궁행				
5. 토끼가 용왕을 속이다.	⑮ 토끼의 궤변과 수궁 위기 극복				

대단락	소단락 (주요 사건 수)	이본별 주요 사건				
6. 토끼가 수궁에서 탈출하다.	⑯ 토끼 귀환 (2)	혼령상봉＋소지노화			새타령	
7. 토끼 귀환 이후의 운명	⑰ 토끼(5)	그물 위기 극복	독수리 위기 극복	월궁행	신선의 제자가 됨	죽음
	⑱ 별주부(4)	도사로부터 신약 입수	소상강 피신	자살	이비에게 원정 올림	
	⑲ 수궁과 용왕(6)	자라 부인의 죽음과 열녀 표창	수궁의 토끼 포획론	수군의 육지 정벌과 실패	토끼 재생포	용왕의 죽음 / 용왕의 완쾌

　이상의 표에서 '이본별 주요 사건'란에 소개된 여러 가지 이야기는 모든 이본을 취합한 것이 아니고, 유의미한 차이를 가졌다고 판정되는 장면만을 선정한 것이다. 위의 표에 따르면, 완성된 하이퍼픽션을 읽는 독자가 선택할 수 있는 서사적 경로의 개수는 산술적으로 각 서사 단락의 경우의 수를 모두 곱한 값, 즉 414,720개이다. 물론 각각의 경우의 수가 배타적인 선택이 아니라 계열적인 조합으로 이어질 수도 있으므로, 구성 가능한 서사적 경로는 훨씬 더 많아진다.

　그런데 앞의 서사 단락과 뒤의 서사 단락이 자연스럽게 이어질 수 있는가 하는 문제가 제기된다. 가령 별주부가 약을 입수해야 하는 임무를 완수하지 못한 서사 단락을 선택한 경우, 이후에 이어질 용왕의 운명은 결국 죽음이어야 자연스럽다. 그러나 현실적으로는 다른 경우의 서사 단락을 선택할 수도 있다. 그러나 그렇다고 하더라도 유기적 인과 관계에 크게 구속되지 않는 것이 판소리 서사의 한 특징이므로, 이것이 큰 문제가 되지는 않는다. 이 점은 오히려 판소리 서사의 하이퍼픽션이 가지는 이점이라 하겠다.

4. 독자의 참여를 위한 교육적 배려

디지털 시스템에 기반하여 글을 읽고 쓰는 것이 교육적으로 유의미한 이유 중의 하나는 독자의 능동적인 개입을 촉진시킬 수 있다는 점에 있다. 디지털 스토리텔링 또한 기존의 스토리텔링과 구별되는 점은 독자가 스스로 능동적인 인지 작용을 통해 이야기를 선택해서 읽을 수 있다는 데 있다. 이에 따라 문학과 관련된 기존의 용어를 대체하는 신조어가 등장하기도 한다. 가령 작가(writer)와 독자(reader) 대신에 '作讀者(wrider/riter)'와 '讀作家(wreader)', '페이지' 대신에 '이야기 마디(node)' 또는는 '렉시아(lexia)', '목차(table of contents)' 대신에 '지도(map)', 그리고 때로는 '읽기(reading)' 대신에 '항해(navigation)'이라는 용어를 쓴다(한상수, 2002 : 130~ 131). 즉 독자가 목차를 보고 페이지의 순서에 따라 활자가 인쇄된 기존의 책을 읽는다면, 디지털 스토리텔링의 작독자는 지도를 보고 임의적인 선택에 따라 이야기 마디를 골라 항해해 나가는 것이다.

따라서 굳이 상호작용적 미디어를 선택해서 하이퍼픽션을 구현한다면, 이러한 요소들을 충분히 존중할 필요가 있다. 더욱이 교육용 콘텐츠로 활용될 가능성을 염두에 둔다면 이에 대한 배려는 필연적이다. 이에 그 몇 가지 방안을 서술하기로 한다.7)

먼저 읽기의 자율성을 존중할 뿐만 아니라 쓰기의 권한도 부여해야 한다. 즉 독자들이 읽어가면서 여러 가지 감상을 적을 수도 있고 자신이 만들어낸 새로운 스토리라인을 구축할 수 있도록 하는 것이다. 명실상부한 작독자로서 자기 주도적 학습을 수행할 수 있도록 배려하는 것이다. 가령 별주부가 육지로 출발하는 대목에서 기존 판본들은 대체로 용왕의

---

7) 이하의 서술 내용은 Michael Korolenko(1997)에서 시사를 받은 바 크다. 물론 각 항목들이 독창적인 것은 아니며, 하이퍼텍스트에서는 이미 널리 실현되고 있다.

사자로서 왕명을 받드는 별주부의 기대와 희망을 전경화하는 데 초점을 맞추고 있으나, 오히려 낯선 땅으로 향하는 별주부의 두려움이나 임무 완수에 대한 부담감을 부각시킬 수도 있다. 이는 별주부와 같은 상황에서라면 당연히 가졌음직한 심리적 동향이다. 이와 같은 식으로 특정한 서사 단락에서는 독자가 자신의 서사를 스스로 창안해 낼 수 있도록 배려할 필요가 있다.

이와 관련하여 학습 독자들이 수행할 수 있는 몇 가지 과제를 제시하면 다음과 같다.

① **장면의 재구성** : 세부적인 묘사를 첨가하거나 확장하는 과제, 사건의 인과 관계를 더욱 정치하게 구성하는 과제, 특정 인물을 새로 설정하는 과제 등을 통해 특정 장면을 확대하는 것이다. 예컨대 모족 회의 대목에서 기존에 나온 동물들 외에 또 다른 동물을 등장시켜 자기 나름대로 나이를 밝히도록 하는 것이다.

② **사건의 재구성** : 플롯에 변화를 초래할 정도로 새로운 사건을 추가하는 것이다. 여기에는 또 다른 결말을 구성하는 과제나 뒷이야기를 쓰는 과제도 포함되며, 결말 이전의 어느 단계에서 새로운 사건이 추가될 수 있다. 가령 용궁의 생명 공학이 고도로 발달되어 있다는 가정 아래 토끼의 간을 공학적으로 재생시키는 사건이 추가될 수 있다. 이 경우 당연히 그 이후의 사건도 대폭 달라질 수밖에 없다.

③ **비서사 장르 도입** : 작품의 특정 대목에서 여러 가지 장르의 글을 작성하는 과제이다. 예를 들어 바다를 떠나 육지에 다다른 별주부가 토끼를 만나고 돌아오는 과정을 여로의 형식으로 간주하고 일기 형식으로 작성한다든지, 토끼를 용궁으로 데리고 오는 데 성공한 별주부에게 용왕이 훈장을 준다는 가정 아래 상장의 문구를 작성하는 과제, 또는 토끼에게 속은 것이 탄로난 이후에 용궁에서 벌어진 사건을 사건 기사나 인터뷰 기사 등 신문 기사로 작성하는 과제가 포함

될 수 있다. 뿐만 아니라 판소리 서사의 발전 과정에서 시가 장르의 차용이 빈번하게 일어난 것처럼, 특정 대목에 어울리는 대중가요 등 다양한 장르의 노랫말을 찾거나 새로 짓는 과제도 가능하다.

④ **인물에 대한 평가** : <별주부전>에는 대중들의 기대를 표상하는 영웅적인 인물도 없고, 만인의 공분을 살 정도의 악한도 없다. 토끼와 별주부는 물론 용왕까지도 선과 악의 선명한 경계로 나눌 수 없는 인물들이다. 따라서 이들의 행위에 대한 정당성 평가는 엇갈릴 수 있다. 인물에 대한 평가는 글보다는 라이브 폴(live poll) 형식을 취하는 것이 웹의 특성을 살리는 방법이다.

또한 언어 감각이 현저하게 달라진 현대의 독자들에 대한 배려도 요구된다. 잘 모르는 단어나 구절에 대한 설명을 덧붙일 필요도 있겠는데, 이는 간편하게 '스크린 팁' 장치를 활용해서 제시할 수 있을 것이다. 나아가 판소리 및 판소리계 소설에 대한 일반적인 설명, '장면 극대화' 등 판소리 서사의 문법과 관련된 설명을 특정 대목에 배치하여 판소리 서사에 대한 이해를 돕는 것도 한 방편이다.

그리고 무엇보다 멀티미디어 시스템을 활용하여 시각 자료와 청각 자료를 적재적소에 배치할 필요도 있다. 가령 '소상팔경' 사설이 나오는 경우 지도를 동원하여 이동 경로를 표시해 줄 수 있고, 주요 더늠을 읽어갈 때에는 판소리 창자가 부르는 음악을 오디오 파일로 탑재하여 청각적인 감각을 자극해 줄 수도 있다. 이렇게 함으로써 하이퍼픽션이 드디어 하이퍼미디어로 구현되는 경지에 이르게 된다.

또 하나 이 하이퍼픽션이 교육을 목적으로 제작된다면, 어느 정도로 독서 행위를 강화시켰는가를 확인해 볼 필요가 있다. 이 경우 학습자에게 질문을 던지고 이에 학습자가 독자로서 반응하는 장치를 덧붙이는 방법을 동원할 수 있다. 학습자에게 던지는 질문은 단순히 읽은 내용을 확인하는 선택형 문항에서부터 빈칸을 채워 넣는 단답형 문항도 가능할 것이고, 필요하다면 수행 평가처럼 서술을 요구하는 문항도 구성할 수 있다.

한 가지 유념해야 할 것은 이러한 학습 장치와 정보들이 그 자체로 독서 경험을 완전하게 대체할 수는 없다는 점이다. 그럼에도 불구하고 이러한 콘텐츠웨어가 필요한 것은 이를 통해 학생들이 어휘력을 높이는 것은 물론, 역사, 민속, 예술, 음악에 대한 경험을 확장할 수 있는 기회를 얻을 수 있기 때문이다. 즉 문자로 조직된 소설을 읽는 과제는 그것대로 수행하도록 하되, 이러저러한 미디어 기술을 통해 학생들의 독서 과정을 더욱 강화시키고 촉진시켜야 하는 것이다(Michael Korolenko, 1997 : 43~44).

5. 로그아웃

이 글에서 제시된 아이디어는 구상 단계의 수준이므로, 실제로 하이퍼픽션을 구성할 때에는 많은 변화가 있을 것으로 예상된다. 무엇보다 기술적 문제가 돌출하게 될 것이다. 그러나 위와 같은 구상이 실현된다면, 몇 가지 교육적 이점을 가질 수 있을 것으로 예상된다.

먼저 고전문학이 학습자에게 친숙하게 다가설 수 있는 가능성을 확인한다는 점을 들 수 있다. 오늘날의 이미지 세대에게 고전문학은 고색창연한 문헌이라는 이미지가 강하다. 그러나 학습자들의 취향에 어울리지 않는다는 이유로 이를 교육의 자료 혹은 내용에서 배제할 수는 없는 일이다. 이 연구는 이와 같은 난관을 극복할 수 있는 한 방법이 될 것이다.

특히 이 글에서 다룬 하이퍼픽션 혹은 디지털 스토리텔링은 상호작용적 글쓰기의 방법론으로 활용될 수 있다. 기존의 하이퍼텍스트 문학이나 사이버서사 논의들이 이론 차원에서 풍성하게 이루어졌음에도 불구하고 아직 본격적으로 구현되지는 못한 상황이라 판단된다. 여기에는 컴퓨터를 비롯한 테크놀로지의 발달과 함께 그것을 향유하는 문화 주체들의 변화가 아직 이루어지지 않았다는 점이 원인으로 작용하고 있을 것이다. 그렇지만 디지털 스토리텔링은 기존의 하이퍼텍스트 이론을 기초로 하여 현실화될 기미를 보이고 있다. 이런 맥락에서 하이퍼픽션이 실현된다면 그것은 국어과 교수-학습 방법론의 하나로 자리하게 될 것이다. 이의 연장선상에서 교육공학적 연구를 통해 문학의 대중화·현대화를 추진하는 한 사례도 될 것이다.

또한 위와 같은 맥락에서 문화콘텐츠로서의 고전문학의 의의를 확인할 수 있다는 점에도 주목할 필요가 있다. 조상으로부터 물려받은 문화유산을 현대인들이 향유할 수 있게 만드는 일은 문화 재창조의 기미를 제공한다는 점에서 가볍게 치부할 일이 아니다.

다만 그렇게 되면 고전문학의 원전이 발휘하는 아우라에 대한 감각은 유보될 수밖에 없음을 인정해야 한다. 즉 문헌학적 정보들과 이본간의 미세한 차이 등은 이런 맥락에서 크게 다루어지기 어렵다. 그러나 고전문학이 역사적인 실체로 자리하고 있는 한 대중과 친숙해질 기회는 그만큼 줄어들고 말 것이다. 문학의 아우라에 대한 감각이 유보되는 만큼 문학 독서의 경험 확대라는 기회를 얻게 되는 것이다.

이제 남은 일은 공학적 기술력의 뒷받침을 받아 실제로 하이퍼픽션을 만드는 일이다. 실제로 하이퍼픽션을 구성하고 그 결과를 다시 분석하여, 하이퍼텍스트를 통해 구현하는 구비문학 교육의 바람직한 한 모델이 제시될 필요가 있다 하겠다. 이 과정에서 학습자가 작/독자(wreader)로서 향유에 참여할 수 있는 가능성도 검증될 수 있겠고, 이론적 탐색에서 산술적으로만 제시되었던 스토리라인의 선택 가능성이 현실화될 수 있는지 여부도 판단될 수 있을 것이다.

3부 참고문헌

강내원(2001), 「시사토론 프로그램의 비판적 시청과 미디어교육적 함의」, 『국어교육연구』 제8집, 서울대국어교육연구소.
김대행(1998), 「매체언어 교육론 서설」, 『국어교육』 제97집, 한국국어교육연구회.
김대행(2002), 「방송언어의 문화론적 분석」, 김지운 외, 『21세기 한국방송의 좌표』, 나남출판.
김선풍 외(1997), 『한국 육담의 세계관』, 국학자료원.
김성진(1998), 「국어교육의 대중문화 수용을 위한 시론」, 『국어교육연구』 제5집, 서울대국어교육연구소.
김용석(2002), 『깊이와 넓이 4막 16장』, 휴머니스트.
김택환 외(2000), 『세계 미디어 교육 모델』, 한국언론재단.
류수열(2001), 『판소리와 매체언어의 국어교과학』, 역락.
박갑수(1996), 『한국방송언어론』, 집문당.
박인기 외(2000), 『국어교육과 미디어텍스트』, 삼지원.
방송위원회(2001), 「방송프로그램 언어분석 연구」(《정책연구》 2001-4).
은혜정(1998), 『청소년 대상 미디어교육의 정규교육 정책화 방안 연구』, 한국방송진흥원.
이진경(1998), 『탈주선 위의 단상들』, 문화과학사.
이홍우(1995), 『교육의 목적과 난점』(제5판), 교육과학사.
전규찬(2002), 「텔레비전 오락에 관한 '새로운' 담화 정치학 연구」, 『한국방송학보』 통권 16-2, 한국방송학회.
최인자(2001), 「문식성 교육의 사회·문화적 접근」, 『국어교육연구』 제8집, 서울대국어교육연구소.
Caillois, Roger, 이상률 역(1994), 『놀이와 인간』, 문예출판사.
Cox, Brian(1991), *Cox on cox : An English Curriculum for the 1990s*, Hodders & Stoughton.
Goodwyn, A.(1992), *English Teaching and Media Theory*, Open University Press.
Horkheimer, M. & T. W. Adorno, 김유동 외 역(1995), 『계몽의 변증법』, 문예출판사.
Manguel, A., 정명진 역(2000), 『독서의 역사』, 세종출판.

구비문학과 하이퍼텍스트, 그리고 국어교육 ●●●

권오현(2000), 「다중매체 시대에 있어서 문예학의 새로운 방향」, 『師大論叢』 제61집, 서울대학교 사범대학.

김동건(2001), 「토끼傳 研究」, 경희대 대학원 박사논문.

김동환(2001), 「미디어를 통한 고전의 재생산」, 한국고전문학회 편, 『국문학과 문화』, 월인.

김종철(1999), 「소설의 이본 파생과 창작 교육의 한 방향」, 『고소설연구』 제7집, 한국고소설학회.

류수열(2001), 『판소리와 매체언어의 국어교과학』, 역락.

류현주(2000), 『하이퍼텍스트문학』, 김영사.

유영대(1998), 「판소리에서 임기응변과 변조의 의미」, 『구비문학연구』 제7집, 한국구비문학회.

윤미정(1997), 「미래의 소설, 하이퍼픽션」, 문학사상, 1997, 6월.

정과리(2002), 「자발성의 신화에 잠긴 문화」, 『문화예술』, 2000. 2(http://www.kcaf.or.kr/ zine/artspaper2000_02/ 6.htm).

정노식(1940), 『조선창극사』, 조선일보사.

정재찬(2003), 『문학교육의 사회학을 위하여』, 역락.

최 영(1995), 「멀티미디어와 정보고속도로」, 이재경 외, 『멀티미디어』, 한국언론연구원.

최광석(2001), 「<토끼전> 異本 系列의 構造와 近代 志向 意識」, 경북대 대학원 박사논문.

최혜실(2000), 『모든 견고한 것들은 하이퍼텍스트 속으로 사라진다』, 생각의나무.

최혜실(2001), 『디지털 시대의 문화 읽기』, 소명출판.

Cicconi, S.(1999), "Hypertextuality", in *Mediapolise, Aspects of Texts*, Hypertexts and Multimedial Communication(Sam Inkinen ed.), Walter de Gruyter.

Ong, Walter J., 이기우·임명진 역(1995), 『구술문화와 문자문화』, 문예출판사.

Paul, Delany & George P. Landrow(ed.)(1991), Hypermedia and Literary Studies, MIT Press.

구비서사의 디지털적 변환 모색 ●●●

구광본(2002), 「디지털 시대의 소설 형식 연구」, 중앙대 예술대학원 석사학위논문.

권오현(2000), 「다중매체 시대에 있어서 문예학의 새로운 방향」, 『師大論叢』 제61집, 서울대학교 사범대학.

김동건(2001), 「토끼傳 硏究」, 경희대 대학원 박사논문.

김동건(2003), 『토끼전 연구』, 민속원.

김동환(2001), 「미디어를 통한 고전의 재생산」, 한국고전문학회 편, 『국문학과 문화』, 월인.

김종철(1999), 「소설의 이본 파생과 창작 교육의 한 방향」, 『고소설연구』 제7집, 한국고소설학회.

류수열(2001), 『판소리와 매체언어의 국어교과학』, 역락.

류수열(2001), 「매체 경험의 국어교육적 의의」, 『선청어문』 29, 서울대 국어교육과.

류현주(2000), 「하이퍼텍스트, 서사 방식의 혁명」, 『문학사상』 2000년 4월호.

류현주(2000), 『하이퍼텍스트문학』, 김영사.

민 찬(1994), 『조선 후기 우화소설 연구』, 태학사.

박상찬·신정관(1999), 「하이퍼텍스트의 미래와 미디어 기술」, 『디지털 시대의 문화 예술』, 문학과지성사.

박인찬(2002), 포스트모더니즘 소설의 하이퍼텍스트 내러티브, 비평과이론 7권 1호.

심우장(2004), 「구비설화의 미디어적 성격」, 『구비문학연구』 19, 한국구비문학회.

윤미정(1997), 「미래의 소설, 하이퍼픽션」, 『문학사상』 1997년 6월호.

이용욱(2000), 「정보화 사회 문학 패러다임 연구」, 한남대학교 박사학위논문.

이채연(1997), 「하이퍼미디어(Hypermedia)를 이용한 국어과 수업 전략」, 『어문학』 60, 한국어문학회.

이채연(2001), 「인터넷의 매체 언어성과 국어 교재화 탐색」, 『국어교육』 104, 한국국어교육연구회.

인권환(1968), 「「토끼전」 異本攷」, 아세아연구 29, 고려대 아세아문제연구소.

인권환(1991), 「토끼傳群 결말부의 변화 양상과 의미」, 『정신문화연구』 44, 한국정신문화연구원.

정과리(2000), 「자발성의 신화에 잠긴 문화」, 『문화예술』, 2000년 2월.

정재찬(2000), 「21세기 문학교육의 전망」, 『문학교육학』 제6호, 한국문학교육학회.

정출헌(1998), 「봉건 국가의 해체와 「토끼전」의 결말 구조」, 고전문학연구 13, 한국고전문학회.

정형철(1998), 「하이퍼픽션에 관한 연구」, 『영미어문학』 39, 새한영미어문학회.

최 영(1995), 「멀티미디어와 정보고속도로」, 이재경 외, 『멀티미디어』, 한국언론연구원.

최광석(2001), 「<토끼전> 異本 系列의 構造와 近代 志向 意識」, 경북대 대학원 박사논문.

최혜실(1999), 「디지털 서사의 미학」, 최혜실 엮음, 『디지털 시재의 문화 예술』, 문학과지성사.

최혜실(2000), 『모든 견고한 것들은 하이퍼텍스트 속으로 사라진다』, 생각의나무.

최혜실(2001), 『디지털 시대의 문화 읽기』, 소명출판.

최혜실(2003), 「디지털 문화 환경과 서사의 새로운 양상」, 『구비문학연구』 16, 한국구비문학회.

추재욱(1997), 「하이퍼텍스트 시학」, 『버전업』 1997년 봄호.

한상수(2002), 「하이퍼텍스트 소설 : 문학의 새로운 가능성을 향하여」, 『영어영문학연구』 46권 3호, 한국현대영어영문학회.

로버트 쿠머(1995), 「하이퍼픽션 : 컴퓨터를 위한 소설들」, 『외국문학』 1995년 겨울호.

Cicconi, S.(1999), "Hypertextuality", in *Mediapolise, Aspects of Texts, Hypertexts and Multimedial Communication*(Sam Inkinen ed.), Walter de Gruyter.

Korolenko, Michael(1997), *Writing for Multimedia*, Wadsworth Publishing Company.

Ong, Walter J.(1995), 이기우 · 임명진 역, 『구술문화와 문자문화』, 문예출판사.

Paul, Delany & George P. Landrow(ed.)(1991), *Hypermedia and Literary Studies*, MIT Press.

저자 소개

류수열(柳洙烈)

서울대학교 사범대학 국어교육과를 졸업하고 동대학원에서 석·박사학위를 취득하였고, 현재는 전주대학교 국어교육과 교수로 재직 중이다.

고전시가와 구비문학을 중심으로 문학의 국어교과학적 체계화에 관심을 기울이고 있으며, 고전문학에 현대의 독자들이 쉽게 다가설 수 있도록 하는 작업을 진행 중이다.

주요 저서로 박사학위 논문을 엮은 『판소리와 매체언어의 국어교과학』(역락)과 고전시가 교육에 대한 관심을 글로 엮은 『고전시가 교육의 구도』(역락)가 있다.

또한 〈홍길동전〉을 풀어쓴 『춤추는 소매 바람을 따라 휘날리니』(나라말), 우리나라 애정 시가를 해설하고 감상을 곁들인 『꽃 보고 우는 까닭』(우리교육) 등이 있다.

문학@국어교육

초판 인쇄 2009년 3월 20일
초판 발행 2009년 3월 30일

지은이 류수열
펴낸이 이대현
편 집 이소희 한호정
펴낸곳 도서출판 역락
　　　　서울 서초구 반포4동 577-25 문창빌딩 2층
　　　　전화 02-3409-2058(영업부), 2060(편집부)
　　　　팩시밀리 02-3409-2059
　　　　이메일 youkrack@hanmail.net
　　　　등록 1999년 4월 19일 제303-2002-000014호

ISBN 978-89-5556-660-4 93370
정 가 17,000원

* 잘못된 책은 교환해 드립니다.